宋金宝 / 著

媒体融合与传播策论

MEITI RONGHE YU CHUANBO CELUN

中国传媒大学出版社
·北京·

图书在版编目(CIP)数据

媒体融合与传播策论/宋金宝著.--北京:中国传媒大学出版社，2022.3
ISBN 978-7-5657-3166-2

Ⅰ.①媒… Ⅱ.①宋… Ⅲ.①传播媒介—研究 Ⅳ.①G206.2

中国版本图书馆 CIP 数据核字(2022)第 032106 号

媒体融合与传播策论

MEITI RONGHE YU CHUANBO CELUN

著　　者　宋金宝
责任编辑　于水莲
特约编辑　井彩霞
封面设计　运平设计
责任印制　李志鹏

出版发行　中国传媒大学出版社
社　　址　北京市朝阳区定福庄东街 1 号　　**邮　　编**　100024
电　　话　86-10-65450528　65450532　　**传　　真**　65779405
网　　址　http://cucp. cuc. edu. cn
经　　销　全国新华书店

印　　刷　北京盛旺创意广告有限公司
开　　本　787mm×1092mm　1/16
印　　张　16.25
字　　数　364 千字
版　　次　2022 年 3 月第 1 版
印　　次　2022 年 3 月第 1 次印刷

书　　号　ISBN 978-7-5657-3166-2/G·3166　　**定　　价**　78.00 元

本社法律顾问:北京李伟斌律师事务所　郭建平

目录

MU LU

1　融媒体舆情引导

1.1　绪论

1.1.1　研究背景及意义

1.1.1.1　研究背景

5G 时代背景下，媒体融合伴随着技术的更新促使舆情传播发生巨大变革。融媒体环境下的舆情传播引导是伴随着当今电视、广播、报纸、微博、微信和短视频等媒体融合发展而出现的新的舆情传播特性提出的一个崭新的课题。首先，媒体融合技术的进步，为媒体的发展提供了机会。随着移动互联网时代的到来，人们信息交流和分享的方式正在发生改变：各种社交软件和门户网站层出不穷，例如国外常用的 Facebook、Twitter、Instagram 以及国内经常使用的微信、微博、短视频等媒体平台慢慢成为人们生活的重要组成部分。人们由传统媒体时期舆情信息的被动接受者角色逐渐转变为舆情信息的创造者，主动地去了解并且积极地参与舆情事件的讨论。这样一来，观点比较相近的人们很容易地聚集到一起。但是与新媒体相比起来，传统媒体更加地可靠，并且它的受众也更加地广泛，其发布的信息也就会更加受到人们的认可。

首先，当前信息技术的发展使得传统媒体与新媒体之间的界线变得越来越模糊，因此传统媒体在不断探索与新媒体的融合模式。在融媒体的环境下，信息的传播变得更加地迅速，媒体对于舆情事件的报道也变得更加全面、有层次，这样也更有利于舆情事件的传播，因此才更需要正确的舆情传播引导。其次，融媒体大数据所形成的新技术环境丰富了媒体融合舆情传播影响力评价的关系要素，用户参与到不同媒体的讨论，穿梭于不同媒介之间，运用理工科的方法解决人文社科的问题，通过模型的构建解决核心的问题，提供相应的舆情引导策略，这些都是当前的研究热点。

1.1.1.2　研究意义

舆情信息传播问题的研究对于公众、网络媒体、政府以及相关组织都具有重要意义。如何正确认识舆情信息的演变，如何正确引导舆情信息的传播，是任何一个政府组织或者网络媒体都应该掌握的。

融媒体舆情引导涉及层次分析法（AHP）、传播动力学和数理统计方面的知识。通过理论建模、实验仿真等方法分析了融媒体中舆情信息的传播过程。构建了更加符合实际情况的舆情信息传播模型。分析了舆情信息的传播规律并且进一步探讨了影响舆情信息传播的重要因素。最后还提供了相应的舆情信息引导策略。融媒体舆情引导在理论和现实两方面都有重要的意义：

（1）理论意义在于采用了层次分析法和传播动力学的相关理论，计算出融媒体环境下各个媒体具体的参与权重。同时，构建的动力学传播模型是在采集实际舆情数据的基础上，通过建立微分方程组，获得舆情信息的传播规律。基于此模型的实验验证，讨论了影响舆情信息传播的重要因素，并对提出的引导策略进行了实验验证。

（2）现实意义在于通过对舆情信息传播理论的研究，发现舆情信息的传播规律，以及舆情信息传播的各类影响因素随时间的演化，帮助相关部门实现早期的舆情预警并且为政府决策支持提供了依据。

1.1.2 研究目的

如何借助新技术在媒体融合场域下提供科学、规范、专业的舆情传播引导成为学界和业界的重要课题，其中有两方面需要重点研究：

（1）融媒体环境下舆情引导是伴随着当今电视、广播、报纸、微博、微信和短视频等媒体融合发展而出现的新的舆情传播特性，如何构建融媒体舆情传播影响力评价体系以及确定不同媒体参与到舆情信息传播过程中的程度是值得探讨的重要问题。

（2）对于舆情传播要进行有效管理及引导，即在融媒体传播平台控制舆情事件的传播、发酵，从而不被舆论的发展所左右，促使政府的主流意见占领引导舆论发展的主要地位，始终保持着主动权。“没有网络安全，就没有国家安全”，这也是各级政府之所以高度重视网络舆情工作的重要原因。如何构建融合媒体环境下新的舆情传播动力学模型，进而来确定舆情的传播规律，采集实际数据估计出模型参数，以数据驱动建立模型分析舆情的传播周期，提出相对应的舆情引导策略，是又一值得探讨的重要问题。

层次分析法在解决构建融媒体舆情传播影响力评价体系以及确定不同媒体参与到舆情信息传播过程中的程度等重要性问题的研究中具有重要的优势。新的舆情传播动力学模型构建是在传统的传播动力学模型上进行改进的，与传统模型相比，新的舆情传播动力学模型可以更加客观地反映融媒体环境下舆情的传播规律，进而可以提出相对应的舆情引导策略。运用层次分析法和传播动力学来分析融媒体环境下的舆情信息传播规律并提出相对应的舆情引导策略。

1.1.3 国内外研究现状

1.1.3.1 融媒体研究现状

国外对于融媒体相关的研究起步较早,研究成果与国内相比较为成熟。对于有关融媒体概念方面相关的研究,Niehoff 认为融媒体就是多个媒体平台呈现多功能一体化的发展趋势。[1] Andrew 将融媒体定义为音频、视频、文字等各个媒介形态之间的战略的、运营的、文化的联盟。[2] Gordon 将融媒体归纳为在所有权、策略性、结构性、信息采集、新闻表达上的融合。[3]

国内最早的关于融媒体相关理论的研究是在 2002 年,比国外的研究稍微晚了一点。对于融媒体概念定义方面的研究,国内的学者们往往采用的是从 Media Convergence 直接翻译而来的“媒体融合”这一概念。虽然国内的研究学者在融媒体或者融媒体的概念上有一些自己的理解,但是本质上来说都是将传统媒体与新媒体的优点结合在一起。针对融媒体与舆论方面的研究,廖峰在 2016 年发表的文章《融媒体时代侨乡突发事件传播模式与乡讯舆论引导策略研究》中研究了我国融媒体的发展现状和特点,并根据突发公共事件的发生机制,提出了有效引导舆论的策略和建议。[4]

1.1.3.2 基于动力学的舆情传播模型研究现状

许多学者研究发现,信息传播的过程与传染病发展过程极为类似,因此以传染病模型为基础来建立信息传播模型成为国内外学者研究的重点之一。最早的 SIR 传染病模型是在 1927 年 Kermack 与 McKendrick 在研究伦敦的黑死病时提出来的,[5] 该模型将人群分为三种状态:易感状态(Susceptible),指未被感染,但是与感染者接触后容易被感染的人;感染状态(Infective),指已经被感染的人,它可以传染给 S 状态;免疫状态(Removed),指病愈而具有免疫力的人。之后的很多学者根据不同的研究需求对 SIR 模型进行了改进,衍生出了 SI(Susceptible-Infective)模型、SIS(Susceptible-Infective-Susceptible)模型等多个传染病模型。

在最近的研究中,大多数的学者集中在改进信息传播动力学模型的研究工作中。2012 年,Zhao[6] 等人在提出的 SIHR 谣言传播模型中考虑了用户会遗忘信息这一特征。2015 年,丁学军[7] 等人将传统 SIR 模型改进为 SCIR 模型,增加了一个新的节点状态——接触状态 C。2015 年,林晓静[8] 等人研究了具有种群动力学和饱和增长率的 SEIR 网络舆情传播模型。2016 年,游新年[9] 等人将外来用户引入 SIR 模型中,更好地对舆情信息的传播趋势进行了预测。2016 年,Liu[10] 等人在 SIR 模型的基础上提出了加入犹豫状态的 SHIR 模型。2018 年,Rui[11] 等人建立了 SPIR

模型，引入了一个新的状态——潜在传播状态（PS），只有当周围所有已感染的节点都不再传播信息时，处在此状态的节点才会转化为未知状态。2018 年，Ebadizadeh[12] 等人建立了可以阻断信息传播的 ISRC 模型，其中的 C 定义为控制信息传播的状态。2018 年，Zan[13] 在 DSIR 模型中研究了网络中双重意见信息的传播特性。2019 年，Kabir[14] 在 SIR 模型中引入了节点敏感度，模型中的每个状态都再次分为敏感状态和不敏感状态，以 S 状态为例，将其分为未知敏感状态 SA 和未知不敏感状态 SU。

基于平均场理论和舆情信息的影响因素，很多研究都提出了进一步的改进模型[15-23]。Yu[24] 等人分析了包括潜伏状态 E 在内的 SEIR 模型与经典模型 SIR 的区别，以及参数变化时两种模型在信息扩散过程中的不同现象。2017 年，崔金栋[25] 等人综合考虑舆情信息传播过程中的传播特性，构建包含了信息价值、信息频率以及信息时效性的改良版信息传播 H-SEIR 模型。2019 年，陈莫凡[26] 等人建立 SEIQR 演化博弈模型，并且探讨了不同的引导策略对舆情发展的影响。

在现实的舆情信息传播过程中，用户在了解到舆情信息后，可能并不会第一时间就进行传播。同样的，用户也可能直接拒绝了解舆情信息。基于此，本书提出的模型引入了接触者这一状态，用于描述信息传播过程中的犹豫状态，同时提出了之前传统动力学模型并没有提出的未知者直接拒绝了解某一舆情话题成为免疫者以及部分免疫者受到其他相关衍生舆情话题影响又重新变回接触者的状态转化情况。每种状态均增加进入、离开的概率，增强了模型的动态性。

1.1.4 研究创新点

在现有研究的基础上，针对融媒体环境中的舆情信息传播过程进行了研究，创新如下：

（1）在研究方法上，构建融媒体传播影响力评价指标体系，通过层次分析法来确定评价体系中的指标权重，并且通过主观与客观相结合的方式确定不同媒体参与到舆情信息传播过程中的程度，解决了单一媒体代表性不强、传统评价指标体系过于片面等重要问题。

（2）在技术手段上，通过对经典的传播动力学模型进行改进，提出了新的舆情传播动力学 UCIR 模型，并且在理论上实现了交叉学科的成功应用，将数学理论应用于舆情信息传播分析，将传播动力学模型与信息传播模式相结合；提出了计算模型参数的方法，并对舆情评估指标进行定量或定性推导与解析。根据分析得到的融媒体舆情传播规律，以及影响舆情信息传播的重要因素，基于数据驱动提出相对应的融媒体舆情引导策略，完成融媒体环境下的舆情传播引导决策。

1.1.5 组织结构

基于现有的综合评价方法、传播动力学相关理论以及舆情引导研究的实际需求，运用层次分析法和传播动力学测度融媒体场域的舆情传播能力和规律进而进行舆情引导决策，具体研究内容及章节安排如下：

第 1 节为绪论部分。首先对本文的研究背景、研究意义和研究目的进行了阐述，其次梳理了国内外对于融媒体和舆情传播模型的研究现状，对相关的研究成果进行总结，最后明确了本文的研究内容及研究的创新点。

第 2 节包括涉及的相关理论的基础概述。主要介绍了融媒体的概念及融媒体对于舆情信息传播的影响、舆情信息传播的一些经典模型、舆情演变生命周期的相关阶段等。

第 3 节主要是融媒体传播影响力评价指标体系的构建。通过阅读之前学者有关建立媒体影响力指标体系的相关文献，建立了本文的融媒体传播影响力评价指标体系，确定了一级和二级指标，并且采用经典的综合评价方法——层次分析法来确定评价体系中指标的权重。进一步通过客观采集数据+主观问卷调查相结合的方式，确定不同媒体参与到融媒体中的影响力权重，为后面的舆情传播过程建模提供数据基础。

第 4 节是融媒体舆情信息传播过程建模及理论证明。观察舆情在融媒体中的传播规律以及传播特性，在经典的传播模型 SIR 的基础上进行改进，提出新的 UCIR 模型，建立模型的动态演化方程。用平均场方法描述了模型的传播特性，利用平均场公式进行了模型的阈值计算并且对模型在平衡点下的相关稳定性进行了证明。

第 5 节是模型的实验与引导分析。首先进行舆情事件的选取，对 UCIR 模型与 SIR 模型进行数值实验，对比实验结果与实际采集到数据的均方根误差 RMSE 大小，从而证明 UCIR 模型对舆情信息传播特性描述的有效性和实用性。其次，模拟舆情信息的传播过程，分析舆情信息传播过程中各类状态的变化趋势，研究影响信息传播的重要因素。最后，根据分析得出的舆情信息传播特性，在理论层面从政府和网络媒体两个方面对舆情信息传播的引导提出合理的建议。

组织结构如图 1.1 所示。

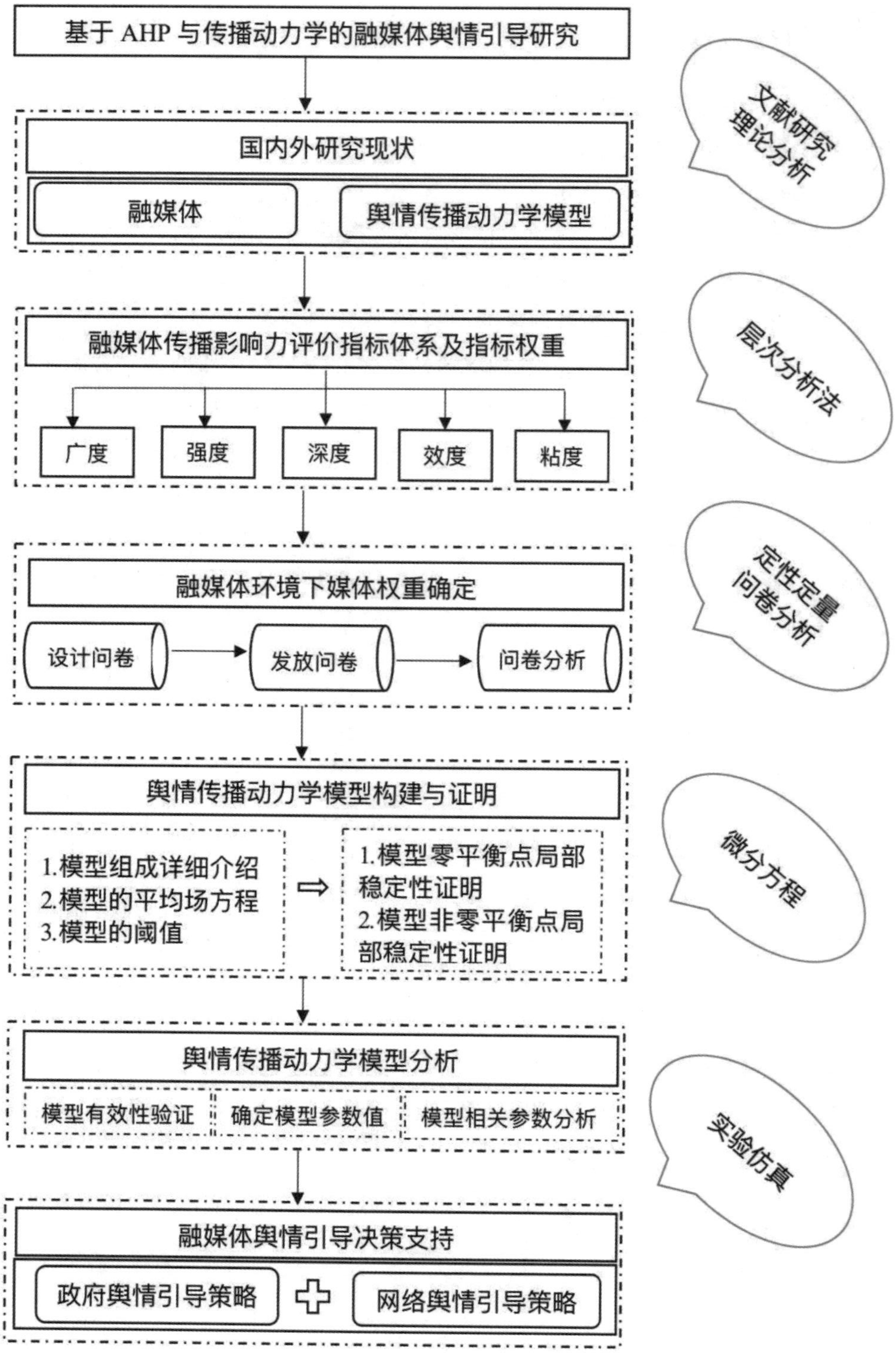
基于 AHP 与传播动力学的融媒体舆情引导研究
国内外研究现状
融媒体
舆情传播动力学模型
文献研究
理论分析
融媒体传播影响力评价指标体系及指标权重
广度
强度
深度
效度
粘度
层次分析法
融媒体环境下媒体权重确定
设计问卷
发放问卷
问卷分析
定性定量
问卷分析
舆情传播动力学模型构建与证明
1.模型组成详细介绍
2.模型的平均场方程
3.模型的阈值
1.模型零平衡点局部稳定性证明
2.模型非零平衡点局部稳定性证明
微分方程
舆情传播动力学模型分析
模型有效性验证
确定模型参数值
模型相关参数分析
实验仿真
融媒体舆情引导决策支持
政府舆情引导策略
网络舆情引导策略

图 1.1 组织结构图

1.2 相关理论基础概述

1.2.1 融媒体概念及影响力分析

1.2.1.1 融媒体的概念

“融媒体”更多地讲是一种理念。这种理念是以发展为前提的，与过去单一或者少量的媒体传播不同的是，融媒体打破了传统媒体与新媒体之间的壁垒和界限，充分地结合了传统媒体与新媒体的优点，把单一媒体的竞争力转换为多媒体的共同竞争力。融媒体实现了在不同的媒体上（微博、微信、短视频、报纸、广播等）对多种媒体形态（视频、图片、音频、文字等）进行传播。现有的媒体会越来越趋向于融媒体化，将采集到的信息通过多种渠道进行传播，实现“一采多发”，这样一来也降低了采集信息的成本。

融媒体不是一种独立的实体媒体，而是将广播、电视、互联网等多个传播媒介的优势结合起来，相互利用，充分提升其功能、手段和价值的运营模式，是真正的科学方法。

1.2.1.2 融媒体对舆情信息传播的影响

互联网技术的进步促进了舆情信息的传播和扩散，但同时也带来了一些负面的影响。融媒体是传统媒体和新媒体相互融合的结果。在融媒体时代，舆情信息传播的治理方式发生了很大的变化。在媒体的影响下，政府和公众的沟通程度得到了很大的提升。借助媒体的影响力，政府可以更加快速地了解整个事件的来龙去脉，公众也可以通过媒体清楚地了解政府的立场和态度，政府一旦通过融媒体确立了舆论的主导地位，就可以更加有效地引导舆情信息的传播方向。

融媒体实现了传统媒体和新媒体的优势互补，传统媒体作为主流媒体，对其受众的影响更大，因而与新媒体相比，融媒体更加具有权威性。周胜林在他所著的《论主流媒体》一书中指出，主流媒体与非主流媒体相比有着明显的不同，主流媒体具有很强的影响力，一般在事件中起主导作用，有能力代表或者影响公众的舆论。[27]喻国明认为主流媒体是指具有较高决策水平、知识和消费话语权的媒体，[28]一般包括中央政府、中央媒体旗下的报纸、广播、电视台等主要的媒体。也有一些学者认为主流媒体就是报道主流信息、拥有主流受众、占据主流市场、享有良好声誉的媒体集合。不管对主流媒体进行怎样的定义，我们都可以发现主流媒体一般都具有比较好的受众基础，拥有较大的影响力，能够较好地传达一些主流价值观点。

在融媒体的背景下，舆情信息的传播效果和影响范围都得到了大幅度的提升，融媒体在舆情信息传播方面也取得了很大的进步，其高效率、全方位的传播能力在对舆情信息的正确引导方面也发挥了重要作用。

1.2.2 传播动力学模型

本小节会介绍几种经典的传播动力学模型，其中包括传染病模型、线性阈值模型以及独立级联模型。

1.2.2.1 传染病模型

在信息传播建模的过程中，传染病模型通常将人群划分为三种状态：易感状态 S 指的是尚未得知舆情信息，但在未来有可能得知消息的人群；已知状态 I（Inspective）指的是已经得知舆情信息，并且会对周围人群进行传播的人群；恢复状态 R（Recovered）指的是已经得知舆情信息，但是对该信息失去兴趣，从而不会进行传播的人群。接下来详细介绍一下几个经典的传染病模型：

（1）SI 模型

此模型为较简单的传染病模型，只包括了易感状态 S 和已知状态 I 这两种状态。在信息传播的过程中，就只存在着一种状态的转化行为，即从易感状态人群以一定的概率转变为已知状态人群后，就一直处于已知状态，不会再发生改变。具体的模型转化过程如图 1.2 所示。

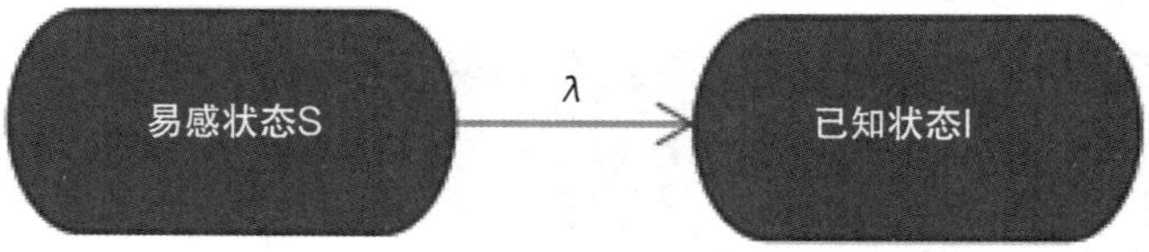

图 1.2 SI 模型状态转换图

具体来说，SI 模型都会在一开始选择一个或者几个个体作为传播的种子用户，让其处于已知状态，其余个体则处于未知状态。随着时间的推移，每个已知状态的用户会以 λ 的概率将舆情信息传播给易感状态的用户，该模型具体的传播动力学微分方程可以表示为：

$$\frac{dS(t)}{\mathrm{d}t} = -\lambda S(t)I(t) \quad (1\text{-}1)$$

$$\frac{dI(t)}{\mathrm{d}t} = \lambda S(t)I(t) \quad (1\text{-}2)$$

（2）SIS 模型

SIS 模型是在 SI 模型的基础上进行了扩展。在 SI 模型中，只出现了易感状态 S 以一定的概率 λ 转化为已知状态 I 这种状态转变，但在 SIS 模型中还加入了已知状态 I 向易感状态 S 转变的过程。图 1.3 介绍了 SIS 模型的具体转化过程，在传播过程中，每个已知状态 I 用户以传播概率 λ 将信息传播给未知状态 S 用户，然后又以概率 μ 变回已知状态 I。

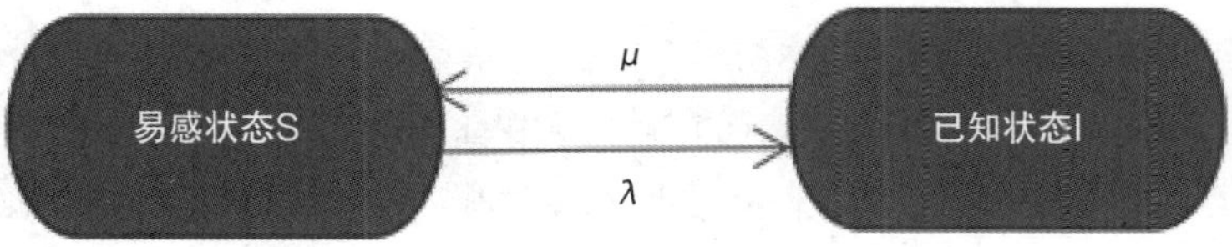

图 1.3　SIS 模型状态转换图

根据该模型的传播机制，SIS 模型的传播动力学微分方程可以表示为：

$$\frac{dS(t)}{\mathrm{d}t} = -\lambda S(t)I(t) + \mu I(t) \qquad (1\text{-}3)$$

$$\frac{dI(t)}{\mathrm{d}t} = \lambda S(t)I(t) - \mu I(t) \qquad (1\text{-}4)$$

(3)SIR 模型

SIR 模型是在 SI 模型的基础上的另一个扩展模型。在 SIR 模型中加入了恢复状态 R，以及新的状态转化过程，即已知状态 I 向恢复状态 R 进行转化的过程。当用户变为恢复状态时，表示用户已经了解信息但不再对信息产生兴趣，不再进行信息的传播。但需要注意的是，SIS 模型中已知状态 I 的用户可以重新变回易感状态 S，SIR 模型则是一种不可逆的传播过程，已知状态 I 的用户最终都会变为恢复状态 R。图 1.4 显示了 SIR 模型的具体状态转换过程。在传播过程中，每个已知状态 I 用户以传播概率 λ 将信息传播给易感状态 S 用户，然后又以恢复概率 γ 变为恢复状态 R。

图 1.4　SIR 模型状态转换图

根据该模型的传播机制，SIR 模型的传播动力学微分方程可以表示为：

$$\frac{dS(t)}{dt} = -\lambda S(t)I(t) \qquad (1\text{-}5)$$

$$\frac{dI(t)}{dt} = \lambda S(t)I(t) - \gamma I(t) \qquad (1\text{-}6)$$

$$\frac{dR(t)}{dt} = \gamma I(t) \qquad (1\text{-}7)$$

1.2.2.2　线性阈值模型

线性阈值模型（Linear Threshold Model），简称 LT 模型，它是对信息传播过程的一种抽象描述，Kempe 在文章[29]中对该模型做了详细说明。在线性阈值模型中，每个节点都只能处于激活状态或者非激活状态这两个状态其中的一种，并且每个节点都会有一个阈值 θ 用来表示该节点进行状态转换的难易程度，节点的阈值越高就越不容易受到影响。除此之外，一个节点的状态转换是由该节点的所有激活状态的邻居节点共同影响的。在节点 v 和节点 u 之间以一条赋予了权重 $w_{v,u}$ 的边相连，这个权重表示的是节点 v 对节点 u 的影响力。当所有激活状态的邻居节点对于节点 u 的影响力已经超过它本身的阈值时，如式 1-8 所示，该节点则被激活，反之则未被激活。

$$\sum_{u \in active(v)} w(u,v) \geqslant \theta \tag{1-8}$$

被激活的节点会按照上面的条件继续去激活它的邻居节点，如此循环，直到网络中再也没有新的节点可以被激活为止。

具体转化过程如图 1.5 所示。

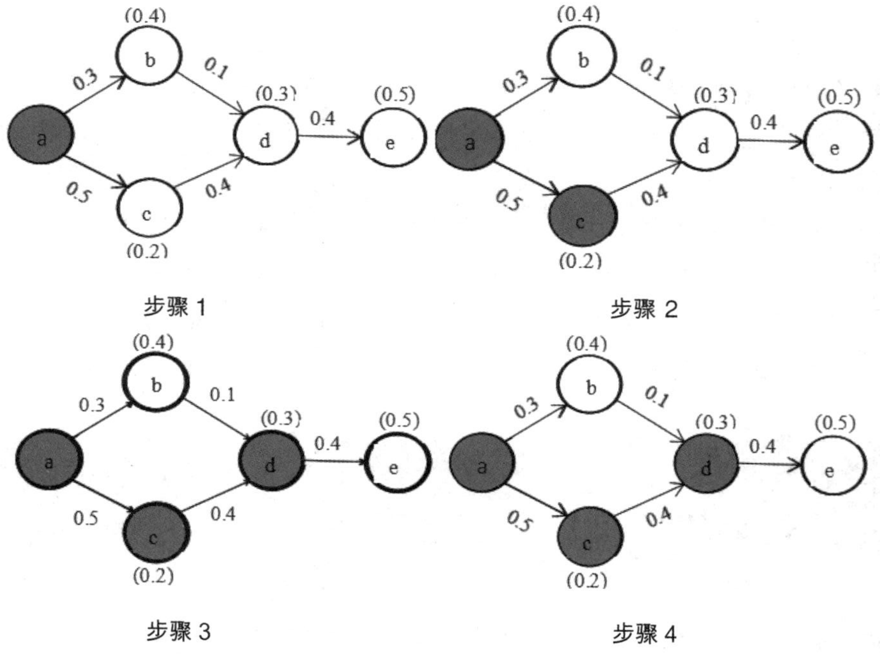

图 1.5　线性阈值模型传播过程图

图 1.5 的线性阈值模型的传播过程如下：

- 步骤 1：选中的初始节点 a 节点被激活。
- 步骤 2：节点 b 的入度邻居激活节点的总影响为 0.3，小于它的阈值 0.4，所以节点 b 未被成功激活；节点 c 的入度邻居激活节点的总影响为 0.5，大于它的阈值 0.2，所以节点 c 被成功激活。
- 步骤 3：节点 d 的入度邻居激活节点的总影响为 0.4，大于它的阈值 0.3，所以节点 d 被成功激活。

- 步骤 4：节点 e 的入度邻居激活节点的总影响为 0.4，小于它的阈值 0.5，所以节点 e 未被成功激活。此时网络中没有新的节点可以被激活了，传播停止。

1.2.2.3 独立级联模型

独立级联模型（Independent Cascade Model），也可以称为 IC 模型，是另一种描述信息传播过程的模型。它最早出现在 Golderberg 的论文[30]当中，后来 Kempe 在文章[29]中对该模型做了详细说明。独立级联模型本质上是一个概率模型，它假设节点 u 能否成功激活其邻居节点 v 是一个概率为 p(u,v) 的事件，与该节点被其他邻居节点激活是相互独立的，之间既不会产生影响也不会进行累加。除此之外，网络中的任意一个激活状态的节点都只有一次机会去尝试激活它的邻居节点，时间就是它被激活的下一时刻，无论成功与否，它都不再具备激活其他节点的影响力，但是它自身仍然处于激活状态，我们称之为无影响力的激活节点。

具体的转化如图 1.6 所示：

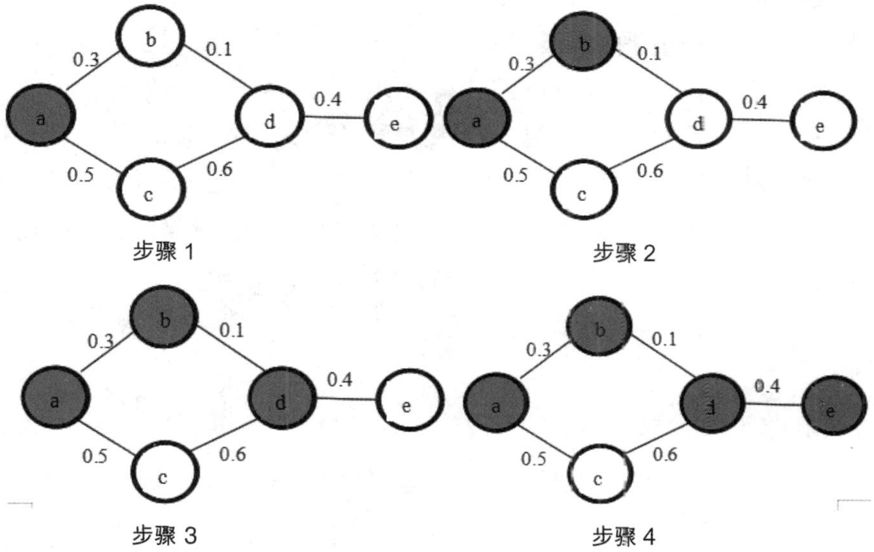

图 1.6 独立级联模型传播过程图

图 1.6 的独立级联模型的传播过程如下：

- 步骤 1：选中的初始节点 a 节点被激活。
- 步骤 2：a 节点以 0.3 的概率尝试激活 b，以 0.5 的概率尝试激活 c。此时我们假设 b 节点在这一时间步内被成功激活，c 节点在这一时间步内未被成功激活。
- 步骤 3：b 节点以 0.1 的概率尝试激活 d，此时我们假设 d 节点在这一时间步内被成功激活。
- 步骤 4：d 节点以 0.4 的概率尝试激活 e，此时我们假设 e 节点在这一时间步内被成功激活。此时网络中没有新的节点可以被激活了，传播停止。

1.2.3 舆情演变的生命周期

1.2.3.1 舆情形成期

舆情的形成期是指网络舆情发生前不易被人们发现的阶段。在网络舆情形成的过程中,舆情具有分散性、无序性、漂浮性等特点。在这个阶段,舆情的关注度一般会波动较大,一些准热点事件逐渐出现,但是此时舆情仍然分散在广阔的舆情空间当中,还没有引起网民极大的关注,舆论焦点还没有形成。像微博、微信、短视频等这样的社交网络平台会发布一些舆情信息,但是大部分是无法引起网民们大规模关注的无序的、杂乱的、无结构的信息资源。

1.2.3.2 舆情扩散期

互联网时代的信息是复杂而海量的。在面对大量的信息时,一方面因为用户的注意力有限导致不能浏览到网络中全部的信息,用户不知道具体应该关注哪些信息,所以一般就是根据自己的兴趣爱好以及浏览习惯点击想看的信息,这时候相关的媒体平台为了获得更高的点击率往往就会迎合着用户的兴趣或者浏览习惯修改他们的信息内容推送给相关的用户,主要的目的就是不断地深入和促进舆情信息传播的持续发展[31];另一方面,由于网络中的信息丰富,用户可以从中获取大量的信息,但是现有的互联网并不能保证其提供的单条信息的完整性,用户在面对互联网提供的多种多样的信息时,短时间内不能判断信息的真实性,这会导致用户为了了解一条舆情信息的完整性,会不断地关注和搜索相关事件的信息,并且积极地参与讨论。随着网络信息的无形推进,无数用户有意识、无意识地传播,都引发了网络舆情的大规模传播,形成舆情扩散期。

1.2.3.3 舆情爆发期

在舆情爆发期,网络舆情会逐渐转为聚集有序的形式,它会在短时间内突然爆发,公众对它的关注也会迅速增加。舆论的中心会出现难以忽视的寡头垄断和意见领袖群体,产生重大的影响。在这个阶段,新闻客户端、网站以及各个媒体平台会将舆情要点集中在其平台的前沿阵地,这时点击舆情信息的次数会迅速增加,用户的观点也会迅速聚集,并且通过微博、微信、短视频等平台进行转发评论。[32]此时,随着舆情信息的不断传播以及媒体平台、政府及其相关组织的介入,相关的信息也会随之增加,再加上网络中一些权重较大的意见领袖群体对舆情事件的评论和传播,使得舆情事件在某一个或多个领域不断扩散,网民获取的信息越来越多,并且积极地想要把这些信息表达出来,参与网络舆情传播的情绪不断高涨。

1.2.3.4 舆情衰退期

一种情况是网络舆情事件无法再引起人们的注意。一般来说,随着时间的推移,舆情事件的参与者也就是网络中关注该事件的网民数量会越来越少。在网络舆情事件出现的早期,出于对事件的好奇,网民们对事件的关注度会很高,但是在舆情发展一段时间后,很多用户满足了好奇心或者看到政府及其相关部门的有效行动之后,就不再关注该事件的后续发展了。一些权重较大的意见领袖也会放弃对该事件的传播,各个媒体平台亦如此。舆情事件的参与者减少,事件的热度降低,舆情的发展趋势趋于平稳,最终走向了衰落。

另一种情况则比较复杂,随着舆情事件关注度的不断增加和影响范围的不断扩大,引起了相关部门的注意。为了维持网络舆情传播的秩序,政府及其相关部门会采取措施积极地了解整个舆情的发展过程,制定相应的应对措施进行回应。当事件得到及时、有效的处理后,大多数的网民都是理性的,便不再死死抓住某一舆情事件不放,网络舆情便会趋于平静或走向衰落。

1.2.4 小结

本节主要介绍了融媒体、舆情信息传播的经典模型以及舆情演变阶段相关的基础知识。在融媒体方面,介绍了融媒体的一些基本理论,包括融媒体概念以及融媒体对舆情信息传播的影响;在舆情信息传播的经典模型方面,介绍了三类传统的信息传播模型,包括传染病模型、线性阈值模型以及独立级联模型,其中的传染病模型中,详细介绍了经典的 SI、SIS 和 SIR 模型;最后在舆情演变阶段方面,介绍了舆情的生命周期,包括舆情形成期、舆情扩散期、舆情爆发期以及舆情衰退期。

1.3 融媒体传播影响力评价模型

目前信息技术的发展使得传统媒体与新媒体之间的界线变得越来越模糊,因此衡量融媒体传播影响力的因素也变得多种多样,必须采用科学统一的标准和方法才能做出客观的评价。在建立评价指标体系时,既考虑了评价指标体系的通用性原则,又考虑了传统媒体与新媒体的自身特征。建立了包含传播广度、传播强度、传播深度、传播效度、传播粘度在内的融媒体传播影响力评价指标体系。利用层次分析法确定指标权重,并结合定量与定性的数据确定各媒体的最终影响力权重,为后面确定各媒体参与到舆情传播过程的权重提供数据支持。

1.3.1 融媒体传播影响力评价体系的确定

下面主要介绍融媒体传播影响力评价指标体系的构建原则以及评价指标体系的建立。

1.3.1.1 评价指标体系的构建原则

融媒体传播影响力评价指标体系的选取具有一定的难度和复杂性，只有采取科学统一的标准和方法来进行指标的选取，才能对融媒体的传播影响力进行客观的评价。因此，在指标选取的过程中遵循的原则包括：

（1）科学性原则

科学性原则是建立评价指标体系时的最基本原则，科学性原则要求利用科学的方法选取含义清晰的指标，各指标之间必须具有客观的逻辑和对应关系。要求最终建立的评价指标体系不仅能够揭示对融媒体传播影响力影响较大的指标，而且能够系统地、科学地评价融媒体传播影响力的现状。

（2）全面性原则

评价指标体系的建立要全面，既要从媒体平台的角度考虑影响因素，又要从用户的角度考虑媒体的影响力因素。[22]要全面多层次地反映媒体影响力的现状，确定相应的评价水平，形成相对完整的评价指标体系，对媒体影响力因素进行综合的评价和分析。

（3）可行性原则

可行性原则是指建立的指标体系必须是在当前阶段较容易获取的，可以通过现场观测或者是实验的方法来获得的。指标要尽可能利用第一手获得的资料，这样才能保证建立的指标体系真实、客观。既要考虑到客观需求，更要考虑实际应用情况，对收集起来十分困难的指标要适当舍弃。

（4）定量与定性相结合原则

在以往提出的媒体影响力评价指标体系中，大多数只考虑了定量的指标。可是，我们可以根据影响力的概念得知，影响力本身就是一个比较主观的概念，所以在建立指标体系时绝对不能忽略对于定性指标的评价。

1.3.1.2 评价指标体系的建立

媒体传播影响力形成的第一步是接触，媒体平台通过不断地发布优质内容来吸引更多的潜在用户注意并且开始使用该媒体。在不断接触该媒体的过程中，逐渐对该媒体产生兴趣并进行深入了解，进而建立了对该媒体的忠诚度和满意度，这促使用户不断地在该平台创作内容并且与其他的用户进行互动，形成一种良好的氛围，同时也促进了一个影响力不断增长的良性循环。

依据上面论述的媒体传播影响力产生的关键环节为接触、认知、满意、忠诚和参与。结合媒体的结构特点、传播特点以及其他学者选择的指标，最终确立了媒体传播影响力的评价指标体系。

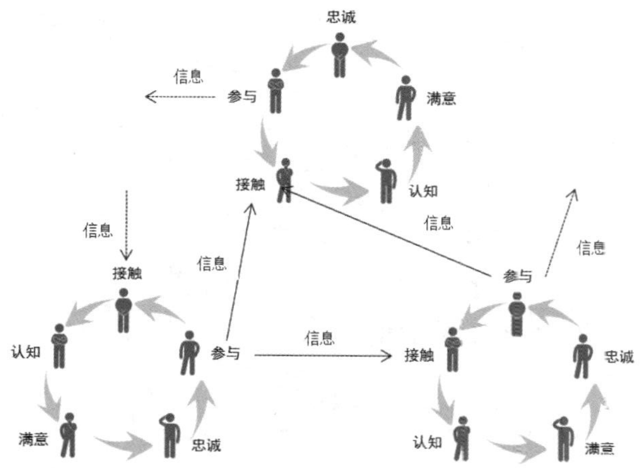

图 1.7 媒体用户关系图

(1)传播广度

传播广度是指媒体信息的共享程度,媒体信息涵盖的内容范围以及可以影响到的区域范围、人群等。具体包括以下几个二级指标:

- 访问人数:评估期内的浏览人数。
- 发布信息数:评估期内发布的信息数量。
- 内容覆盖度:发布内容类型涵盖的范围。
- 用户覆盖度:内容所能达到的用户人数。

(2)传播强度

传播强度用来衡量信息传播过程中人与人之间的互动程度,互动程度越高,则说明媒体的传播影响力越大。具体包括以下几个二级指标:

- 评论数:评估期内的评论数量。
- 转发数:评估期内的转发数量。
- 点赞数:评估期内的点赞数量。

(3)传播深度

传播深度是指用户对媒体的深层次的印象。具体包括以下几个二级指标:

- 认知渠道:认知该媒体的信息渠道。
- 品质认知:用户对该媒体平台所发布的内容质量的主观评价。
- 功能认知:正常情况下,该媒体是否能实现用户所需的功能。

(4)传播效度

传播效度是指用户对媒体提供的各项服务的满意程度,具体包括以下几个二级指标:

- 平台满意:能够通过不同设备轻松访问,安全可靠。

- 内容满意:发布的内容新鲜且形式多样。
- 服务满意:既可以实现与他人沟通,又可以满足自我表达。

(5)传播粘度

传播粘度是指用户在使用具体媒体时有较为明显的偏好行为,具体包括以下几个二级指标:

- 用户粘度:用户使用媒体的频率以及每次使用的时长。
- 推荐比率:用户向其他人推荐的可能性以及推荐行为。
- 使用意向:用户使用某媒体的意向及理由。

表 1.1　媒体传播影响力评价指标体系

	一级指标	二级指标
媒体传播影响力指标体系	传播广度	访问人数
		发布信息数
		内容覆盖度
		用户覆盖度
	传播强度	评论数
		转发数
		点赞数
	传播深度	认知渠道
		品质认知
		功能认知
	传播效度	平台满意
		内容满意
		服务满意
	传播粘度	用户粘度
		推荐比率
		使用意向

1.3.2 利用 AHP 确定评价指标权重

层次分析法(Analytic Hierarchy Process,AHP)是一种将定量与定性结合起来计算指标权重的综合评价方法,它的原理[33]是根据对问题的理解和要达到的目标,将问题分解成不同的因素,并且根据不同因素之间的关系按层次进行组合,最终形成一个多层次的分析结构模型[34]。通过利用有关因素建立起来的多层次分析结构模型、构建两两比较判断矩阵、确定元素的相对重要性,最终获得各目标对于总目标的排序情况。层次分析法的具体步骤如下:

1.3.2.1 建立层次结构模型

将复杂问题分解成不同的因素,根据因素之间的关系形成不同的层次,并且根据它们之间的关系将层次结构分为最高层、中间层和最低层,绘出层次结构图。根据上文中的指标选取,我们可以构建层次结构图如下所示:

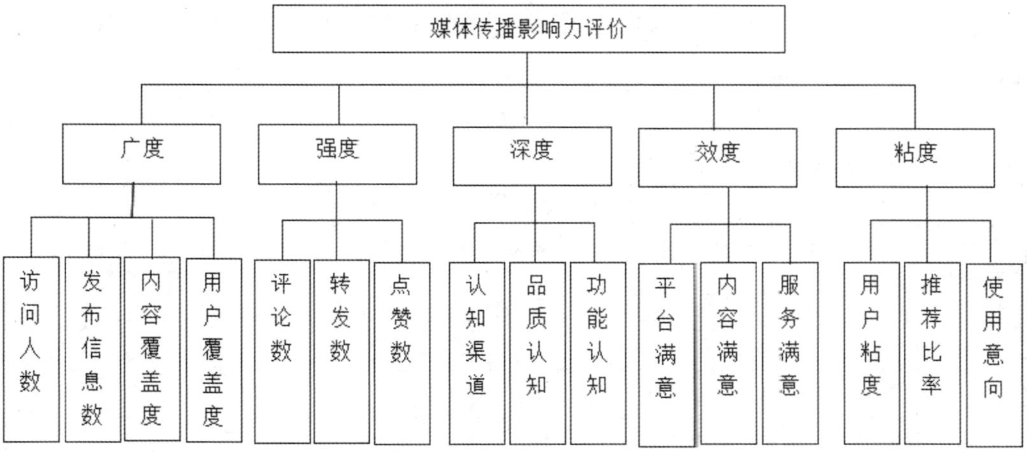

图 1.8 融媒体传播影响力评价体系层次结构模型

1.3.2.2 构建两两比较矩阵

在确定各层次各指标之间的权重时,不把所有因素都放在一起进行比较,而是先将同一层次的指标两两进行比较。这时候我们一般采用的是相对尺度,如对某一层次下的各个指标进行两两对比,并对其重要程度进行量化。[35-38] a_{ij}用来表示指标 i 与指标 j 两者间的重要程度比较结果,把这个结果放在矩阵中的对应位置即构成判断矩阵。

$$a_{ij} = \frac{1}{aji} \tag{1-9}$$

判断矩阵元素的标度方法如下表所示：

表 1.2　指标重要程度与标度的关系

重要性级别	含义	说明
1	同样重要	两指标相比，具有同等的重要性
3	稍微重要	两指标相比，左指标比右指标稍微重要
5	明显重要	两指标相比，左指标比右指标明显重要
7	非常重要	两指标相比，左指标比右指标重要得多
9	极端重要	两指标相比，左指标比右指标极其重要
2、4、6、8	……	上述相邻判断的中间值

1.3.2.3　计算指标权重并进行一致性检验

本轮层次分析法一共邀请到了 10 位在各个媒体平台负责相关运营工作的专家来对指标体系进行打分。对 10 份问卷的一级指标和二级指标按照专家的打分进行两两比较，构建我们的判断矩阵，总共得到了 60 个判断矩阵。然后利用特征根法计算指标权重并进行一致性检验。

（1）基于专家咨询建立判断矩阵

表 1.3　传播影响力评价体系一级指标判断矩阵

评价体系一级指标	传播广度	传播强度	传播深度	传播效度	传播粘度
传播广度	1	1/2	4	3	3
传播强度	2	1	7	5	5
传播深度	1/4	1/7	1	1/2	1/3
传播效度	1/3	1/5	2	1	1
传播粘度	1/3	1/5	3	1	1

表 1.4　“传播广度”下设的二级指标判断矩阵

“传播广度”下设二级指标	访问人数	发布信息数	内容覆盖度	用户覆盖度
访问人数	1	9	7	2
发布信息数	1/9	1	1/3	1/5
内容覆盖度	1/7	3	1	1/2
用户覆盖度	1/2	5	2	1

表 1.5 “传播强度”下设的二级指标判断矩阵

“传播强度”下设二级指标	评论数	转发数	点赞数
评论数	1	2	2
转发数	1/2	1	1
点赞数	1/2	1	1

表 1.6 “传播深度”下设的二级指标判断矩阵

“传播深度”下设二级指标	认知渠道	品质认知	功能认知
认知渠道	1	2	2
品质认知	1/2	1	2
功能认知	1/2	1/2	1

表 1.7 “传播效度”下设的二级指标判断矩阵

“传播效度”下设二级指标	平台满意	内容满意	服务满意
平台满意	1	1/3	2
内容满意	3	1	4
服务满意	1/2	1/4	1

表 1.8 “传播粘度”下设的二级指标判断矩阵

“传播粘度”下设二级指标	用户粘度	推荐比率	使用意向
用户粘度	1	1/3	2
推荐比率	3	1	5
使用意向	1/2	1/5	1

(2)下面是我们以其中一位专家的一级指标问卷结果数据为例的计算过程：

步骤 1：构建判断矩阵：

$$A = \begin{bmatrix} 1\ 1/2\ 4\ 3\ 3 \\ 2\ 1\ 7\ 5\ 5 \\ 1/4\ 1/7\ 1\ 1/2\ 1/3 \\ 1/3\ 1/5\ 2\ 1\ 1 \\ 1/3\ 1/5\ 3\ 1\ 1 \end{bmatrix}$$

步骤 2：计算每一行元素的积 M_i：

$$M_i = \prod_{j=1}^{n} a_{ij} (j = 1, 2\cdots, n) \tag{1-10}$$

得出结果：$M_1=18$，$M_2=350$，$M_3=1/168$，$M_4=2/15$，$M_5=1/5$

步骤 3：计算各行 M_i 的 n 次方根

$$\overline{W_i}=\sqrt[n]{M_i}\ (i=1,2\cdots,n)$$
$$\overline{W_1}=1.783,\overline{W_2}=3.227,\overline{W_3}=0.359,\overline{W_4}=0.668,\overline{W_5}=0.725 \qquad (1-11)$$

步骤 4：对 W 进行归一化处理，计算指标权重：

$$W_i=\frac{\overline{W_i}}{\sum_{i=1}^{n}\overline{W_i}} \qquad (1-12)$$

计算结果：$W_1=0.264$，$W_2=0.477$，$W_3=0.053$，$W_4=0.099$，$W_5=0.107$

步骤 5：计算特征根 λ_{max}：

$$\lambda_{max}=\sum_{i=1}^{n}\frac{(AW)_i}{nW_i}=5.072 \qquad (1-13)$$

步骤 6：计算一致性指标 CI：

$$CI=\frac{\lambda_{\max}-n}{n-1}=0.018 \qquad (1-14)$$

CI=0，有完全的一致性；CI 接近于 0，有满意的一致性；CI 越大，不一致性越严重。为判断 CI 的大小，引入随机一致性指标 RI。

根据判断矩阵的阶数来判断出现一致性随机偏离的概率，具体的对应关系如下表所示：

表 1.9　平均随机一致性指标 RI 与阶数 n 的对应关系

矩阵阶数	1	2	3	4	5	6	7	8	9	10
RI	0	0	0.58	0.90	1.12	1.24	1.32	1.41	1.45	1.49

步骤 7：计算检验系数 CR：

$$CR=\frac{CI}{RI}=0.016 \qquad (1-15)$$

一般来说，如果 CR<0.1，则认为该判断矩阵具有满意的一致性。上面计算的矩阵 CR<0.1，所以证明该矩阵通过一致性检验。

1.3.2.4　确定媒体评价指标权重

运用上述方法步骤，我们对 60 个判断矩阵进行计算，并用层次分析法进行单层次权重和单层次一致性检验，得到结果如表 1.10 所示。

表 1.10 融媒体传播影响力评价指标对总指标的权重

一级指标	一级指标权重	二级指标	二级指标权重	组合权重
传播广度	0.158	访问人数	0.178	0.028
		发布信息数	0.295	0.047
		内容覆盖度	0.273	0.043
		用户覆盖度	0.254	0.04
传播强度	0.35	评论数	0.231	0.081
		转发数	0.546	0.191
		点赞数	0.223	0.078
传播深度	0.162	认知渠道	0.268	0.043
		品质认知	0.521	0.085
		功能认知	0.211	0.034
传播效度	0.172	平台满意	0.198	0.034
		内容满意	0.546	0.094
		服务满意	0.256	0.044
传播粘度	0.158	用户粘度	0.182	0.028
		推荐比率	0.541	0.085
		使用意向	0.277	0.045

1.3.3 融媒体影响力权重的确定

最终媒体权重的评价标准体系包括定量指标和定性指标两个部分，其中定量指标为根据直观数据进行量化的部分，可以评价媒体影响力在传播广度、传播强度等部分的影响力，如访问人数、评论数、转发数等。定性指标依旧是采取问卷调查的形式。

1.3.3.1 定量指标数据来源及结果

通过与人民网合作，获得 1317 家媒体机构（报纸、广播、电视台）的数据；通过与清博公司合作，获得微信、短视频、客户端、网站等部分数据；另外微博、微信、短视频、客户端、网站等部分数据采用网络爬虫、API 和市场调研数据[39-44]作为指标构建和模型求解的实验数据支撑。另外，需要明确一点，由于电视、广播等传统媒体可能会与新媒体的评价维度稍有差异，我们这里的传统媒体数据均来自相关的客户端及网站。

客观数据的采集结果如表 1.11 所示。

表 1.11　客观数据统计

指标	微博	微信	短视频	电视	广播	报纸
访问人数	5.62 亿	11.5 亿	4 亿	2.45 亿	3562 万	1700 万
发布信息数	1.3 亿	2.5 亿	1.05 亿	2303 万	960 万	423 万
用户覆盖度	一线:16% 二线:24% 三线:25% 四线:31%	一线:93% 二线:69% 三线:27% 四线:23%	一线:13.2% 二线:33.9% 三线:19.1% 四线:35.6%	一线:73% 二线:74% 三线:73% 四线:76%	一线:83% 二线:74% 三线:73% 四线:66%	一线:92% 二线:85% 三线:81% 四线:72%
内容覆盖度	20	32	15	25	28	13
评论数	1.67 亿	2.31 亿	1.02 亿	1012 万	1054 万	1914 万
转发数	1.07 亿	2.15 亿	1.62 亿	1181 万	2194 万	1157 万
点赞数	2.57 亿	3.56 亿	2.1 亿	2247 万	3187 万	3586 万

因为各个指标之间的数值可能会有所差异,所以先对数据进行了标准化处理。具体的方式为,每个指标中的最大数据量级为 5 级,记为 100 分。其余的数据则根据比例进行计算得到相对应的分数。将定量指标得分与 1.3.2 小节确定的指标权重结果相结合得到的最终结果如表 1.12 所示。

表 1.12　定量指标客观数据得分

二级指标	微博	微信	短视频	电视	广播	报纸
访问人数	1.37	2.8	0.97	0.6	0.09	0.04
发布信息数	2.44	4.7	1.97	0.43	0.18	0.08
用户覆盖度	1.26	2.63	1.34	3.82	3.8	4.23
内容覆盖度	3.33	4	3.06	3.61	3.78	2.94
评论数	5.86	8.1	3.58	0.35	0.37	0.67
转发数	9.51	19.1	14.39	1.05	1.95	1.03
点赞数	5.61	7.8	4.6	0.54	0.75	0.79

1.3.3.2　定性指标数据来源及结果

(1)量表及问卷设计

采取问卷调查的形式,以问卷星方式发放了问卷,问卷发放时间为 2020 年 5 月 8 日至 2020 年 5 月 20 日,为期 12 天,共回收了 240 份有效问卷。将问卷分为 1、2、3、4、5 五个等级,1 表示不同意,2 表示不太同意,3 表示一般同意,4 表示比较同意,5 表示非常同意。每个等级分别代表 20、40、60、80、100 分来对指标进行量化。问卷的主要形式为下表。

表 1.13 问卷设计

题目	1	2	3	4	5
我可以从多个渠道了解到该媒体					
该媒体可以提供及时准确的信息					
该媒体可以提供多种实用的功能					
我可以使用不同设备轻松访问该媒体					
该媒体提供的内容很新鲜多样					
在该媒体上我可以与他人轻松沟通,也可以自我表达					
我会频繁且花费大量时间使用该媒体					
我很愿意向其他人推荐使用该媒体					
比起其他媒体,我更喜欢使用该媒体					

(2)问卷结果分析

根据针对以上问题回收到的问卷进行结果统计,将问卷结果得分与 1.3.2 小节确定的指标权重结果相结合得到的最终结果如表 1.14 所示。

表 1.14 定性指标主观数据得分

二级指标	微博	微信	短视频	电视	广播	报纸
认知渠道	3.18	3.53	2.93	3.01	2.28	2.16
品质认知	6.34	6.06	4.87	5.84	4.69	4.69
功能认知	2.28	2.79	1.93	1.95	1.56	1.49
平台满意	2.44	2.68	1.98	1.82	1.64	1.34
内容满意	7.42	6.71	6.55	6.25	5.08	5.03
服务满意	2.93	3.71	2.59	1.9	1.9	1.52
用户粘度	1.68	2.42	1.27	1.3	1.01	0.85
推荐比率	5.38	7.31	4.23	4.64	3.86	3.86
使用意向	2.85	3.87	1.97	2.43	1.9	1.73

结合上面给出的定量数据与定性数据各个二级指标的得分,可以计算出各个一级指标的得分以及各媒体的最终总得分,具体得分如表 1.15 所示。

表 1.15 各媒体最终得分

一级指标	微博	微信	短视频	电视	广播	报纸
传播广度总分	8.4	14.13	7.34	8.46	7.85	7.29
传播强度总分	20.98	35	22.57	1.94	3.07	2.49
传播深度总分	11.8	12.38	9.73	10.8	8.53	8.34
传播效度总分	12.79	13.1	11.12	9.97	8.62	7.89
传播粘度总分	9.91	13.6	7.47	8.37	6.77	6.44
总分	61.6	85.42	56.3	37.59	33.28	30.96

1.3.3.3 确定最终媒体影响力权重

通过前文所述的方法，得到了各媒体的最终得分。其中，微博传播影响力最终得分为 61.6 分，微信传播影响力最终得分为 85.42 分，短视频传播影响力最终得分为 56.3 分，电视媒体传播影响力最终得分为 37.59 分，广播传播影响力最终得分为 33.28 分，报纸传播影响力最终得分为 30.96 分。因此，可以得出最终的媒体传播影响力权重如下图所示：

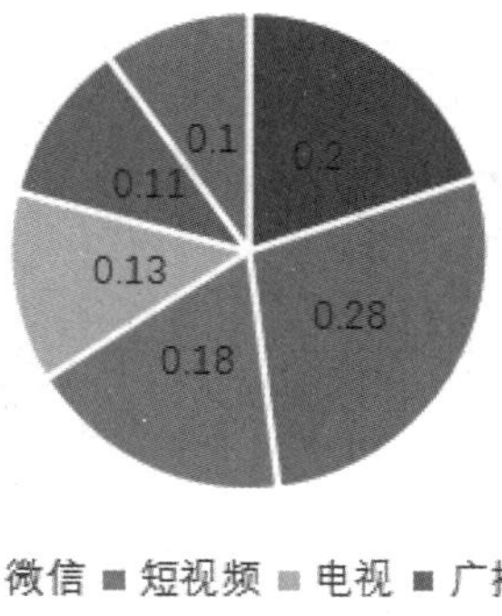

图 1.9 各媒体传播影响力权重示意图

1.3.4 小结

本节首先介绍了融媒体传播影响力的评价指标体系，包括评价指标体系中的指标选取原则以及构建包含广度、强度、深度、效度、粘度在内的融媒体传播影响力评价指标体系；其次，利用层次分析法确定了评价指标体系中的指标权重并进行了一致性检验；最后，定量指标方面借助了专业机构的力量获取了准确的数据，定性指标方面则通过问卷调查的形式来获取数据，结合定量与定性两个方面的数据结果，确定了各媒体最终的传播影响力权重，为后面分析融媒体舆情信息的传播过程提供了数据支撑。

1.4 融媒体舆情传播过程建模及理论证明

网络媒体已经渗入我们日常生活的各个方面，现在的人们长期置身于信息的海洋中。但在信息的传播过程中,当某个事件发展趋于稳定后,可能会因为外界因素的影响而产生再次传播,叠加受众感情的影响从而出现衍生舆情。基于此,考虑舆情的多次发酵,对衍生舆情传播动力学模型进行研究,在传统的 SIR 模型上进行改进,提出具有舆情衍生率的 UCIR 传播模型,进一步分析融媒体环境下的信息传播问题,为后面的舆情传播分析奠定基础。

1.4.1 传播动力学模型的构建

UCIR 模型,是对经典的传播动力学模型 SIR、SIRS 等模型进行升级改造。在此模型中提出了之前传统模型并没有提出的未知者直接拒绝了解某一舆情话题成为免疫者以及部分免疫者受到其他相关衍生舆情话题影响又重新变回接触者的情况,这样可以使得模型更加完整,更能解释舆情信息的传播机制。并且在此基础上进一步构建了系统动力学微分方程,在综合考虑信息传播流程的情况下,对媒体中的用户进行划分,得出以下四种状态:

1.4.1.1 UCIR 传播动力学模型状态划分

(1)"未知者"状态

在现实的舆情传播环境中,舆情出现之后,并不是所有的个体都是直接处于"已知"的状态。当一个事件出现后,每个个体都有可能通过各种方式接触了解到此事件,但不是所有人都会接触。"未知者"是指虽然目前不知道舆情但具有一定获取信息能力的个体。用 U(Unknown)来表示"未知者"。

(2)"接触者"状态

"接触者"状态我们可以理解为接收到舆情信息但是还没有进行传播的犹豫个体。他们中的一部分个体会表现出对舆情的兴趣进而变为舆情"传播者",另一部分个体则选择直接终止这次舆情信息的传播,变为舆情"免疫者"。用 C (Contact)来表示"接触者"。

(3)"传播者"状态

处于这一状态的个体则是指已经接收到舆情中的信息,并且已经进行了传播的活跃个体。此状态的个体有能力使"未知者"状态的个体了解到舆情并且考虑进行传播。用 I (Infective)来表示"传播者"。

(4)"免疫者"状态

此状态可以分为三种情况,第一种是处于"传播者"状态的个体随着时间的推移不再可以影响其他状态的个体,同时主观上也不再对此舆情信息感兴趣,从而转变为"免疫者";第二种为"未知者"直接主观上对此舆情信息不感兴趣,所以拒绝了解该舆情信息进而成为"免疫者";最后一种情况是"接触者"了解舆情信息后,对此不感兴趣不再进行传播进而变为“免疫者”。“免疫者”R(Recovered)并不是最终状态,因为考虑到部分免疫者会受到相关衍生舆情信息的影响还会有再次成为接触者的可能。

1.4.1.2 UCIR 传播动力学模型参数

鉴于各个状态之间的相互转化与影响,在 UCIR 传播动力学模型中的参数设定是非常复杂的,具体参数设置包括:

- 接触率(α),表示在舆情信息传播的过程中,处于未知者状态的个体获取某条舆情信息的可能性。理论上,α 会随着事件影响力的增大而不断增大。
- 直接屏蔽率(p),表示处于未知者状态的个体因为不感兴趣而直接拒绝了解相关的舆情信息,从而转变为免疫者的概率。
- 传播率(β),表示已经了解到舆情信息的接触者状态的个体对舆情信息进行传播的概率。由于不同的个体对舆情信息的兴趣程度不同,当接触者个体接触舆情信息后,有权利决定是否对该舆情信息进行传播,β 表示了接触者选择进行传播的概率。
- 直接免疫率(ε),表示处于接触者状态的个体在了解到舆情信息后对该信息不感兴趣,不对该舆情信息进行传播而直接免疫的概率。
- 传播免疫率(θ),表示处于传播者状态的个体失去了他的活跃能力进而转变为免疫者状态的概率。每个舆情的产生都存在着一定的曝光期,过了这个曝光期,传播者状态的个体就不再具有使处于未知者状态的个体进行转化的能力。
- 衍生传播率(q),表示处于免疫者状态的个体受到其他相关衍生舆情信息的影响,再次成为舆情信息接触者的概率。

1.4.1.3 UCIR 模型状态方程构建

假设舆情信息是在一个相对密闭的环境中进行传播的,该环境的总人数(N)是始终保持不变的。在任何时刻,该环境中的人们始终处于以下状态中的唯一状态。为了分析舆情信息传播过程中个体的状态转化,将涉及的各个状态的个体总人数 N 做了如下的划分:

- $U(t)$:在 t 时刻,处于未知者状态(U)的个体数量。
- $C(t)$:在 t 时刻,处于接触者状态(C)的个体数量。
- $I(t)$:在 t 时刻,处于传播者状态(I)的个体数量。
- $R(t)$:在 t 时刻,处于免疫者状态(R)的个体数量。
- $N(t)$:在 t 时刻,全部的用户数量。

这里处于未知者状态 $U(t)$、接触者状态 $C(t)$、传播者状态 $I(t)$ 和免疫者状态 $R(t)$ 的总人数始终保持为 $N(t)$,即:$U(t)+C(t)+I(t)+R(t)=N(t)$。

最终,通过数学运算和方程假设,得到的 UCIR 传播动力学模型的微分方程为:

$$\frac{dU(t)}{dt} = -\alpha U(t)I(t) - pU(t)I(t) \tag{1-16}$$

$$\frac{dC(t)}{dt} = \alpha U(t)I(t) - \beta C(t) - \varepsilon C(t) + qR(t) \tag{1-17}$$

$$\frac{dI(t)}{dt} = \beta C(t) - \theta I(t) \tag{1-18}$$

$$\frac{dR(t)}{dt} = pU(t)I(t) + \varepsilon C(t) + \theta I(t) - qR(t) \tag{1-19}$$

以上状态转化包括几个过程:

- 接触过程:当处于未知者状态的个体(U)接触处于传播者状态(I)的个体后。单位时间内就会有 $\alpha U(t)I(t)$ 个个体由未知者状态(U)转化为接触者状态(C)。
- 直接屏蔽过程:当处于未知者状态的个体(U)直接对舆情信息不产生兴趣,既不参与接触过程也不参与传播过程,个体将会以直接屏蔽率 p 转化为免疫者状态(R)。单位时间内就会有 $pU(t)I(t)$ 个个体由未知者状态转化为免疫者状态(R)。
- 传播过程:在舆情信息的爆发期内,当处于接触者状态的个体(C)接触舆情信息后,就会以传播概率 β 参与传播。单位时间内就会有 $\beta C(t)$ 个个体由接触者状态(C)转化为传播者状态(I)。
- 直接免疫过程:当处于接触者状态的个体(C)接触舆情信息后,并未对该舆情信息产生兴趣,个体将会以直接免疫概率 ε 不参与传播。则单位时间内就会有 $\varepsilon C(t)$ 个个体由接触者状态(C)转化为免疫者状态(R)。
- 免疫重返过程:当处于免疫状态的个体(R)受到其他相关衍生舆情信息的影响,个体将会以衍生传播率 q 重新考虑是否参与舆情信息的传播。则单位时间内就会有 $qR(t)$ 个个体由免疫者状态(R)重新回到接触者状态(C)。

具体的 UCIR 传播动力学模型如下图所示:

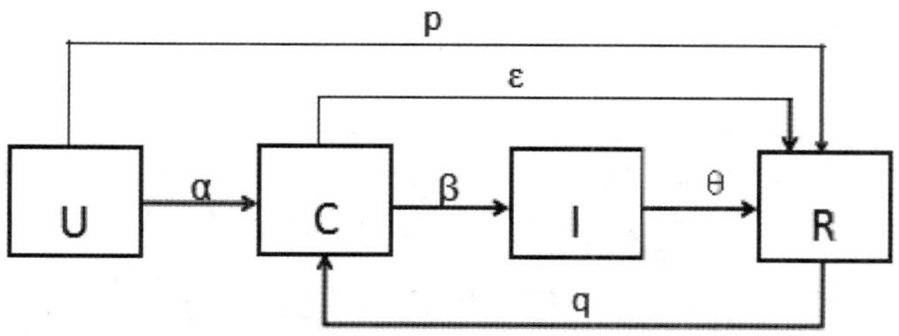

图 1.10 UCIR 模型状态转移图

1.4.2 模型平衡点的存在性与稳定性分析

计算舆情信息传播模型的平衡点,以及通过 Routh-hurwite 判定条件来进行模型平衡点的局部稳定性分析。在实际的系统中,通常可以通过控制相关因素使系统达到平衡状态。如果平衡点是稳定的,系统将保持这种稳定状态,并且各个状态的用户数目将不再发生变化。通过调节可控制的相关因素,即可达到控制舆情信息传播发展的效果,也可节约不必要的人力物力。

1.4.2.1 平衡点的存在性

(1)零传播平衡点

对于微分动力学系统来说,平衡点是不随时间的变化而变化的一种系统状态,因此了解微分动力学系统的第一步就是找到系统的平衡点。边界零平衡点 $E_1=(1,0,0,0)$,这意味着网络中的接触者状态 C、传播者状态 I 和免疫者状态 R 的数量均为 0,即不存在传播信息的人。

(2)非零传播平衡点

除零平衡点之外,在实际的舆情信息传播过程中,还存在一个非零传播平衡点,它指的是舆情信息的传播最终会随着时间的推移而趋于稳定,并且舆情信息会在传播网络中长期存在。具体计算方式如下:

设传播模型有平衡点 $E_2(U^*,C^*,I^*,R^*)$,满足以下的方程:

$$\frac{dU(t)}{dt}=-\alpha U(t)I(t)-pU(t)I(t)=0 \tag{1-20}$$

$$\frac{dC(t)}{dt}=\alpha U(t)I(t)-\beta C(t)-\varepsilon C(t)+qR(t)=0 \tag{1-21}$$

$$\frac{dI(t)}{dt}=\beta C(t)-\theta I(t)=0 \tag{1-22}$$

$$\frac{dR(t)}{dt}=pU(t)I(t)+\varepsilon C(t)+\theta I(t)-qR(t)=0 \tag{1-23}$$

通过计算以上的方程组,我们可以得出传播模型的非零传播平衡点 $E_2(U^*,C^*,I^*,R^*)$,其中:

$$U^*=\frac{\theta(pq+\alpha\beta+p\varepsilon)}{\alpha p(\beta+\theta(pq+\alpha\beta+p\varepsilon))},C^*=\frac{p}{pq+\alpha\beta+p\varepsilon}$$

$$I^*=\frac{p\beta}{\theta(pq+\alpha\beta+p\varepsilon)},R^*=\frac{\theta p\beta(pq+\alpha\beta+p\varepsilon)}{\alpha pq\theta(\beta+\theta(pq+\alpha\beta+p\varepsilon))(pq+\alpha\beta+p\varepsilon)}$$

1.4.2.2 模型可再生数

在传染病相关的研究中,可再生数是传染病传播过程中衡量疾病是否会爆发的一个关键指标。同样地,在舆情信息的传播过程中,舆情信息的传播是否可能会爆发也可以通过可再生数来进行衡量。

令 $X(t)=(C(t),I(t),R(t),U(t))^T$,之后再分别构造函数 F(x) 和 V(x),这里的 F(x) 表示的是每个状态新增的传播状态个体的速率,V(x) 表示的是其他各个状态的个体转化为该状态个体的速率以及该状态的个体转化为其他状态个体的速率[44]。则模型的微分方程可以表示为:

$$\frac{dx}{dt}=F(x)-V(x) \tag{1-24}$$

其中:

$$\tilde{F}(x)=\begin{bmatrix}\alpha UI\\0\\0\\0\end{bmatrix},\ \tilde{V}(x)=\begin{bmatrix}\beta C+\varepsilon C-qR\\-\beta C+\theta I\\-pU-\varepsilon C-\partial I+qR\\\alpha UI+pU\end{bmatrix}$$

计算 F(x) 在零平衡点 E_1 处的 Jacobian 矩阵,记为 $F(E_1)$:

$$F(E_1)=\begin{bmatrix}0&\alpha&0&0\\0&0&0&0\\0&0&0&0\\0&0&0&0\end{bmatrix}$$

计算 V(x) 在零平衡点 E_1 处的 Jacobian 矩阵,记为 $V(E_1)$:

$$V(E_1)=\begin{bmatrix}\beta+\varepsilon&0&-q&0\\-\beta&\theta&0&0\\-\varepsilon&-\theta&q&-p\\0&\alpha&0&\alpha+p\end{bmatrix}$$

接下来需要求解矩阵 $V(E_1)$ 的逆矩阵:

$$V(E_1)^{-1}=\begin{bmatrix}\frac{1}{\beta+q-\varepsilon}&\frac{\alpha p-\theta(\alpha+p)}{\theta(\alpha+p)(\beta+q-\varepsilon)}&\frac{1}{\beta+q-\varepsilon}&\frac{-p}{(\alpha+p)(\beta+q-\varepsilon)}\\\frac{\beta\varepsilon}{\theta q(\beta+q-\varepsilon)}&\frac{\beta}{\theta(\beta+q-\varepsilon)}&\frac{-\beta}{\theta(\beta+q-\varepsilon)}&\frac{q\beta}{\theta(\alpha+p)(\beta+q-\varepsilon)}\\\frac{\theta(\alpha+p)(\beta-\varepsilon)-\alpha p\beta}{q\theta(\alpha+p)(\beta+q-\varepsilon)}&\frac{(\beta+\varepsilon)[\alpha p-\theta(\alpha+p)]}{q\theta(\alpha+p)(\beta+q-\varepsilon)}&\frac{\beta+\varepsilon}{q(\beta+q-\varepsilon)}&\frac{-p(\beta+\varepsilon)}{q(\alpha+p)(\beta+q-\varepsilon)}\\\frac{\alpha\beta}{\theta(\alpha+p)(\beta+q-\varepsilon)}&\frac{-\alpha\beta}{\theta(\alpha+p)(\beta+q-\varepsilon)}&\frac{\alpha\varepsilon}{\theta(\alpha+p)(\beta+q-\varepsilon)}&\frac{1}{(\alpha+p)(\beta+q-\varepsilon)}\end{bmatrix}$$

因此可得可再生矩阵 FV^{-1}[45]:

$$FV^{-1}=\begin{bmatrix}\frac{-\alpha\beta\varepsilon}{\theta q(\beta+q-\varepsilon)}&\frac{\alpha\beta}{\theta(\beta+q-\varepsilon)}&\frac{\alpha\beta}{\theta(\beta+q-\varepsilon)}&\frac{\alpha q\beta}{\theta(\alpha+p)(\beta+q-\varepsilon)}\\0&0&0&0\\0&0&0&0\\0&0&0&0\end{bmatrix}$$

基本可再生数 R_0可由可再生矩阵 FV^{-1}的谱半径得出：

$$R_0 = \frac{\alpha\beta\varepsilon}{\theta q(\beta + q - \varepsilon)} \tag{1-25}$$

任何舆情信息的传播过程中都存在一个 R_0用来衡量该舆情信息的传播态势是否可能会出现爆发，它是由接触率 α、传播率 β、传播免疫率 θ、直接免疫率 ε 以及衍生传播率 q 共同决定的。当 $R_0<1$ 时，说明在舆情信息出现后，讨论群体总数呈现下降趋势，舆论不会爆发，传播趋于消失；反之，当 $R_0>1$ 时，说明在舆情信息出现后，讨论群体总数呈现上升趋势，舆论必然爆发，并且 R_0越大，舆论传播的速度越快。

1.4.2.3 基本可再生数 R0 与平衡点稳定性的关系

探索舆情信息的传播原理，构建相对应的舆情信息传播模型，分析舆情信息在传播模型中的稳定性，有利于帮助我们更好地了解舆情信息的传播过程。由上述可知，$E_1(1,0,0,0)$ 和 $E_2(U^*,C^*,I^*,R^*)$ 是传播模型的两个平衡点，根据 R_0的取值，传播模型的稳定性取决于两个平衡点之一。

定理一：如果 $R_0<1$，则舆情信息传播模型在 E_1处是处于局部渐进稳定的；反之，当 $R_0>1$ 时，舆情信息传播模型在 E_1处是不稳定的。

证明：令上述微分方程组中的各个方程右端为 0。

令：$X = -\alpha UI - pU$，$Y = \alpha UI - \beta C - \varepsilon C + qR$，$Z = \beta C - \theta I$，$W = pU + \varepsilon C + \theta I - qR$

则：

$$\frac{\partial X}{\partial U} = -\alpha I - p,\ \frac{\partial X}{\partial C} = 0,\ \frac{\partial X}{\partial I} = -\alpha U,\ \frac{\partial X}{\partial R} = 0$$

$$\frac{\partial Y}{\partial U} = \alpha I,\ \frac{\partial Y}{\partial C} = -\beta - \varepsilon,\ \frac{\partial Y}{\partial I} = \alpha U,\ \frac{\partial Y}{\partial R} = q$$

$$\frac{\partial Z}{\partial U} = 0,\ \frac{\partial Z}{\partial C} = \beta,\ \frac{\partial Z}{\partial I} = -\theta,\ \frac{\partial Z}{\partial R} = 0$$

$$\frac{\partial W}{\partial U} = p,\ \frac{\partial W}{\partial C} = \varepsilon,\ \frac{\partial W}{\partial I} = \theta,\ \frac{\partial W}{\partial R} = -q$$

因此，舆情信息传播模型在零平衡点 E_1的 Jacobian 矩阵为：

$$J(E_1) = J(1,0,0,0) = \begin{bmatrix} -p & 0 & -\alpha & 0 \\ 0 & -\beta-\varepsilon & \alpha & q \\ 0 & \beta & -\theta & 0 \\ p & \varepsilon & \theta & -q \end{bmatrix} \tag{1-26}$$

在 E_1处的特征方程为：

$$(\lambda + \theta)(\lambda + p)[(\lambda + \beta + \varepsilon)(\lambda + q) - q\varepsilon] = 0 \tag{1-27}$$

由此可看出，当 $R_0<1$ 时，此特征方程的所有特征根均有负实根，符合 Routh-hurwite 判定条件[46-48]。故当 $R_0<1$ 时，舆情信息传播模型在零平衡点 E_1处是局部渐

进稳定的。

定理二：如果 $R_0>1$，则舆情信息传播模型在 E_2 处是处于局部渐进稳定的。

证明：令上述微分方程组中的各个方程右端为 0。

舆情信息传播模型在非零平衡点 E_2 的 Jacobian 矩阵为：

$$J(E_2) = J(U^*, C^*, I^*, R^*) =$$

$$\begin{bmatrix} \frac{-\alpha p\beta}{\theta(pq+\alpha\beta+p\varepsilon)} - p & 0 & -\frac{\theta(pq+\alpha\beta+p\varepsilon)}{p(\beta+\theta(pq+\alpha\beta+p\varepsilon))} & 0 \\ \frac{-\alpha p\beta}{\theta(pq+\alpha\beta+p\varepsilon)} & -\beta-\varepsilon & \frac{\theta(pq+\alpha\beta+p\varepsilon)}{p(\beta+\theta(pq+\alpha\beta+p\varepsilon))} & q \\ 0 & \beta & -\theta & 0 \\ p & \varepsilon & \theta & -q \end{bmatrix} \tag{1-28}$$

特征多项式：

$$|\lambda E - J(E_2)| = \lambda^4 + a_1\lambda^3 + a_2\lambda^2 + a_3\lambda^1 + a_4 = 0 \tag{1-29}$$

其中：$a_1 = \theta + \beta + q + \varepsilon + A$，$a_2 = A(\theta + \beta + q + \varepsilon) + \theta(\beta + q + \varepsilon)$，$a_3 = q\beta(\theta + A)$，$a_4 = q\beta\theta A$

式中：$A = \dfrac{\alpha p\beta}{\theta(pq + \alpha\beta + \varepsilon p)} + p$

由于当 $R_0>1$ 时，a1，a2，a3，a4>0 且 $\Delta_2 = a_1a_2 - a_3 > 0$、$\Delta_3 = a_3\Delta_2 - a_1^2a_4 > 0$，根据 Routh-hurwite 判定条件[46-48]，故当 $R_0>1$ 时，舆情信息传播模型在非零平衡点 E_2 处是局部稳定的。在该平衡点，网络中会始终存在一定数量的传播状态用户个体，舆情信息将得到稳定的传播，整个网络将处于动态稳定平衡中。

综上所述，对于网络中的舆情信息传播，当 $R_0<1$ 时，零平衡点 E_1 是整个网络的局部渐进稳定点，网络中的舆情信息最终会消失；当 $R_0>1$ 时，非零平衡点 E_2 是网络的局部渐进稳定点，舆情信息将会一直在网络中传播。

1.4.3 小结

本节首先介绍了改进的舆情信息传播动力学模型，具体解释了模型中包括的各个状态、参数以及模型的传播动力学微分方程；其次具体介绍了基本再生数 R_0 的概念，以方便理解文中所构建的舆情信息传播模型；最后，根据文中提出的舆情信息传播模型的微分方程求得系统的平衡点和基本再生数 R_C，并通过 Routh-Hurwitz 稳定性条件的数学验证对舆情信息传播模型在零平衡点和非零平衡点的稳定性进行了分析，理论上的证明可以帮助我们更好地理解舆情信息在网络中传播的动力学规律。

1.5 模型实验与引导分析

通过上一节对舆情信息传播过程的建模以及模型的稳定性分析，进一步研究舆情信息传播的内在机制。传播模型的基本可再生数 R_0 影响着媒体网络舆情信息传播的扩散趋势。根据上节的稳定性分析，可以了解到基本可再生数 R_0 越小越有利于对舆情信息传播趋势的控制。本节将利用真实舆情事件的实际数据进行实验，分析不同的媒体平台以及融媒体的整个舆情信息传播过程，对影响舆情信息传播过程的相关重要因素进行分析，同时基于分析结果的数据驱动提出相对应的引导策略。

1.5.1 舆情传播总体情况

1.5.1.1 实验数据集描述

在媒体网络中，一般的舆情事件都是以热点话题的形式产生并进行传播的。研究发现，对于不同的热点事件，其进行传播的群体和传播的范围以及进行引导的时间都是不一样的。

以真实数据集作为数据源，从各个媒体对外开放的 API 端口获取数据或者参考其他 APP 或文献中对外公开的数据集。选取的是有关 2020 年#青岛疫情#相关话题的讨论情况，下表详细给出了具有典型特征的各个媒体有关该话题的讨论量。首次采集数据的时间为事件出现的日期 2020 年 10 月 11 日，数据的采样频率为 1 天。

表 1.16 #青岛疫情#舆情信息单天各媒体讨论量

日期	10.11	10.12	10.13	10.14	10.15	10.16	10.17	10.18	10.19
微博	2064	60175	18731	17197	12442	9560	3788	2617	2019
微信	25	4200	4037	5481	3937	6575	3231	2423	3541
短视频	48	1314	793	611	248	997	400	322	169
报纸	0	7	45	47	40	161	104	8	43
电视	720	485	338	369	770	341	253	354	166
广播	500	743	345	248	555	366	322	237	172
日期	10.20	10.21	10.22	10.23	10.24	10.25	10.26	10.27	10.28
微博	1007	630	395	215	240	224	250	279	232
微信	2041	1549	1045	709	428	294	475	572	650
短视频	97	26	16	5	8	10	9	14	3
报纸	100	15	10	4	3	2	7	3	2
电视	126	50	21	13	15	14	48	14	41
广播	124	79	56	58	30	25	22	37	25

续表

日期	10.29	10.30	10.31	11.1	11.2	11.3	11.4	11.5	11.6
微博	390	333	175	108	84	100	75	33	43
微信	508	569	446	621	386	292	214	116	88
短视频	14	15	1	2	3	2	4	3	3
报纸	5	10	1	1	4	16	3	2	1
电视	44	30	43	24	16	11	7	5	2
广播	31	27	32	33	27	7	4	2	1

根据第 3 节我们计算得出的各媒体的影响力权重，我们就可以计算出融媒体下该话题的讨论量，如表 1.17 所示：

表 1.17 #青岛疫情#舆情信息单天融媒体讨论量

日期	10.11	10.12	10.13	10.14	10.15	10.16	10.17	10.18	10.19
融媒体	558	13576	5097	5156	3781	4028	1808	1323	1467
	10.20	10.21	10.22	10.23	10.24	10.25	10.26	10.27	10.28
融媒体	830	236	168	202	130	106	77	41	34
	10.29	10.30	10.31	11.1	11.2	11.3	11.4	11.5	11.6
融媒体	231	236	168	202	130	106	77	41	34

1.5.1.2 UCIR 模型参数估计

我们选取了 MATLAB 的 fminsearch 函数来进行模型参数的估计，通过给定一个初始值来寻找令模型的估计值与实际值之间的误差最小的参数局部最优解，并且利用 MATLAB 的 ode45 函数基于参数估计的结果来运行模型，具体过程如图 1.11 所示。

根据图示过程，最终我们得到了关于融媒体下舆情信息传播模型的参数具体值，本文取接近小数点后一位的下限值作为模型中的参数，分别为：$\alpha=3.6$；$\beta=2.3$；$\theta=1.9$；$p=0.4$；$\varepsilon=0.1$；$q=0.5$。

结合 1.4 小节我们计算出的模型可再生数可以得到：

$$R_0 = \frac{\alpha\beta\varepsilon}{\theta q(\beta + q - \varepsilon)} \approx 0.31 < 1 \qquad (1\text{-}30)$$

可知此时的系统内 $R_0<1$，零平衡点是整个网络的局部渐进稳定点。这种情况表示当系统最终趋于稳定后，舆情信息的传播会逐渐消失，舆论不会爆发。

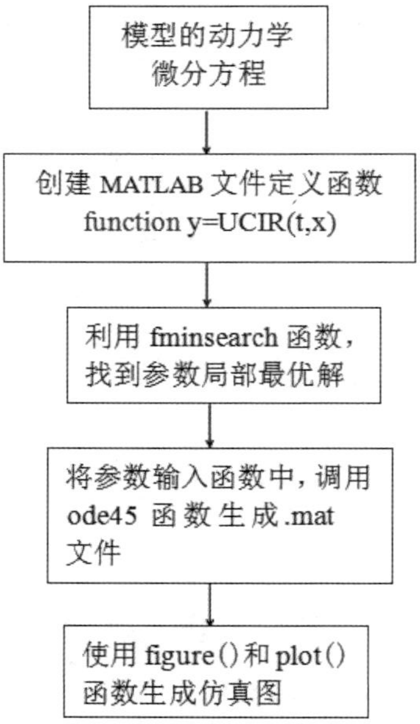

图 1.11 模型参数估计过程图

1.5.1.3 UCIR 模型的有效性验证

为了更好地进行模型的验证,保证舆情信息可以在融媒体环境下进行传播,第一步就是需要验证模型的有效性,将采集到的媒体实际数据中舆情信息的传播趋势与本文提出的舆情信息传播模型的估计值进行对比,实际数据的传播趋势与模型估计值的走向越接近,则证明本文所提出的模型越有效。[49]

媒体平台中的每一条舆情信息都存在着一定的传播过程,会经历形成期、扩散期、爆发期以及衰退期。我们选取了上述的 2020 年#青岛疫情#相关话题的数据来进行模型的有效性验证。把每一天该舆情信息的讨论量作为一个时间段分片。由于模型估计值与实际数据之间还是会存在着一定的误差,为了能够准确地验证 UCIR 模型的有效性,本文使用均方根误差(root mean squared error, RMSE)来计算模型估计值与实际数据之间的误差。误差越小,就代表了曲线的拟合程度越好,模型的有效性越大;误差越大,则反之。均方根误差的计算公式如下所示:

$$RMSE = \sqrt{\frac{1}{N}\sum_{i=1}^{N}(observed - predicted)^2} \tag{1-31}$$

其中 RMSE 表示均方根误差;N 表示数据个数;observed 表示采集到的实际数据值;predicted 表示模型估计的数据值,截取与实际数据相对应的 28 个点进行计算。

首先,将经典的 SIR 模型估计出的 I 值与有关 2020 年#青岛疫情#这个话题的实际数据进行比较。如图 1.12 所示,从图中可以看出此模型存在较大的拟合误差。

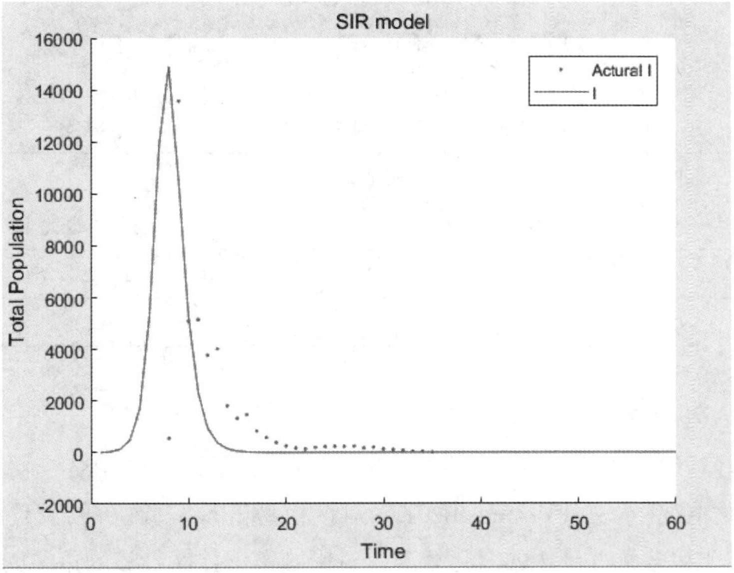

图 1.12 比较 SIR 模型 I 的模拟数据与真实数据

同时,将 UCIR 模型的模拟估计值 I 与采集到的实际数据进行了比较。如图 1.13 所示,很明显可以看出此模型很大程度上降低了曲线的拟合误差,可以更好地拟合舆情事件的实际数据。

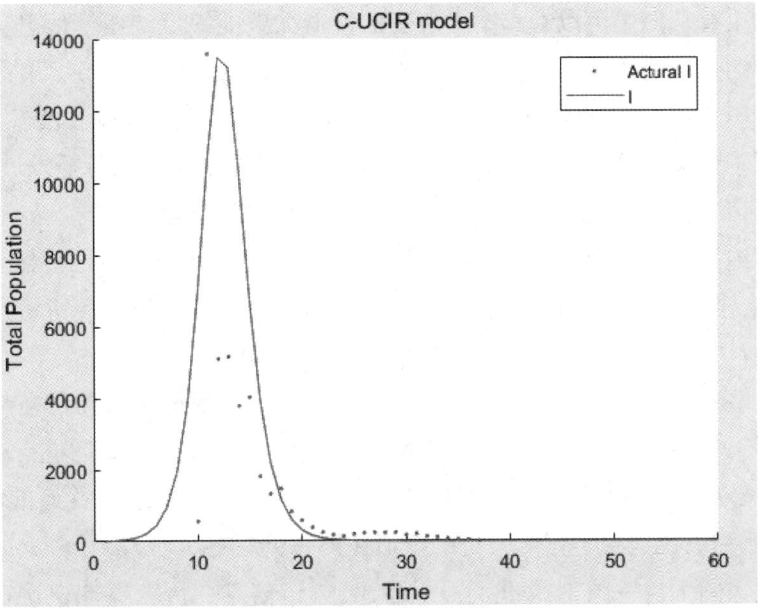

图 1.13 比较 UCIR 模型 I 的模拟数据与真实数据

下表列出了 SIR 模型和 UCIR 模型的模拟估计值与 2020 年#青岛疫情#相关话题的实际数据相比较的均方根误差 RMSE 和平均绝对误差 MAE[公式(1-32)]。与 SIR

模型相比,UCIR 模型的 RMSE 降低了 31.6%,同时 UCIR 模型的 MAE 降低了 23.3%。

$$MAE = \frac{1}{N}\sum_{i=1}^{N} |(observed - predicted)| \tag{1-32}$$

表 1.18　SIR 模型与 UCIR 模型的均方根误差比较结果

融媒体		
模型	均方根误差 RMSE	平均绝对误差 MAE
SIR	1765	292
UCIR	1207	224

1.5.1.4　舆情传播过程分析

为了更好地研究舆情信息传播模型 UCIR 在不同媒体平台中各个状态的比例随着时间的变化情况,本文使用 Matlab2017a 对该模型进行实验验证,设置横轴为时间步,纵轴为各个状态所占比例的变化情况。对影响舆情传播趋势的重要因素和舆情传播规律进行分析。[50]

图 1.14—图 1.19 为模型估计的微博、微信、短视频、报刊、电视和广播的舆情信息传播模型中的未知者、接触者、传播者以及免疫者的变化比例。从图中可以看出,舆情信息在传播的过程中未知者的比例会不断减小,免疫者的比例逐渐增大,接触者和感染者的比例先增大后减小,最终系统中就只剩下了舆情信息的未知者和免疫者用户,舆情传播结束。从图中可以看出本文所建的模型大致能够反映舆情信息在以上几个媒体平台中的传播趋势。从实验结果可以看出,在舆情信息传播的初期,大部分人不会立即进行舆情信息的传播,先是处于一种了解到舆情信息后的接触状态。所以一开始只是局限于少部分的初始用户的讨论。随着舆情信息的进一步传播发展,用户逐渐对舆情信息产生更大的兴趣后再采取进一步的行动,舆情信息的传播迅速扩散,进入高峰期。当绝大部分的用户已经了解到舆情信息之后,该舆情信息的传播就会趋于一个平衡状态,进入平稳期。最后随着时间的流逝,人们慢慢地对该舆情信息失去了兴趣,不再进行讨论,舆情信息的传播进入衰退期,甚至消失。

对比这些图片可以发现,对于同一个舆情事件,每个媒体平台的传播趋势大致相同。对比图 1.14—图 1.16 来看,对于微博来说,I(t) 的峰值在第 14 步左右,微信在第 12 步左右,短视频在第 9 步左右。对比图 1.17—图 1.19 来看,报刊 I(t) 的峰值在第 6 步左右,广播和电视这两个媒体 I(t) 的峰值在第 8 步左右。

通过对比图 1.14—图 1.19 我们可以看出,舆情信息在传统媒体中比在新媒体中的传播更快地达到峰值,传播信息的节点也没有新媒体中的多。出现这一情况可能与选取的数据中参与讨论的用户数量有关。说明在现实生活中,如果人们没有活动,那么舆情信息就只能在一个较小的范围内进行传播,不会像在社交网络里的传播一样快速和广泛，以上的实验结果分析与实际的传播情况相符。

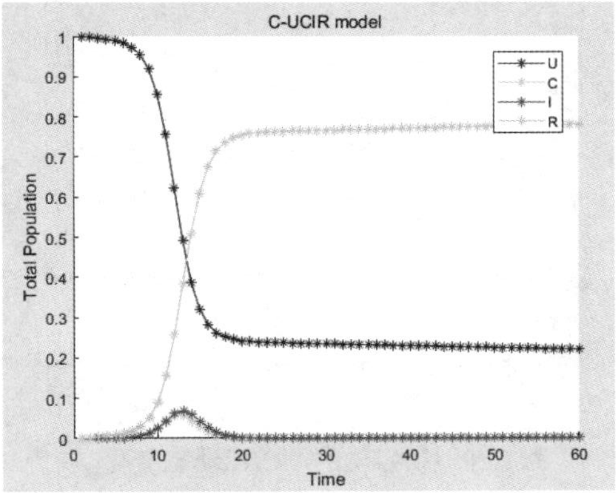

图 1.14　微博的 UCIR 动态变化

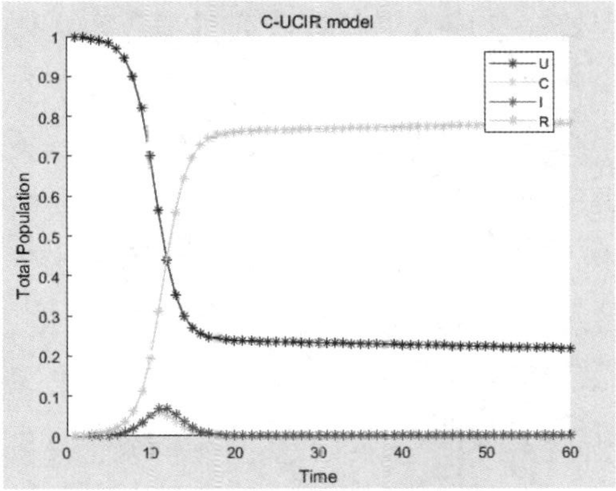

图 1.15　微信的 UCIR 动态变化

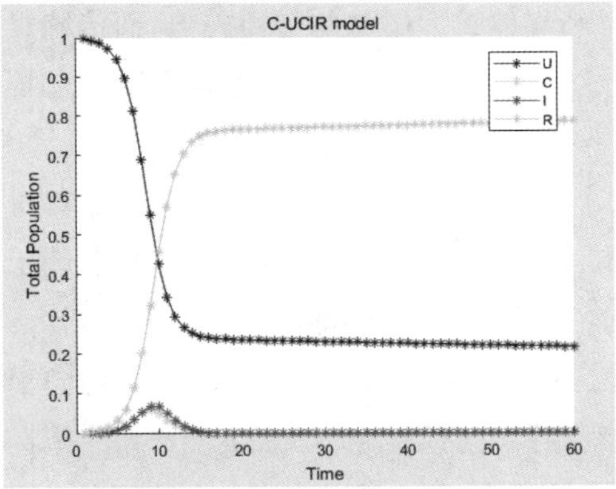

图 1.16　短视频的 UCIR 动态变化

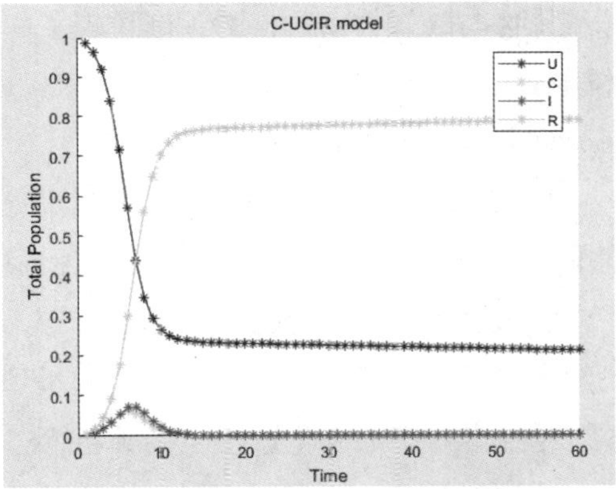

图 1.17　报刊的 UCIR 动态变化

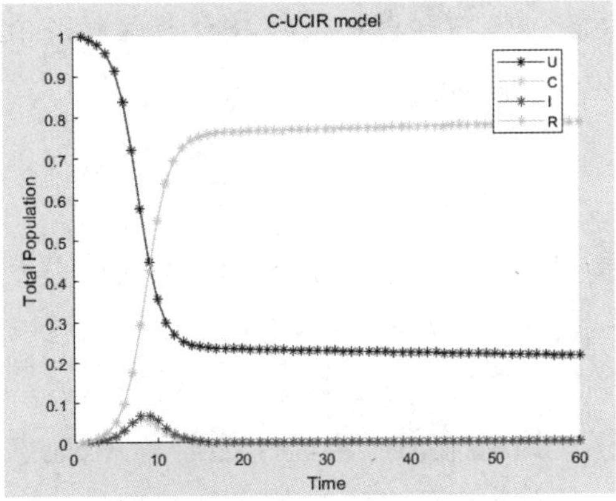

图 1.18　电视的 UCIR 动态变化

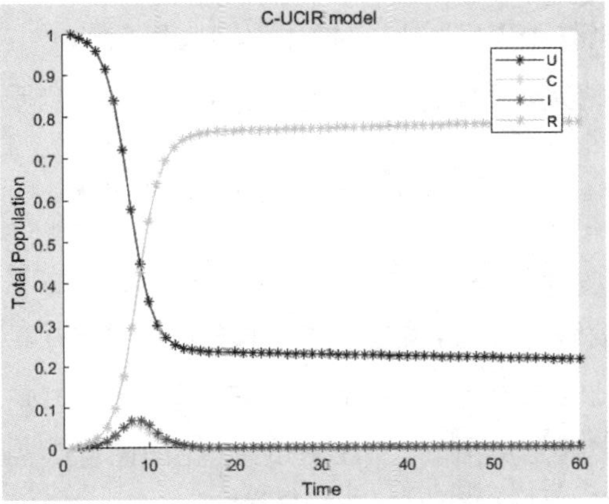

图 1.19　广播的 UCIR 动态变化

然而,单一的传播渠道已经不能准确地描述舆情信息的传播过程,融媒体中的舆情信息传播更具有研究价值。融媒体中舆情信息传播的研究,是舆情传播工作中必不可少的一个环节,人们获取信息的渠道变得多种多样。例如,在现实生活中,人们不仅可以通过电视、广播等这些传统媒体获取舆情信息,还可以在微博、微信等新媒体平台上与好友进行讨论交流,这是最常见的传统媒体与新媒体交互的表现。传统媒体和新媒体在人们获取信息上略有区别,人们从新媒体中可以获取较多信息,但是这些信息的接受度一般不高,从传统媒体中虽然获取的信息有限,但是信息的接受度较高。近年来,舆情信息在传统媒体与新媒体中的传播逐渐呈现了一种"新媒体扩大舆情的传播趋势,而传统媒体引导主流舆情传播"的特征。图 1.20 是针对融媒体环境下的舆情信息传播过程研究。

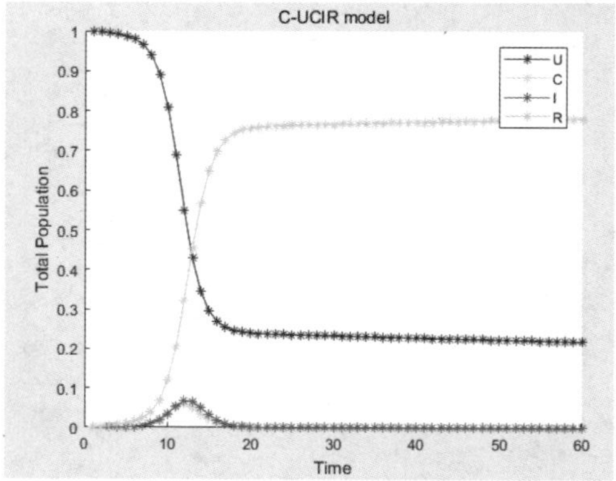

图 1.20　融媒体的 UCIR 动态变化

从图 1.20 可以看出融媒体下四种状态的个体数量随着时间变化的过程。随着时间的增加,未知者状态 U 的个体数量逐渐减少,大致在 $t=18$ 时,未知者状态 U 会趋于一个稳定值不再发生变化。接触者状态 C 的个体数量随着时间的增加先逐渐增大,大约在 $t=12$ 时,接触者状态的个体数量到达了它的峰值,之后开始下降,最终趋向于零。传播者状态的变化过程与接触者状态大致相同,同样是先增大后减小,大约是在 $t=13$ 时,传播者状态个体数量到达峰值,然后开始下降,最终趋向于零。免疫者状态 R 的个体数量的变化与未知者状态刚好相反,随着时间的增加,免疫者状态 R 的个体数量逐渐增加,在大概 $t=18$ 时,到达了它的峰值,此后稳定在此固定值,不再发生变化。当整个舆情信息传播过程结束以后,未知者状态个体、接触者状态个体、传播者状态个体以及免疫者状态个体这四类状态都趋于稳定值,保持不变。

1.5.2　舆情传播引导分析与策略

这里主要分析模型参数对于舆情信息传播过程的影响,以此来提出相对应的引导策略,从而对舆情信息传播进行有效的引导。我们在日常生活中接触的舆情信息可以分为两大类:一类是正面的、积极向上的信息,比如广告等需要扩大传播的信息;另一类则是负面的、消极的信息,比如谣言等需要迅速抑制,使其不再进行发酵。有效地掌握舆情信息的传播性质,引导正面信息的扩散,抑制负面信息的传播,是引导舆情信息发展的重要研究。本节将通过一系列的参数分析给出具体的结论。[51-52]

1.5.2.1 模型影响因素的实验分析

在实际的舆情信息传播过程中,舆情信息的传播会受到多种因素的影响。影响因素主要包括:接触率 α、传播率 β、传播免疫率 θ、直接免疫率 ε、直接屏蔽率 p 以及衍生传播率 q。主要是围绕以上六个参数展开研究,包括 UCIR 模型中未知状态个体 U(t)、接触状态个体 C(t)、感染状态个体 I(t)以及免疫状态个体 R(t)在舆情信息传播过程的具体转化情况以及各参数对于舆情信息传播过程的影响,进而选择进行舆情信息引导的最佳时间。具体的实验结果与分析会在接下来这个小节进行详细的介绍。

本小节采用固定其余参数,只改变其中一个的方式来研究影响舆情信息传播的重要因素,使用 Matlab2017a 对本文提出的模型进行仿真分析。利用 1.5.1.2 小节的方式来估算模型中的参数,用户总数 N=20000,在 t=0 时刻,设定 U(0)= 1-10/N,C(0)= 0,I(0)= 10/N,R(0)= 0;主要参数则为:α=3.6; β=2.3; θ=1.9; p=0.4; ε=0.1; q= 0.5,再采用 MATLAB 进行 100 次仿真结果的平均值对模型进行验证。

(1)接触率 α 对舆情信息传播过程的影响

为了保证实验的准确性,采用控制变量的方式,让其他参数保持不变,接触率 α 则分别取 2.9、3.2、3.6、4.0、4.3 这五组值。实验对比图见图 1.21。

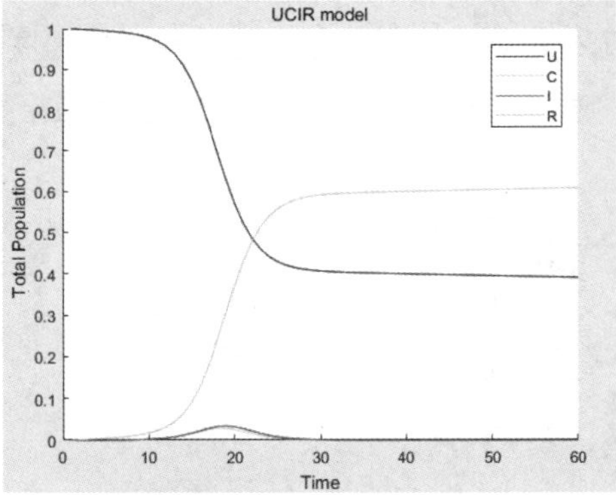

α=2.9

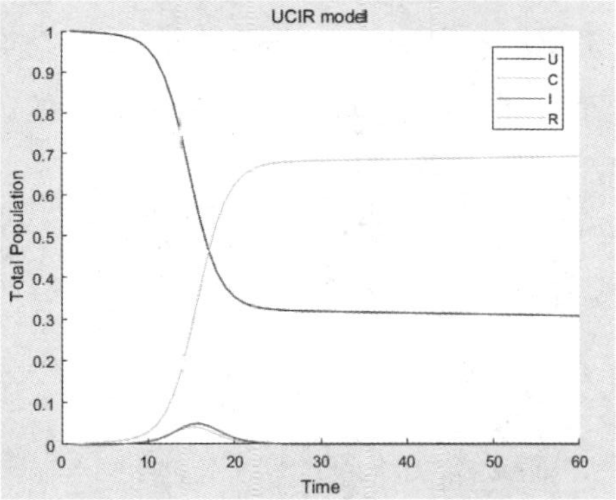

α=3.2

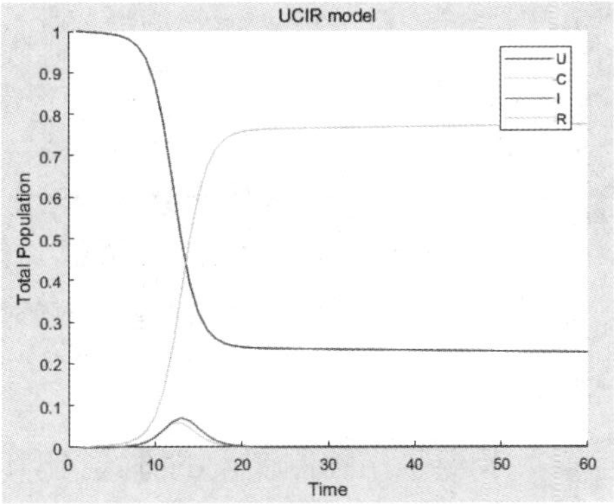

α=3.6

图 1.21 U、C、I、R 四个状态在不同的传播接触率 α 下随时间的变化

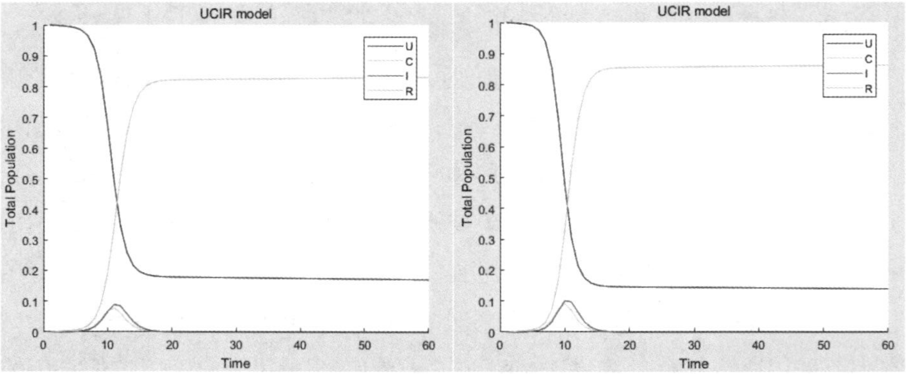

α=4.0　　　　α=4.3

图 1.21(续)

改变接触率 α 的值,观察它对融媒体下舆情信息传播过程的影响。接触率 α 为处于未知者状态的个体首次获取某条舆情信息的概率。图 1.22 是模型的实验结果,从图中可以看出,随着接触率 α 的增大,接触状态 C(t)以及传播状态 I(t)这两条曲线上升速率加快,代表了舆情信息爆发的速度加快,到达峰值的时间提前并且对应的峰值增大。这表明在融媒体下浏览到该舆情信息后转化为接触状态的用户增多,舆情信息的传播速度加快,传播影响的范围变大。在实际的舆情信息传播过程中,用户是否愿意去了解一条舆情信息,最重要的影响因素就是内容发布者的号召力以及可信程度。因此,若想要推动信息的传播,内容发布者的口碑、用户属性等因素值得被重点关注。

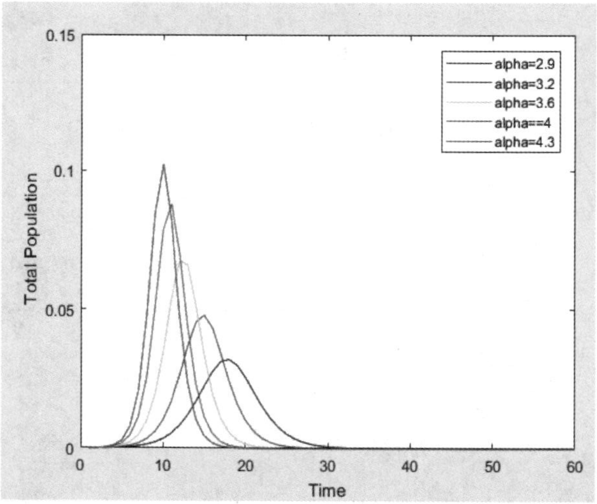

图 1.22　传播状态 I 在不同的传播接触率 α 下随时间的变化

(2)传播率 β 对舆情信息传播过程的影响

为了保证实验的准确性,我们采用控制变量的方式,让其他参数保持不变,传播率 β 则分别取 1.8、2.1、2.3、2.5、2.8 这五组值。实验对比图见图 1.23。

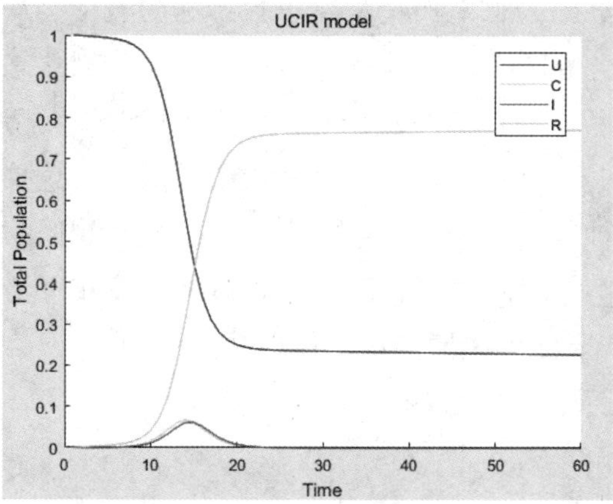

β=1.8

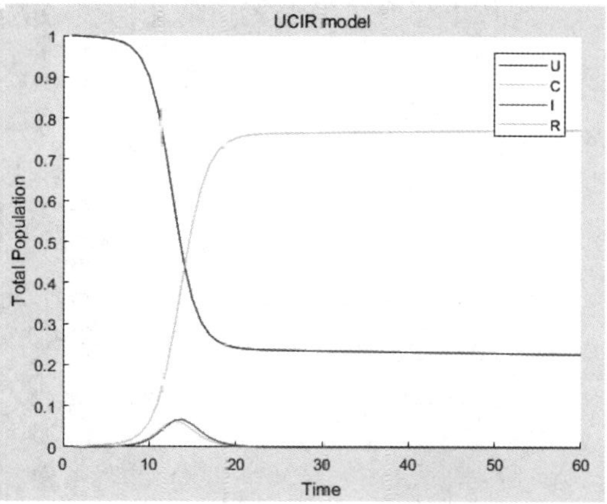

β=2.1

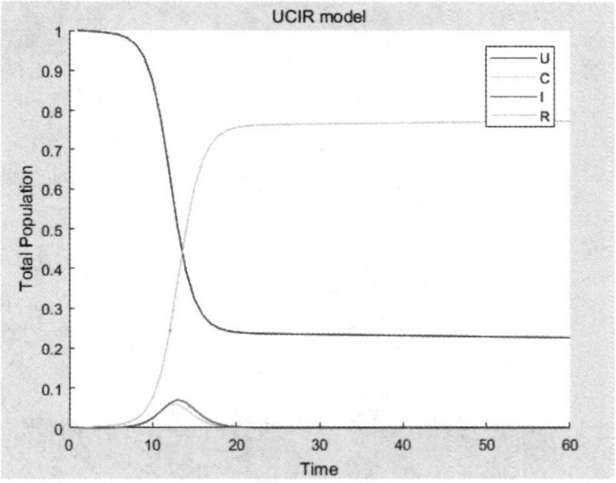

β=2.3

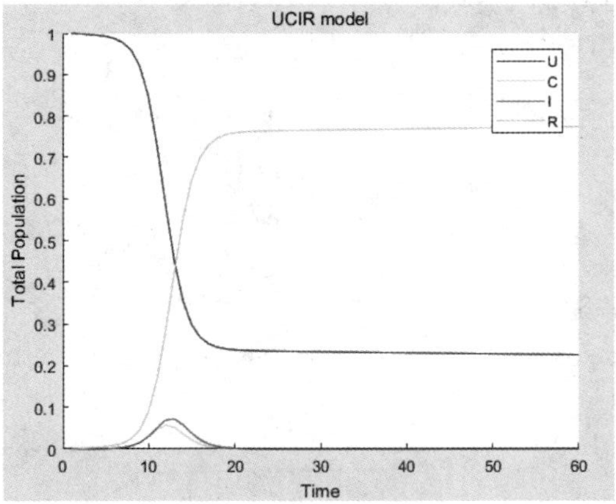

β=2.5

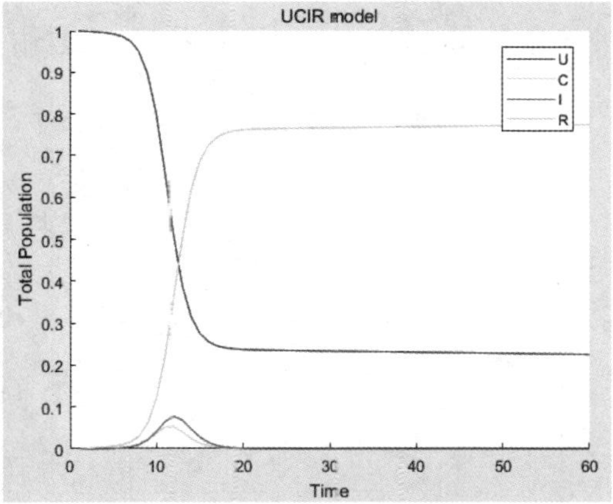

β=2.8

图 1.23　U、C、I、R 四个状态在不同的传播率 β 下随时间的变化

改变传播率 β 的值,观察它对融媒体下舆情信息传播过程的影响。传播率 β 表示融媒体下已经了解到舆情信息的接触者状态个体对舆情信息进行传播的概率。从图 1.23 中可以看出,随着传播率 β 的增大,传播状态 I(t) 的峰值逐渐超过接触状态 C(t),而且达到传播状态峰值的时间在不断地缩短,这表示传播率越大,接触该舆情信息后对此感兴趣并愿意进行传播的个体越多,传播量越大。同时,也表示了信息扩散得越快,信息的覆盖度越广。因此,若要抑制舆情信息的传播,如政府需要控制谣言的传播规模可采用监控重要节点,严格控制传播率。同时,政府也可以通过发布澄清信息对谣言信息的传播进行抑制。反之,若要促进舆情信息的传播,则可以通过网络媒体将传播率提高,最大限度地对该舆情信息进行转发,扩大其影响范围。

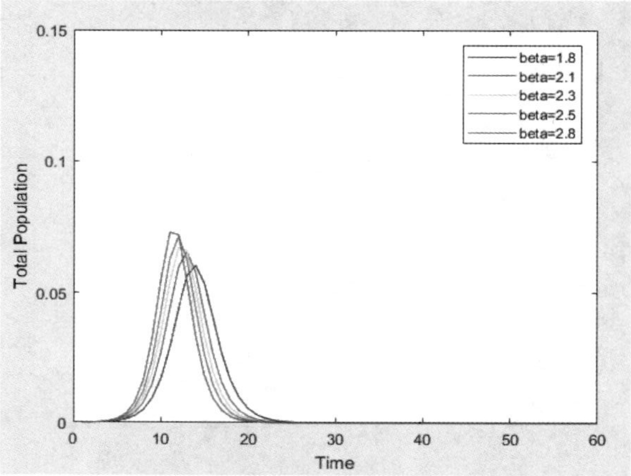

图 1.24　传播状态 I 在不同的传播率 β 下随时间的变化

(3)传播免疫率 θ 对舆情传播过程的影响

为了保证实验的准确性,我们采用控制变量的方式,让其他参数保持不变,传播免疫率 θ 则分别取 1.5、1.7、1.9、2.1、2.3 这五组值。实验对比图见图 1.25。

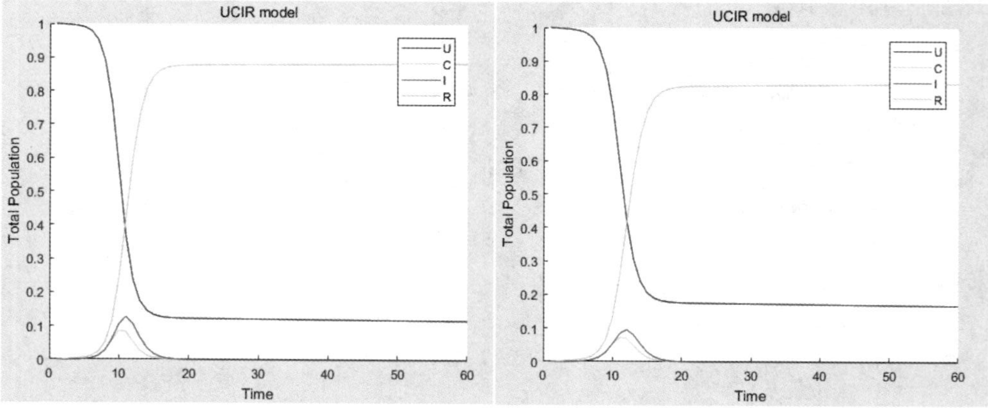

θ=1.5　　　　θ=1.7

图 1.25　U、C、I、R 四个状态在不同的传播免疫率 θ 下随时间的变化

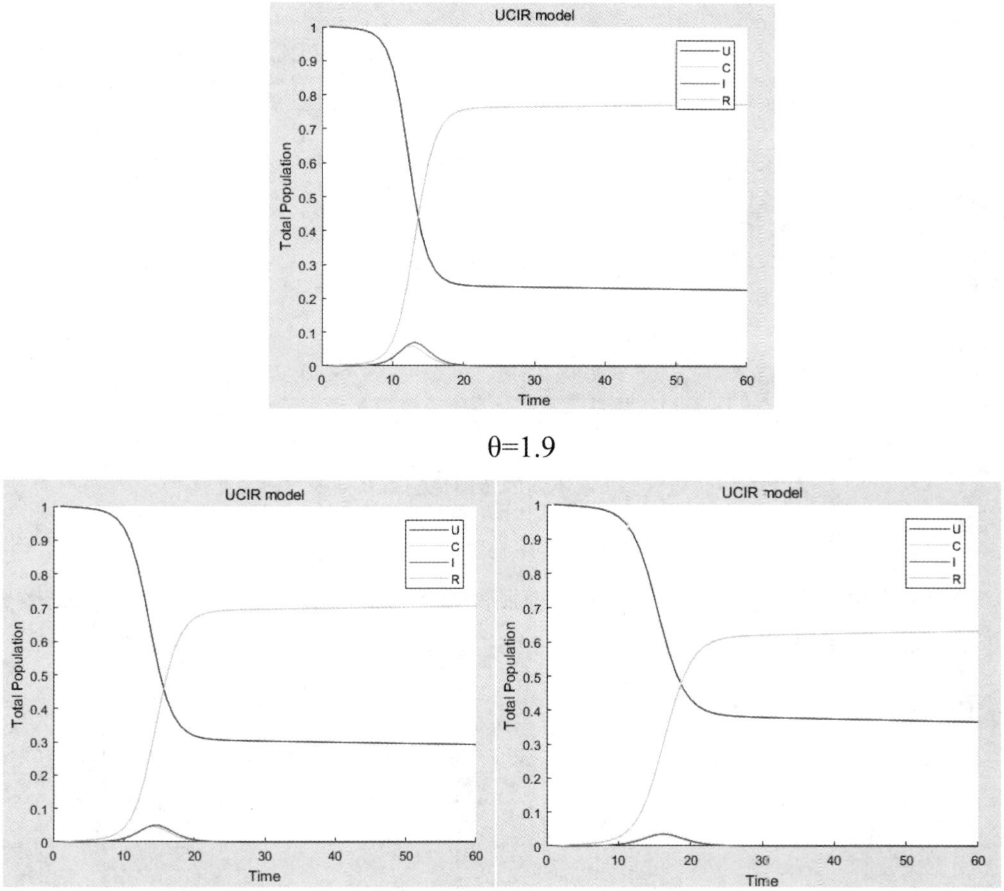

θ=1.9

θ=2.1

θ=2.3

图 1.25(续)

改变传播免疫率 θ 的值,观察它对融媒体下舆情信息传播过程的影响。传播免疫率 θ 表示处于传播者状态的个体失去了活跃能力进而转变为免疫者状态的概率。从图 1.26 中可以看出,随着传播免疫率 θ 的增大,传播状态 I(t) 的峰值逐渐下降,而且达到传播状态峰值的时间在不断地延长,这表示传播免疫率 θ 越大,就证明有越多的传播状态个体失去了活力,不再能够影响其他状态的个体进行传播。传播量越小,舆情信息在传播过程中所覆盖的范围就越小,舆情信息的传播力度也随之减小。因此,可以通过增强传播免疫率的方式来抑制舆情信息的传播,如政府可以迅速发布澄清信息加速传播者状态向免疫者状态转化的速度,进而控制整个舆情信息的传播规模。

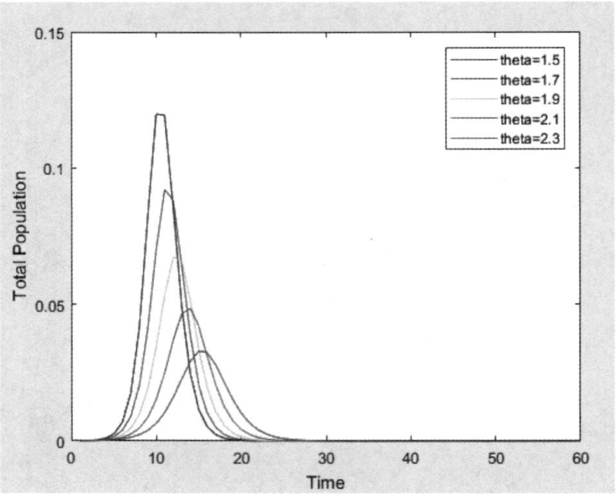

图 1.26　传播状态 I 在不同的传播免疫率 θ 下随时间的变化

(4) 直接免疫率 ε 对舆情传播过程的影响

为了保证实验的准确性，我们采用控制变量的方式，让其他参数保持不变，直接免疫率 ε 则分别取 0.08、0.09、0.1、0.11、0.12 这五组值。实验对比图见图 1.27。

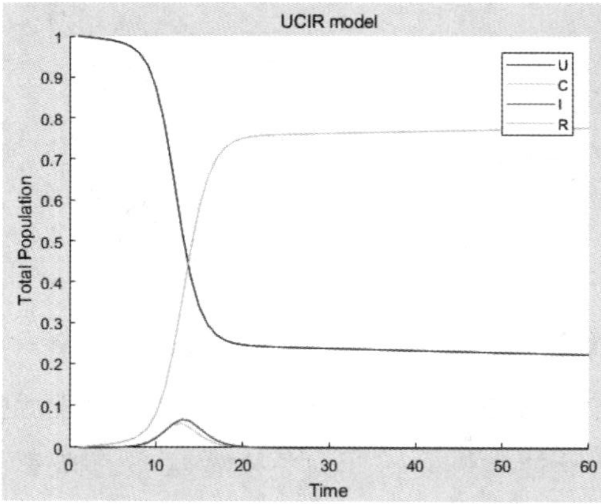

ε=0.08

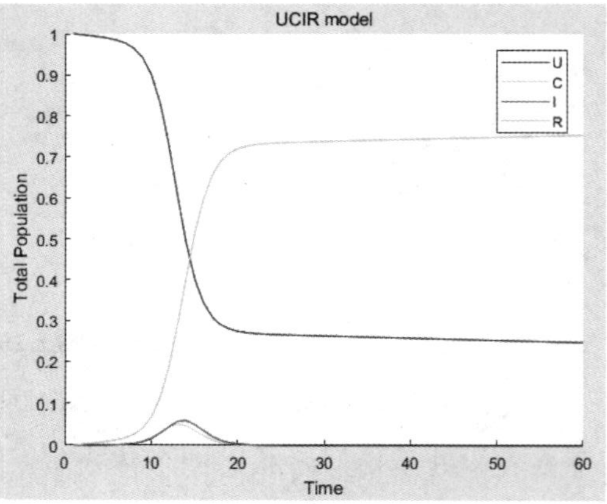

ε=0.09

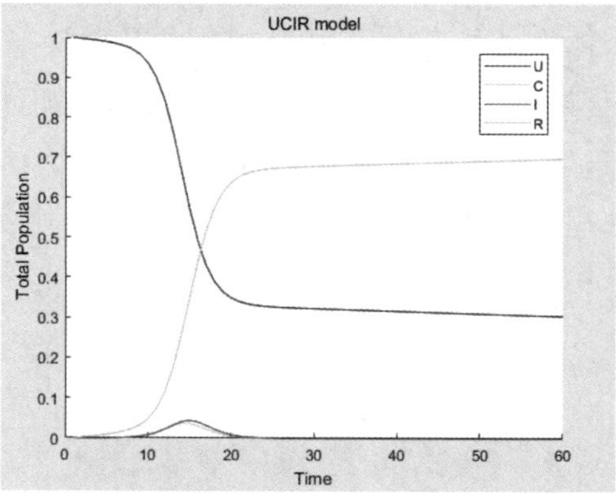

ε=0.1

图 1.27　U、C、I、R 四个状态在不同的直接免疫率 ε 下随时间的变化

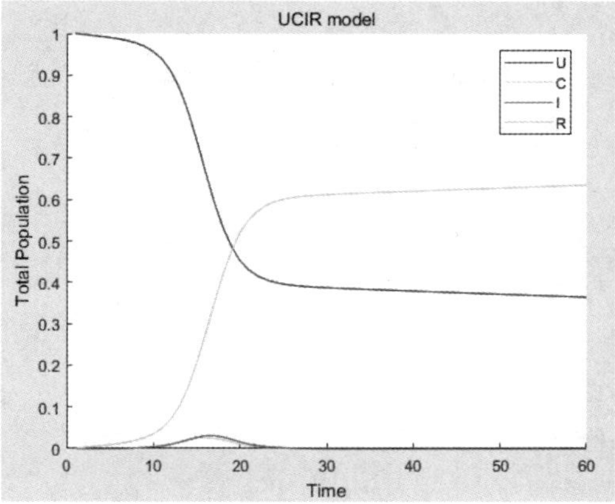

ε=0.11

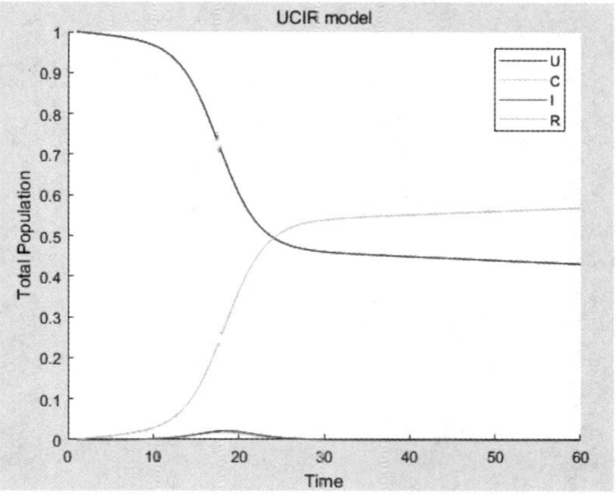

ε=0.12

图 1.27(续)

改变直接免疫率 ε 的值,观察它对融媒体下舆情传播过程的影响。直接免疫率 ε 为处于接触者状态的个体在了解到舆情信息后对该信息不感兴趣,不对舆情信息进行传播而直接免疫的概率。图 1.28 是模型的实验结果,从图中可以看出 ε 越大,就表示该舆情信息的吸引力不足或者不是用户感兴趣的内容,就会有越多的个体从接触状态 C(t)直接转为免疫状态 R(t),所以传播状态 I(t)的曲线峰值就越低,进而导致信息的最终传播范围减少。说明用户在对舆情信息内容不感兴趣的情况下,传播状态的用户数量会大幅度地减少,这将对舆情信息的传播产生重大的影响。因此若要促进舆情信息的传播,就要降低直接免疫率,应该更加关注用户的兴趣点,在做推广时,应该按照用户感兴趣的方向来编辑内容,从而增加信息的传播量。

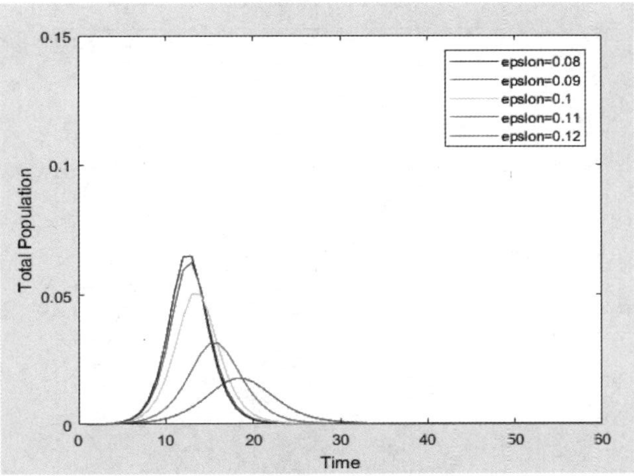

图 1.28 传播状态 I 在不同的直接免疫率 ε 下随时间的变化

(5)直接屏蔽率 p 对舆情信息传播过程的影响

为了保证实验的准确性,我们采用控制变量的方式,让其他参数保持不变,直接屏蔽率 p 则分别取 0.32、0.36、0.4、0.44、0.48 这五组值。实验对比图见图 1.29。

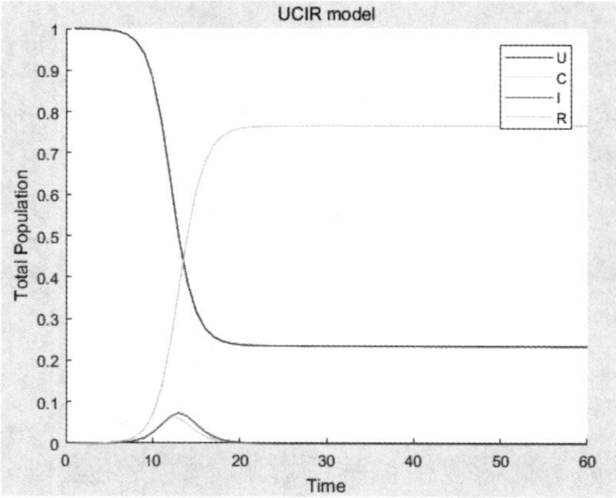

p=0.32

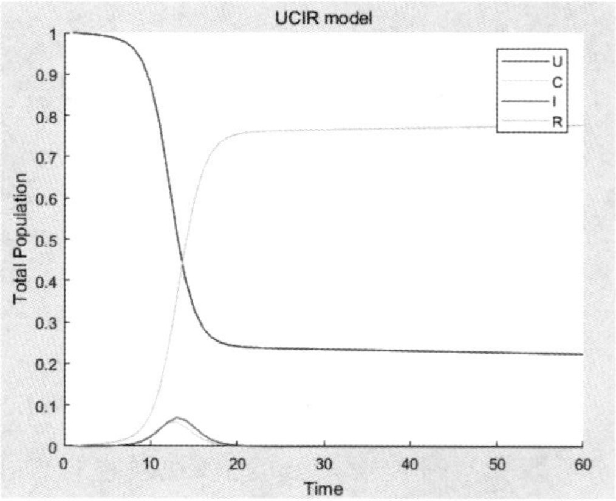

p=0.36

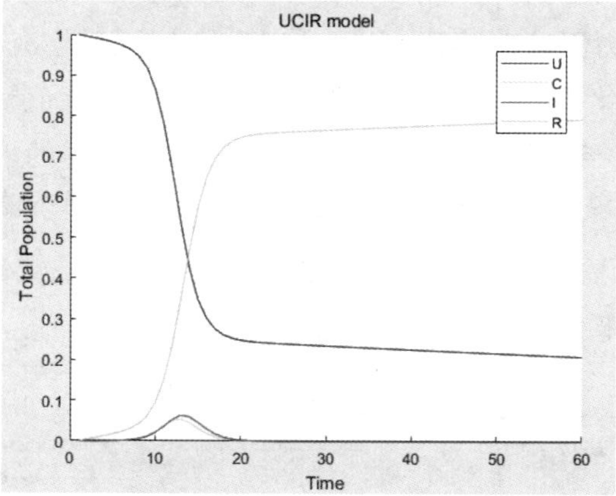

p=0.4

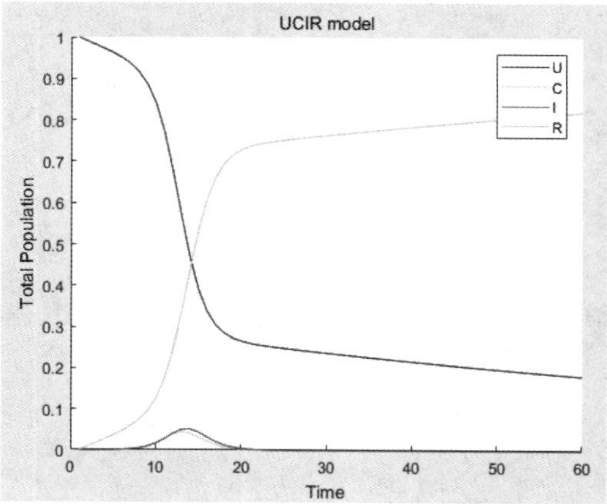

p=0.44

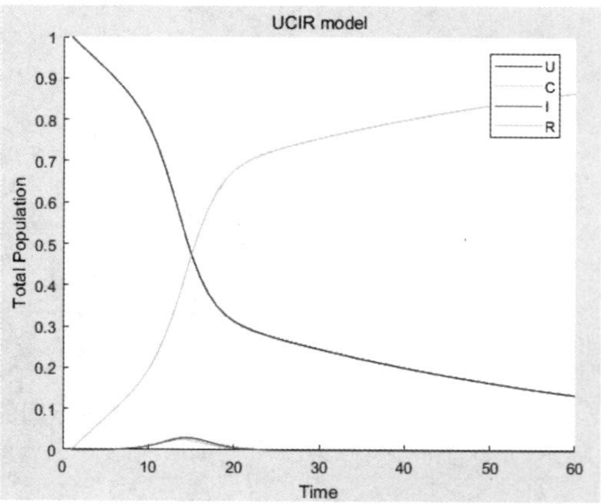

p=0.48

图 1.29　U、C、I、R 四个状态在不同的直接屏蔽率 p 下随时间的变化

改变直接屏蔽率 p 的值，观察它对融媒体下舆情信息传播过程的影响。直接屏蔽率 p 表示处于未知者状态的个体因为不感兴趣而直接拒绝了解相关的舆情信息，直接转变为免疫者的概率。图 1.30 是模型的实验结果，从图中可以看出随着 p 值的增大，免疫状态个体曲线上升的速度加快。说明随着直接屏蔽率 p 的增大，网络内的未知者状态个体占比逐渐减小，免疫者状态个体占比逐渐增大，舆情信息的传播价值减小，舆情信息的有效传播时间变短。因此若想加强舆情信息的传播，就要保证平台所发布的舆情信息标题、形式、类别等这些直观的内容能够吸引用户，提高用户对该舆情信息的关注度，减少用户直接拒绝传播的可能性，间接地推动舆情信息的传播。

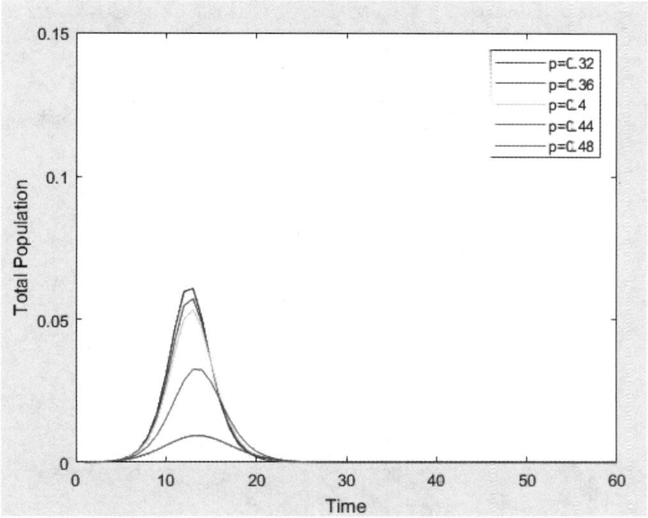

图 1.30 传播状态 I 在不同的直接屏蔽率 p 下随时间的变化

(6)衍生传播率 q 对舆情传播过程的影响

为了保证实验的准确性，我们采用控制变量的方式，让其他参数保持不变，衍生传播率 q 则分别取 0.4、0.45、0.5、0.55、0.6 这五组值。实验对比图见图 1.31。

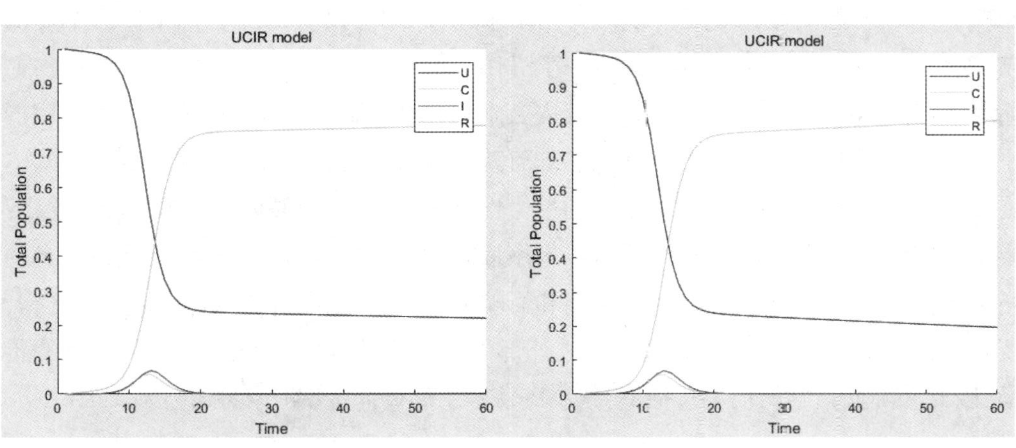

q=0.4 q=0.45

图 1.31 U、C、I、R 四个状态在不同的衍生传播率 q 下随时间的变化

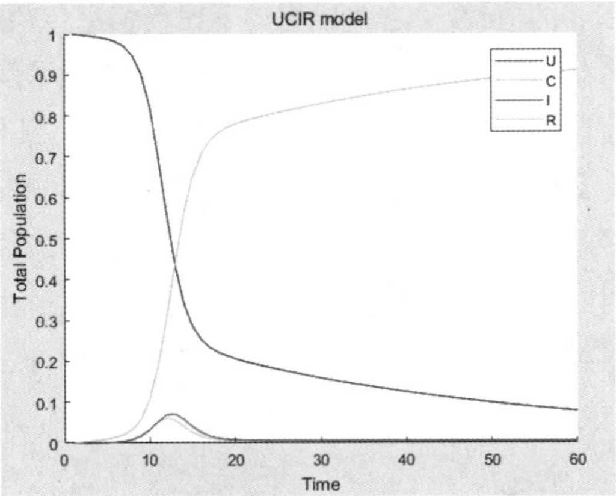

q=0.5

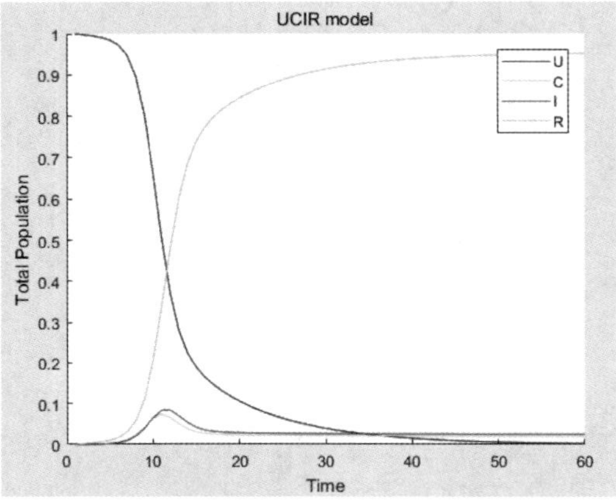

q=0.55

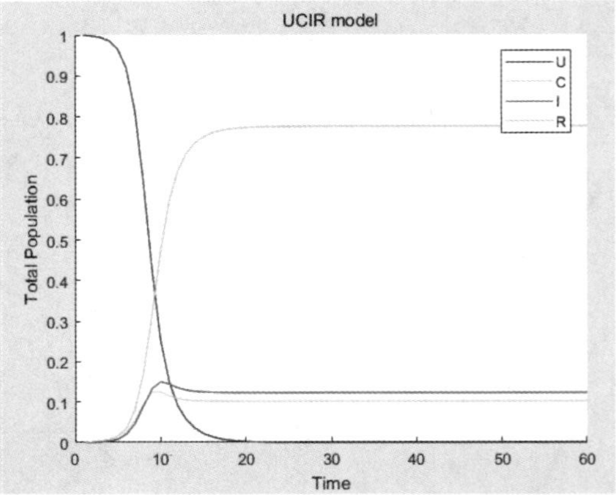

q=0.6

图 1.31(续)

改变衍生传播率 q 的值,观察它对融媒体下舆情信息传播过程的影响。衍生传播率 q 表示处于免疫者状态的个体受到其他相关衍生的舆情信息影响,再次成为舆情信息接触者的概率。图 1.32 是模型的实验结果,从图中可以看出随着衍生传播率 q 的增大,传播状态 I(t)的曲线峰值增大,停留在峰值的时间变长,传播状态个体回到初始状态的时间越晚。甚至 q 越大,系统内会永远存在接触者以及传播者并达到一定的平衡。这说明随着 q 的增大,舆情信息的有效传播时间变长,它的影响力也随之增大。在舆情信息传播的过程中,舆情信息的衍生性越强,传播影响的范围就越大。因此,若要推动舆情信息的传播,一般来说可以采用话题式信息的传播方式来提高舆情信息的衍生传播率,增加信息的有效传播时间和影响力,从而加强舆情信息的传播。反之,若要抑制舆情信息的传播,政府可以通过外部干预等方式及时停止此次舆情信息的传播,以此来降低话题的衍生传播率,减小舆情信息的传播量,缩小影响范围。

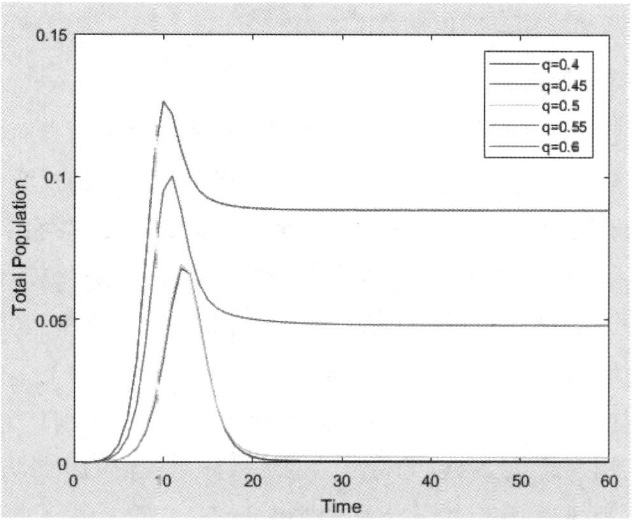

图 1.32　传播状态 I 在不同的衍生传播率 q 下随时间的变化

1.5.2.2　舆情信息引导策略

在上一节实验分析结果的支持下，对于舆情信息传播过程的不同阶段我们都可以有选择地利用不同参数的特性进行调节，从而实现对于舆情信息传播的引导，以便提供更好的舆情信息传播决策支持策略。

首先在舆情信息发布的初期，通过舆情信息传播动力学模型 UCIR 来计算舆情信息传播可再生数 R_0，用来判断舆情信息传播爆发的可能性，方便我们对舆情信息的传播进行引导。接下来，针对正面和负面信息给出引导或者抑制的建议。

(1) 正面(广告类)舆情信息

对于正面积极类的舆情信息，希望它的传播范围越大越好。这里可以通过选择一个网络密度较高的平台作为舆情信息的扩散源，以此来提高接触率 α，为增大舆情信息传播的效果提供基础；作为需要推动信息传播的一方，可以通过将内容制作得更加精良、更吸引眼球来提高传播率 β，降低直接屏蔽率 p、直接免疫率 ε、传播免疫率 θ；加入大量的意见领袖发布的与舆情话题相关的信息，激发用户进行再次讨论，以此来增大衍生传播率 q，这样来维持高热度的传播，使更多的用户看到舆情信息并积极地参与到传播中，最终实现舆情信息传播范围的扩大。

(2) 负面(谣言类)舆情信息

当负面的舆情信息传播到一定的规模时，我们希望将负面舆情信息传播的规模控制在一定的范围内，抑制其扩散的能力。可以通过截断关键用户获取信息的方式来降低接触率 α；通过外部干预的方式，如通过官方账号澄清谣言信息、发布准确的内容来降低传播率 β，增大直接屏蔽率 p、直接免疫率 ε、传播免疫率 θ。同时，通过更正不实内容,使得正在接触该信息的用户直接阅读到正确的内容,减少用户对错误内容的衍生传播率 q,以此来缩小信息的传播范围。

1.5.2.3 对策与建议

从群体角度提出的舆情引导建议主要从网络媒体和政府两方面入手。政府通过澄清事实、发布正确的内容等方式来引导舆论,一般具有较高的权威性。而除去需要等到政府决断后再发布信息的官方账号如人民日报等以外,那些可以在微博或者微信等媒体平台上自由表达看法的自媒体被定义为网络媒体。在舆情传播方面的作用类似于"意见领袖",通常会先判断舆情信息的内容、价值和专业性,之后再报道与舆情信息有关的最新情况,积极地引导舆情传播。

对于舆情引导策略,政府引导与网络媒体引导有一定的区别。第一,因为网络媒体传播速度快、与用户的互动性强等特点。网络媒体对舆情的引导方式多样,使得引导的强度、持续度都很高,政府的引导手段则相对单一。第二,由于网络媒体的引导作用没有政府的权威,所以,发布的信息可能被公众相信,也可能不被相信,这就导致公众的观点不容易被统一。而政府发布的言论一般具有较大的权威性,更能使得公众信服,进而可以大大地增强引导效果。最后,由于网络媒体与政府的相互影响,用户持有的观点并不是一成不变的,它们之间可能存在着某种互相渗透的关系。

(1)网络媒体方面

就网络媒体而言,如果负面舆情传播的加剧是因为平台自己的原因,那么平台就应该承担起相应的责任。如今,随着网络技术的持续发展,用户对互联网的粘性越来越强。就拿微信来说,微信的用户大多数是年轻人,他们接受新鲜事物的能力很强,并且愿意与家人和朋友分享信息,因为微信是互相熟悉的家人朋友之间的一种沟通方式,所以相互之间的信任感很强,舆情信息就比较容易传播开来。其他类似的平台如果想要突破自身的局限性,一方面要提升平台的便捷性来吸引更多的用户,另一方面还要加强平台的内容审核和身份认证制度,这样做可以减少负面舆情在平台上的传播,减小给舆情的监管者带来的不利影响。由于目前大多数平台不需要进行实名认证这一环节,所以就会导致谣言的发布者任意发布负面虚假信息且不会担心追查到自己,因此有必要对粉丝量比较大的账号进行更加严格的内容审查,保证其发布信息的真实性。同时,要尽快完善实名认证的制度,加大对于用户在媒体平台上制造谣言以及传播谣言的惩罚力度,从源头上制止谣言的产生。平台需要认识到内容的审核以及认证机制的完善对于舆情引导的重要性。

(2)政府方面

对于政府来说,要提高大众的独立思考能力,提高大众对政府的信任值。让大众在面对各种各样的复杂舆情时,不人云亦云。在认真思考过舆情事件的真实性的基础上再进行舆情的传播。政府及相关部门应该及时向社会公布有关舆情事件的真实情况，这样做不仅可以安抚公众情绪、打消公众的顾虑，也可以有效地缩短舆情信息传播过程中的犹豫时间，有利于正面舆情的稳步演进和负面舆情的合理控制。此外，政府还应该加强舆情应对技能的学习，注重源头管理，特别是微信、微博以及短视频等拥有大量内容创作者的媒体平台，要时时刻刻关注重要事件中的意见领袖的观点和舆情传播的方向，以此来确保舆情的健康传播。同时，随着大数据时代的到来，政府应该充分利用现有的大数据分析技术。首先要整理出之前发生的舆情事件的历史数据，譬如评论量、点赞量、转发量以及传播速度等类似的关键数据，以此来建立相应的舆情预警触发机制，这样可以及时监控舆情的传播动向。

其次，态度也很重要，政府对舆情信息进行回应时，必须设身处地地思考问题，学会感同身受。在出现负面舆情时，政府站出来的第一次回应会很大程度上影响舆情的后续发展。所以即使事件的发生原因还没有调查清楚，官方平台也应该立刻发布"相关信息正在确认中，会尽快将结果告知大家"等类似的内容，表明政府的立场，安抚公众的情绪。为了提升政府的公信力，在面对重大舆情事件时，还需要多次更新相关舆情事件的进展情况，除此之外，后续更新的内容中还应该包括公众对之前发布的内容所产生问题的相关回应。

1.5.3 小结

本节以 2020 年#青岛疫情#相关话题的舆情数据作为基础，首先对 UCIR 模型与 SIR 模型进行数据实验。实验结果表示，与 SIR 模型相比，UCIR 模型的均方根误差降低了 31.6%，更贴近真实舆情信息传播规律，初步验证了模型的有效性。其次，实验分析了 UCIR 模型下不同媒体平台舆情信息传播的过程，并说明了直接在融媒体上进行舆情分析的合理性和简便性。最后，通过固定 UCIR 模型中的关键参数、只改变其中一个的方法，研究不同状态之间的转变概率对于舆情信息传播过程的影响，提出相对应的舆情引导策略，并且从网络媒体和政府两个方面给出引导建议。

1.6 总结

媒体融合伴随技术的更新促使舆情传播发生巨大变革，单一的媒体平台已经不能准确地描述舆情信息传播过程，融媒体中的舆情信息传播更具有研究价值。融媒体中舆情信息传播的研究，是舆情传播工作中必不可少的一个环节。融媒体环境下舆情引导是针对伴随着当今报纸、微博、微信和短视频等媒体融合发展而出现的新的舆情传播特性提出的一个崭新的课题，因此本文着重研究了融媒体下的舆情传播规律，研究工作总结如下：

（1）媒体影响力确定。在研究融媒体传播影响力的因素时将定性指标与定量指标相结合,设计了传播广度、传播深度、传播速度、传播粘度和传播强度等指标。运用层次分析方法确定了指标体系中的指标权重并进行一致性检验。最后通过主观与客观相结合的方式确定各媒体的最终权重,其中客观数据的获得方式主要是通过各个媒体平台公布的相关报告、购买或者合作媒体提供的数据库以及爬虫对各个媒体平台进行数据抓取,而主观数据的获取是通过针对各个媒体设计对应的调查问卷,最终将收集到的问卷数据进行整合,从而确定各媒体参与到融媒体中的数据权重。

(2)模型构建。UCIR 模型是基于对传播动力学理论和舆情信息传播特性的研究提出的。利用数学分析,我们通过计算矩阵 FV^{-} 的谱半径获得了决定性的舆情信息传播阈值 R_0。得出当 $R_0<1$,表示在舆情信息出现后,讨论群体总数呈现下降趋势,舆论不会爆发,传播趋于消失;反之,$R_0>1$,表示在舆情信息出现后,讨论群体总数呈现上升趋势,舆论必然爆发,并且 R_0 越大,舆论传播的速度越快。同时通过 Routh-Hurwitz 稳定性条件,从数学上证明了模型在零平衡点和非零平衡点的稳定性。

(3)实验与引导分析。首先,实验采用了围绕 2020 年#青岛疫情#这一话题采集的数据,处理得到其 28 天内每天讨论量的变化。对本文提到的 UCIR 模型和传统的 SIR 模型进行参数估计,得到关于本实验数据拟合的最优参数。分别计算两个模型的估计值与实际数据之间的均方根误差,计算结果表明 UCIR 模型对实际数据的拟合程度比传统的 SIR 模型在均方根误差上提高了 31.6%。这证明了 UCIR 模型在分析融媒体舆情信息传播特性上具有更大的优势。其次,进行了模型参数的特性分析,通过固定 UCIR 模型中的关键参数 α、β、θ、ε、p、q,只改变其中一个的方法,研究不同状态之间的转变概率对舆情信息传播过程的影响,提出相对应的引导策略,从而更好地了解舆情信息在融媒体中的传播特性,并更好地去利用这些特性,为促进或抑制舆情事件的传播提供支撑。

1.7 参考文献

[1] NIEHOFF B P, MOORMAN R H. Justice as a mediator of the relationship between methods of monitoring and organizational citizenship behavior[J]. Academy of management journal, 1993, 36(3):527-556.

[2] NACHISON A. Good business or good journalism? Lessons from the bleeding edge [J]. World editors forum, 2001(2):2.

[3] GORDON R. The meanings and implication of convergence[J]. Digital the changing horizons of journalism, 2003(3):5.

[4] 廖峰.融媒体时代侨乡突发事件传播模式与乡讯舆论引导策略研究[J].丽水学院学报,2016,38(4):58-64.

[5]KERMACK W O, MCKENDRICK A G. A contribution to the mathematical theory of epidemics[C]//Proceedings of the royal society of London. SERIES A. Containing Papers of a Mathematical and Physical Character(1905-1934),1927,115(772):1095-1934.

[6]ZHAO L, WANG J, CHEN Y. SIHR rumor spreading model in social networks[J]. Physical A:statistical mechanics and its Applications, 2012,391(7):2444-2453.

[7]丁学君.基于 SCIR 的微博舆情话题传播模型研究[J].计算机工程与应用, 2015, 51(8):20-26,78.

[8]林晓静,庄亚明,孙莉玲.具有饱和接触率的 SEIR 网络舆情传播模型研究[J].情报杂志,2015,34(3):150-155.

[9]游新年,刘群.基于传染病模型的微博信息传播预测研究[J].计算机应用与软件,2016,33(5):53-56.

[10]LIU Y, DIAO S M, HU Y X. SHIR competitive information diffusion model for online social media[J]. Physical a:statistical mechanics and its applications, 2016(461):543-553.

[11]RUI X, MENG F, WANG Z, et al. SPIR:the potential spreaders involved SIR model for information diffusion in social networks[J]. Physical A:statistical mechanics and its applications, 2018(506):254-269.

[12]EBADIZADEH H A, HAGHBAYAN H. Dynamics of rumor spreading[J]. Annals of optimization theory and practice, 2018, 1(3):45-54.

[13]ZAN Y. DSIR double-rumors spreading model in complex networks[J].Chaos, solitons and fractals, 2018(110):191-202.

[14]KABIR K M A, KUGA K, TANIMOTO J. Analysis of SIR epidemic model with information spreading of awareness[J]. Chaos solitons & fractals, 2019(119):118-125.

[15]XIAO R B, YU T Y. A multi-agent simulation approach to rumor spread in virtual community based on social network [J]. Intelligent automation & soft computing, 2011, 17(7):859-869.

[16]ZAN Y L, WU J L, LI P, et al. SICR rumor spreading model in complex networks:counterattack and self-resistance[J].Physical A: statistical mechanics & its applications, 2014, 405(405):159-170.

[17]ZHOU J, LIU Z H, LI B W. Influence of network structure on rumor propagation[J]. Physics letters A, 2007, 368(6):458-463.

[18]CHEN Z, XU Z. A delayed diffusive influenza model with two-strain and two vaccinations[J]. Applied mathematics computation, 2019(349):439-453.

[19]TIAN R Y, ZHANG X F, LIU Y J. SSIC model:a multi-layer model for inter-

vention of online rumors spreading [J]. Physical A: statistical mechanics and its applications, 2015(427):181-191.

[20]LIU Q, LI T, SUN M. The analysis of an SEIR rumor propagation model on heterogeneous network[J]. Physical A:statistical mechanics and its applications, 2017(469): 372-380.

[21]WAN C, LI T, SUN Z. Global stability of a SEIR rumor spreading model with demographics on scale-free networks[J]. Advances in difference equation,2017(1):253.

[22]YI Z, CHONG C. A rumor spreading model considering latent State[C]//Proceedings of the Eighth International Conference on Management Science and Engineering Management. Springer Berlin Heidelberg,2014.

[23]ZHANG L, SU C, JIN Y. Cross-network dissemination model of public opinion in coupled networks[J]. Information sciences, 2018:240-252.

[24]KUZNETSOV Y A, PICCARDI C. Bifurcation analysis of periodic SEIR and SIR epidemic models[J]. Mathematical biology, 1994, 32(2):109-121.

[25]崔金栋,郑鹊,孙硕.基于改良 SEIR 模型的微博话题式信息传播研究[J].情报科学,2017,35(12):22-27.

[26]陈莫凡,黄建华.基于 SEIQR 演化博弈模型的突发网络舆情传播与控制研究[J].情报科学,2019,37(3):60-68.

[27]周胜林.论主流媒体[J].新闻知识, 2001(6):11-12.

[28]喻国明.一个主流媒体的范本——评《纽约时报 100 年》[J].财经界, 2002(5):106.

[29]KEMPE D, KLEINBERG J, TARDOS É. Maximizing the spread of influence through a social network[C]. ACM SIGKDD International Conference on Knowledge Discovery and Data Mining. ACM, 2003:137-146.

[30] GOLDENBERG J, LIBAI B, MULLER E. Talk of the network: a complex systems look at the underlying process of word-of-mouth[J]. Marketing letters, 2001, 12(3) :211-223.

[31]代芯瑜.基于网络舆情演变规律的政府网络舆情应对策略研究[D].昆明:云南大学,2014.

[32]柳瑛.突发公共事件中政府对自媒体舆情的引导研究[D].温州:温州大学,2014.

[33]潘建明,陈政,赵晓军.基于移动互联网大数据的网络舆情层次评价指标体系建构——以湖南为例[J].湖南工业职业技术学院学报, 2015, 15(6):21-24.

[34]杜栋,庞庆华,吴炎.现代综合评价方法与案例精选[M].北京:清华大学出版

社,2008.

[35]许树柏.实用决策方法:层次分析法原理[M].天津:天津大学出版社, 1988.

[36]赵静.数学建模与数学实验[M].北京:高等教育出版社,2000.

[37]朴春花.层次分析的研究与应用[D].北京:华北电力大学,2008.

[38]张举玺,王文娟.基于层次分析法的国际一流新型主流媒体评价指标体系研究[J].现代传播(中国传媒大学学报),2020,42(8):1-8.

[39]微报告.微博用户发展报告[EB/OL].[2021-03-12].https://data.weibo.com/report/reportDetail? id=433.

[40]腾讯科技.微信数据报告[EB/OL].[2020-01-11].https://support.weixin.qq.com/cgi-bin/mmsupport-bin/getopendays.

[41]益普索.短视频白皮书[EB/OL].[2021-01-26].http://www.199it.com/archives/1196324.html.

[42]勾正数据.智能电视大数据报告[EB/OL].[2020-05-18].http://www.199it.com/archives/1102958.html.

[43]广播融合传播指数报告[EB/OL].(2020-04-30)[2021-04-27].http://media.people.com.cn/n1/2020/0430/c120837-31693825.html.

[44]报纸融合传播指数报告[EB/OL].(2020-04-30)[2021-04-27].http://media.people.com.cn/n1/2020/0430/c120837-31693823.html.

[45]DRIESSCHE P, WATMOUGH J. Reproduction numbers and sub-threshold endemic equilibration for compartmental models of disease transmission[J]. Mathematical Bioscience, 2008(180):29-48.

[46]SALMANI M. A model for disease transmission in a patchy environment[J]. Discrete and continuous dynamical systems, 2005,6(1):185-202.

[47]FIEDLER M. Additive compound matrices and an inequality for eigenvalues of symmetric stochastic matrices[J]. Czechoslovak mathematical journal, 1974, 24(99):392-402.

[48]马知恩,周义仓.常微分方程定性与稳定性方法[M].北京:科学出版社,2001.

[49]姚晶晶,姜靓,姚洪兴.基于 SIR 模型的情绪信息传播研究[J].情报科学,2018, 36(10):25-29.

[50]李鑫,张军.基于系统动力学的 SIRS 信息传播模型研究[J].情报科学,2017,35(11):17-22.

[51]魏德志,陈福集,林丽娜.基于博弈论和 SIRS 的热点事件传播仿真研究[J].系统仿真学报,2018, 30(6):2050-2057.

[52]范纯龙,宋会敏,丁国辉.一种改进的 SEIR 网络谣言传播模型研究[J].情报

杂志, 2017, 36(3):86-91.

1.8 论文发表简介

JINBAO S, XIAOYA Z. Research on public opinion guidance of converging media based on AHP and transmission dynamics[J]. Mathematical biosciences and engineering (MBE), 2021,18(5):6857-6886.

2 国内融媒体建设评价指标体系研究

媒体融合是我国媒体转型的重要方针政策，这也是一个具有深刻技术内涵的必然趋势。近年来国内融媒体建设发展迅速，但从整体上看融媒体建设依然处于试行和摸索状态。因此，为了及时总结现有融媒体研究成果并促进未来融媒体建设的进程，关于融媒体建设评价指标体系的研究就显得尤为重要。在研究指标体系建立方法和基于博弈论的组合权重确定方法的基础上，本文提出了一种国内融媒体建设评价指标体系，并介绍了该指标体系的框架、指标及评价指标权重确定的新方法，为下一步的融媒体建设评价研究奠定了基础。

2.1 绪论

根据国家广电总局发布的《支撑县级融媒体中心省级平台规范要求》所给出的规范定义，融媒体即融合媒体，指广播、电视、报刊等与基于互联网的新兴媒体有效结合，借助多样化的传播渠道和形式，将新闻资讯等广泛传播给受众，实现资源通融、内容兼融、宣传互融的新型媒体。2019 年 1 月 25 日，在中共中央政治局第十二次集体学习的讲话中，习近平总书记强调："推动媒体融合发展、建设全媒体成为我们面临的一项紧迫课题。要运用信息革命成果，推动媒体融合向纵深发展，巩固全党全国人民共同的思想基础。" 2020 年 1 月 3 日至 4 日，全国广电工作会议提出要逐步加快广电事业创新发展进程，建设"智慧广电"工程，构建智慧广电发展体系，从而推动广电媒体深度融合发展。在大数据、5G、区块链、人工智能以及云计算等技术的驱动下，各省、市、县媒体的融合发展实践如火如荼、成效显著。

2.1.1 国内融媒体建设现状

对于县级融媒体中心的建设情况，在国家政策和资金保驾护航下，2019 年县级媒体在借鉴"长兴模式""邳州模式"等融合经验的基础上，结合经济、文化、资源等实际情况系统展开融媒体中心建设的探索，从而为当地群众提供本土化综合服务。通过搭建平台实现资源共享成为县级媒体融合中心建设的重要途径。央媒充分利用资源优势搭建融合平台，为县级媒体中心建设提供技术、平台和人才等援助和指导。省级、市级媒体建立融媒体云平台，实现各级媒体联合运作、资源共享，有力推动县级媒体的融合进程。[1]

刘建华教授总结了中国新闻传媒业融合发展的现状，指出中国的报业集团都在积极地寻求融媒体转型建设；传统门户网站影响力进一步减弱，BAT 等商业头部平台因其强大的媒介功能，掌握了信息传播渠道与呈现方式的话语权。[2]

2.1.2 国内融媒体建设评价指标体系的研究意义

融媒体建设已经进入深水区，未来也会需要不断面对新的挑战和风险，构建融媒体建设评价指标体系是十分迫切的。一方面，通过评价指标体系对整个行业进行科学评估和定量分析，可以为设置进一步的发展目标、实施步骤和措施提供科学依据；另一方面，建立评价指标体系可以为政府决策部门的宏观决策、政策制定和行业监管提供数据支持。[3]

2.2 融媒体建设评价指标体系构建理论原则

2.2.1 评价指标体系的理论基础

评价指标体系是指由表征评价对象各方面特性及其相互联系的多个指标所构成的具有内在结构的有机整体。从认识论角度看，对国内融媒体建设的评价涵盖了融媒体建设的方方面面，因此它是多维的，多层次的，需要用多个指标来全面描述其完整性和相互关系。从数学角度看，在融媒体建设的过程中存在各种意外变化，需要分析大量现有数据以掌握其发展规律。[4]

2.2.2 指标体系构建所遵循的原则

2.2.2.1 科学性原则

指标体系中的指标选取都必须有相应的理论基础，各指标的设计要能客观真实地反映融媒体建设中各个方面的发展特点和状况，各指标的权重确定要能客观全面反映出各指标之间的真实关系。

2.2.2.2 系统性原则

各指标之间要有一定的逻辑关系，从不同的侧面反映出融媒体建设的主要特征和状态及一定的内在联系。指标体系的构建具有层次性，从宏观到微观层层深入，形成一个不可分割的评价体系。

2.2.2.3 可比、可操作、可量化原则

在指标选择上,各指标尽量简单明了、微观性强、便于收集。各指标应该具有很强的现实操作性和可比性,也要能进行定量处理,以便于进行数学计算和分析。

2.2.2.4 综合性原则

在相应的评价层次上,全面考虑融媒体建设对文化、经济、社会服务等诸多因素的影响,并进行综合分析和评价。

2.3 融媒体建设评价指标体系构建步骤

2.3.1 建立评价指标体系框架

评价指标体系的总体框架如图 2.1 所示,该评价指标体系分别从组织路径建设、信息建设、文化建设、技术建设以及资源建设等五个评价维度进行架构,每个评价维度下又细分出 2 到 3 个评价标准对指标进行选择。其中每一个评价标准都由具体的评价指标进行衡量。

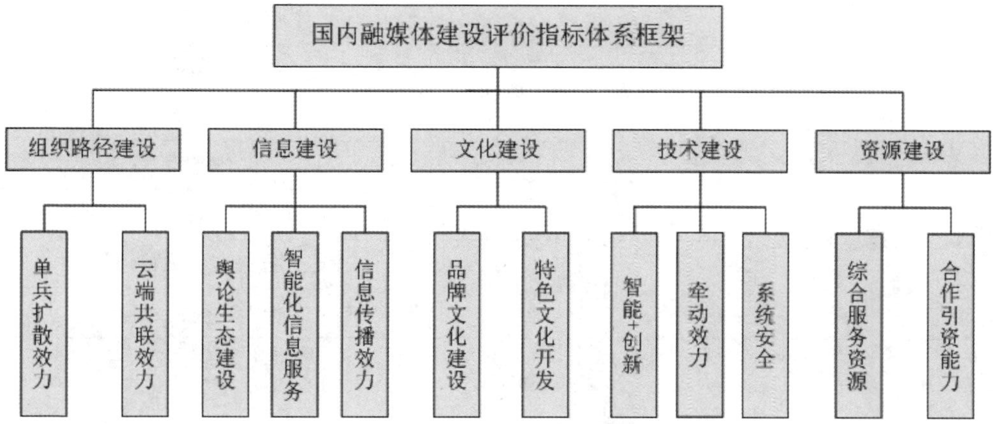

图 2.1 国内融媒体建设评价指标体系框架

根据指标体系构建原则,在全面调研国内外融媒体建设实践的基础上,我们为上述指标体系框架的每一个评价标准选取了若干个具体评价指标项。具体指标设置如表 2.1 所示。

表 2.1　国内融媒体建设评价指标体系

一级指标(评价维度)	二级指标(评价标准)	三级指标(评价标准)
组织路径建设	单兵扩散效力	体制机制创新
		人才队伍建设
		盈利模式
		用户体验
	云端共联效力	云平台建设
		竞争机制建设
		优化机制建设
		协同联动性建设
信息建设	舆论生态建设	发布新闻信息的时效性、真实性
		内容原创度
		讨论互动量
		党政信息宣传度
		舆情监控
	智能化信息服务	信息采集流程
		精准化信息服务
		数字版权建设
	信息传播效力	可持续传播力
		辐射传播力
文化建设	品牌文化建设	品牌建设
		用户忠诚度
	特色文化开发	地方优势文创项目建设
		文化产业链拓展建设
技术建设	智能+创新	场景化智能适配服务
		技术创新增量服务
	牵动效力	技术平台可推广性
		数据分析
	系统安全	安全管理和运维体系建设
		安全防御体系建设
资源建设	综合服务资源	社会服务资源融合深度
		覆盖用户面的资源广度
	合作引资能力	多元化机构合作
		资金引进能力

2.3.1.1 组织路径建设

- 单兵扩散效力：该评价标准由体制机制创新、人才队伍建设、盈利模式、用户体验四个评价指标构成。主要考察的是以地方广电为基础进行融媒体中心基本建设。
- 云端共联效力：该评价标准由云平台建设、竞争机制建设、优化机制建设、协同联动性建设四个评价指标构成。主要考察的是融入上级平台的嵌套平台建设。

2.3.1.2 信息建设

- 舆论生态建设：该评价标准由发布新闻信息的时效性、真实性、内容原创度、讨论互动量、党政信息宣传度和舆情监控五个评价指标构成。主要考察的是融媒体建设中的信息舆论引导力。
- 智能化信息服务：该评价标准由信息采集流程、精准化信息服务、数字版权建设三个评价指标构成。主要考察的是融媒体建设中信息生产、发布以及版权方面的智能化建设。
- 信息传播效力：该评价标准由可持续传播力和辐射传播力两个评价指标构成。主要考察的是融媒体建设中的信息借助数据反映出来的实际传播力。

2.3.1.3 文化建设

- 品牌文化建设：该评价标准由品牌建设和用户忠诚度两个评价指标构成。主要考察的是融媒体建设单位品牌集群的打造及由此在用户中所产生的公信力。
- 特色文化开发：该评价标准由地方优势文创项目建设和文化产业链拓展建设两个评价指标构成。主要考察的是融媒体建设中根据地方特色所延伸出来的内容产业链。

2.3.1.4 技术建设

- 智能+创新：该评价标准由场景化智能适配服务和技术创新增量服务两个评价指标构成。主要考察的是融媒体建设中的智能化技术的应用及创新。
- 牵动效力：该评价标准由技术平台可推广性和数据分析两个评价指标构成。主要考察的是融媒体建设单位的可复制性技术对其他融媒体建设单位的借鉴意义以及由技术手段所反映出的社会影响力。
- 系统安全：该评价标准由安全管理和运维体系建设及安全防御体系建设两个评价指标构成。主要考察的是融媒体建设中的安全机制建设情况。

2.3.1.5 资源建设

- 综合服务资源：该评价标准由社会服务资源融合深度和覆盖用户面的资源广

度两个评价指标构成。主要从深度和广度上考察融媒体建设单位对社会综合性服务资源的融合输出情况。

- 合作引资能力:该评价标准由多元化机构合作和资金引进能力两个评价指标构成。主要考察的是融媒体建设单位获取专业性合作资源以及增值性经济营收的能力。

2.4 融媒体建设评价指标体系

为了客观评价国内融媒体建设现状,进而总结国内融媒体建设的成果以及为后续融媒体建设探索工作提供科学参照和依据,这里所确定的国内融媒体建设评价指标体系由 5 个一级指标、12 个二级指标、32 个三级指标组成。本部分将对每一个指标的选取及依据给出具体的说明。

2.4.1 组织路径建设

2.4.1.1 单兵扩散效力

单兵扩散是指将所有地方公共媒体和宣传资源统统整合起来,以“单兵”基础上的“扩散”姿态来实践媒体融合。[5]这种融合方式的典型样本就是“长兴模式”[6]。在此基础上,所提出的单兵扩散效力则是指融媒体建设单位的基本建设。其中体制机制创新指标可以通过顶层设计、管理体系、组织结构与运作模式等方面的创新性建设进行衡量。人才队伍建设指标可以通过人才引进、培养、晋升、激励、去留制度等方面的建设进行衡量。盈利模式指标可以通过增值业务建设及可持续化发展模式等方面进行衡量。用户体验可以通过用户调查问卷等受众层面的调研方式进行评价。

2.4.1.2 云端共联效力

云端共联是指通过将基层媒体资源接入高层级媒体的“融媒体云”,快捷地在“云端”完成融媒体中心的建设。[5]例如浙报集团开发的“浙江媒体云”[7],湖南日报社的“中央厨房”[8],江西日报社的“赣鄱云”[9],湖北广播电视台的“长江云”[10],四川日报报业集团的“四川云”[11],济南报业集团的“济南市融媒体中心”[12],北京广播电视台的“融媒体中心”[13]等都是云端共联的先行单位。喻国明教授认为,“在平台战略成为互联网主流发展模式以后,大平台嵌套小平台的模式正在成为主流。”[14]云端共联效力是指各融媒体建设单位通过云平台既有合作又有竞争的“嵌套”关系对系统性和整体效能的提升作用。通过云平台建设、竞争机制建设、优化机制建设、协同联动性建设这四个指标可以考察融媒体建设单位的云平台组织架构以及与各个互联单位的竞争、优化以及合作等方面的建设情况。

2.4.2 信息建设

2.4.2.1 舆论生态建设

融媒体建设要以生态化为视角，以用户为中心进行舆论引导，促进舆论引导与便民服务，党的声音与基层特色的有机结合。[15]由此业界提出舆论生态建设指标来衡量融媒体的引导力建设。通过发布新闻信息的时效性、真实性、内容原创度、党政信息宣传度、讨论互动量和舆情监控五个评价指标，分别从内容的特征价值、传送力度、接收效果以及监管调控等方面对融媒体的舆论生态建设进行全方位的考察。

2.4.2.2 智能化信息服务

智能化是融媒体建设的重要内容，智能化信息服务指标通过信息采集流程、精准化信息服务、数字版权建设这三个指标进行衡量。这三个细化指标分别主要考察通过技术手段所实现的信息自动化生产，针对用户偏好进行的个性化内容分发以及数字化信息版权保障。

2.4.2.3 信息传播效力

信息传播效力指标所考察的是信息的传播效果和能力。它又被分成可持续传播力和辐射传播力两个指标，根据可量化原则，可持续传播力可从信息发布渠道数、信息收藏率、内容分享率等方面进行衡量，辐射传播力可从信息平均传播周期、传播渠道路径层级等方面衡量。

2.4.3 文化建设

2.4.3.1 品牌文化建设

品牌文化建设是打造融媒体公信力的重要环节，而品牌文化建设又可以从机构自身以及用户这两个角度考量，从而细分为品牌建设和用户忠诚度两个指标。品牌建设可考察品牌矩阵的建设情况，即以核心品牌为统筹，多元分发，积极开发出不同平台为用户提供全方位的信息和服务，延伸内容产业链，打造品牌集群。[16]用户忠诚度可从活跃用户及会员用户所占比例等量化指标进行考察。

2.4.1.2 特色文化开发

融媒体的文化建设中不可或缺的一部分就是结合当地特色的文化开发，因此该指标可以细分成地方优势文创项目建设以及文化产业链拓展建设两个指标，分别对融媒体建设过程中的线上线下地方文化创意活动的组织以及与地方民俗文化相关的旅游、电商等产业链拓展等进行考察。

2.4.4 技术建设

2.4.4.1 智能+创新

技术手段的智能化和创新是技术建设的关键,移动化是媒体融合发展的必然趋势,场景化智能适配服务是根据媒体融合的"移动优先"发展战略所提出的评价指标,主要考察不同场景下的智能终端适配技术建设。技术创新增量服务考察的是融媒体的技术创新建设情况,增量可以具化为新的技术应用,如虚拟现实、5G、AI 等,新的服务,新的产品甚至是全新的移动平台。[17]

2.4.4.2 牵动效力

牵动效力指标是从技术维度衡量融媒体影响力的指标。技术平台可推广性考察的是融媒体建设单位的技术建设对于其他融媒体建设单位的参考价值,即对同类机构的影响力。数据分析指标是考察融媒体通过技术手段分析舆情热点、传播分析、用户分析等方面的能力,由此可以反映出融媒体在社会和民众当中建立的影响力。

2.4.4.3 系统安全

系统安全也是技术建设中的重中之重,通过安全管理和运维体系建设以及安全防御体系建设这两个指标可以考察融媒体建设中的系统管理、运行、维护以及应急防御等的安全性建设。

2.4.5 资源建设

2.4.5.1 综合服务资源

综合服务资源是衡量融媒体输出性资源建设的指标。社会服务资源融合深度考察的是医疗、教育、民生等社会服务资源的融合建设。覆盖用户面的资源广度考察的是从幼儿至老年人各个年龄层次的用户的服务资源建设情况。

2.4.5.2 合作引资能力

合作引资能力是衡量融媒体输入性资源建设的指标。多元化机构合作主要考察的是通过与高校机构、企业、政府及媒介产业组织等的合作所实现的协同作用。资金引进能力所考察的是融媒体建设单位获得增值营收等资源支撑的能力,这在一定程度上可以反映出融媒体建设的"自主造血能力"。

2.5 融媒体建设评价指标体系组合权重确定方法分析

本部分介绍目前在融媒体评价领域应用较多的两种权重确定方法,它们分别是德尔菲法+层次分析法以及熵值法,并基于博弈论思想,提出了一种新的可用于融媒体建设评价指标确权的组合权重确定方法。

2.5.1 德尔菲法(专家咨询法)+层次分析法

德尔菲法也称专家咨询法,其核心思想是通过收集专家意见并对其进行数据分析,形成相对一致的调查结果。层次分析法是一种系统分析方法,其基本逻辑是通过构造层次结构模型,将分解复杂问题所得来的若干元素以属性为依据形成若干分析层次。[18]德尔菲法与层次分析法的组合是目前评价县级融媒体中心应用最多的评价方法。该方法结合了定性方法与定量方法,但受主观因素影响较大。

2.5.2 熵值法

熵值法是一种客观赋值法,因为它仅依赖于数据本身的离散性。用熵值来判断某个指标的离散程度,指标的离散程度越大,该指标权重越大。利用熵值法可以很好地确定融媒体评价指标体系的权重。计算过程大体包括如下几步:一是指标无量纲化处理,二是通过信息熵公式计算出信息熵值,三是根据信息熵值计算效用值,四是根据效用值计算各维度和各指标权重。[19]熵值法在一定程度上弥合了主观权重评价方法的局限,但赋权结果可能与实际不符。

2.5.3 组合权重确定方法

为了避免仅通过一种方法确定权重的单边主义,本文提出一种基于博弈论的组合权重方法确定国内融媒体建设评价指标体系各项指标的权重。构建此模型的基本思路是基于多种权重确定方法获得多个加权向量,为了提高权重分配的科学性,先假设采用两种方法加权产生两个基本权重向量集合为 $w_i = [w_{i1}, w_{i2}, \cdots, w_{in}], i = 1,2$ 来解释该模型,其中 $w_{i1}, w_{i2}, \cdots, w_{in}$ 表示通过第 i 种权重确定方法得到的各项指标权重,例如在计算三级指标权重时,w_{i1} 表示根据第 i 种方法得到的体制机制创新指标的权重。两个权重向量的任意线性组合可以表示为:

$$\left\{ w \middle| w = \sum_{i=1}^{2} \lambda_i w_i^{\ T}, \lambda_i > 0 \right\} \tag{2-1}$$

在这一公式中,λ_i 是线性组合的系数;w 是指基于基本权重的可能权重向量。因此,这一公式表示了权重向量的可能集合。它是基本权重集交叉和整合的结果。使它们交叉和聚合以获得可能的加权向量和最佳满意的加权向量,从而为整体评估提供统一的客观权重。

构建该模型的基本思想是在不同权重之间搜索统一或折中,以最小化可能的权重与每个基本权重之间的差异。[4]因此,可以将模型定义如下:

$$\min \left\| \sum_{j=1}^{2} \lambda_j w_j^T - w_i^T \right\|, i = 1,2 \tag{2-2}$$

根据矩阵的微分性质,优化该公式的一阶导数条件如下:

$$\begin{pmatrix} w_1 \cdot w_1^T & w_1 \cdot w_2^T \\ w_2 \cdot w_1^T & w_2 \cdot w_2^T \end{pmatrix} \begin{pmatrix} \lambda_1 \\ \lambda_2 \end{pmatrix} = \begin{pmatrix} w_1 \cdot w_1^T \\ w_2 \cdot w_2^T \end{pmatrix} \tag{2-3}$$

当通过以上方法求得最佳权重向量 w_{opt} 时,进行归一化操作后融媒体评价指标体系的各项指标的权重就能最终确定,同理,一级指标和二级指标的权重也可以根据类似的方法分别得出。

2.6 总结

根据目前国内融媒体建设所呈现出来的现状和特性,本文在大量调研相关资料的基础上提出了国内融媒体建设评价指标体系,对构建该指标体系的理论基础、原则以及各项指标进行了说明。在确定指标权重的方法上列举了两种常见的评价方法,并在此基础上针对国内融媒体建设评价指标体系提出了一种基于博弈论的组合权重确定方法,在理论上该方法能有效克服德尔菲法+层次分析法以及熵值法各自的局限性,更加符合科学性和综合性原则。不过关于指标体系的综合评价和实际数据代入等工作仍需更进一步研究。

2.7 参考文献

[1]黄楚新.中国媒体融合的新特点与新趋势[J].传媒,2020(8):13-15.

[2]刘建华.中国新闻传媒业融合发展十二大现状[J].编辑之友,2020(2):23-30.

[3]DING R,REN P. The logistics performance evaluation index system in the transportation industry based on big data[C]. 2018 IEEE 3rd International Conference on Big Data Analysis (ICBDA), 2018:33-37.

[4]ZHIYONG X, XUE S, MING Z,et al. The establishing and evaluating model for the operation rules of electricity market[C]. 2008 3rd International Conference on Electric Utility Deregulation and Restructuring and Power Technologies,2008:1034-1038.

[5]朱春阳,曾培伦."单兵扩散"与"云端共联":县级融媒体中心建设的基本路径比较分析[J].新闻与写作,2018(12):25-31.

[6]王晓伟. 长兴模式:县级融媒体中心的建设探索[J]. 新闻与写作,2018(12):92-94.

[7]袁克东.中国蓝云建设及媒体融合技术实践[J].现代电视技术,2017(8):44-48.

[8]蒋祖烜.撸起袖子加速融合——湖南日报社媒体融合发展之路[J].新闻战线,

2017(3):19-23.

[9]王晖.创新传播手段 打造舆论新平台——江西日报社以“赣鄱云”推进县级融媒体中心建设的探索与实践[J].新闻战线,2018(9):6-8.

[10]张坤,江汉文.湖北广播电视台长江云平台制播系统建设[J].现代电视技术,2017(11):84-87.

[11]人民日报全媒体平台与四川日报报业集团签署战略合作协议[J].传媒,2016(15):7.

[12]卞思杰,张晓莉.融媒时代党报与区县联手打造“县级融媒体中心”的探索与实践——以济南市市中区融媒体中心实用性建设为例[J].城市党报研究,2019(1):33-36.

[13]张颖.专访北京广电融媒中心张晓鲁:融合三方资源,两会报道侧重新媒体[J].电视指南,2019(7):30-33.

[14]喻国明.传媒的进化趋势与未来可能[J].北方传媒研究,2016(3):4-6.

[15]谢新洲,等.县级融媒体中心建设理论与实践[M].北京:电子工业出版社,2019.

[16]曾祥敏,潘九鸣,王俐然.理念、要素、规律:国际主流媒体融合创新研究[J].新闻与写作,2020(4):50-58.

[17]李彪.县级融媒体中心建设:发展模式、关键环节与路径选择[J].编辑之友,2019(3):44-49.

[18]赵焕臣.层次分析法[M].北京:科学出版社,1986:15-22.

[19]张成良.融媒体传播能力与效果评估的实证研究[EB/OL].(2018-01-24)[2021-11-20].http://media.people.com.cn/n1/2018/0124/c416771-29784049.html.

2.8 论文发表简介

JINBAO S, RUYI D, XIAOYA Z. Research on the evaluation index system of converged media construction[C]//Proceedings of the 1st international conference on culture-oriented science & technology (ICCST 2020), 2020(10):112-117.

2021 年获得中国电影电视技术学会广播影视科技优秀论文奖三等奖。

3 全媒体时代县域融媒体平台建设探讨

本文主要探讨了融合媒体平台的建设方案,阐述了对互联网、移动手机客户端等媒体的视频、音频、文稿、图片等节目生产素材特别是新闻素材如何进行汇聚和集中呈现,如何同时整合微博、微信和手机客户端进行融合媒体建设。

3.1 绪论

近几年,互联网、大数据、人工智能、媒体融合、4K 等新技术带来了媒体产业的飞速发展,在 2018 年 8 月 21 日至 22 日的全国宣传思想工作会议上,习近平总书记指出:“扎实抓好县级融媒体中心建设,更好引导群众、服务群众。”这是中国县级媒体首次在国家级会议上被国家最高领导人关注。推动县级媒体融合发展、建设“县级融媒体中心”,已成为中央层面部署推进深化文化体制改革的重大举措,也意味着推进媒体融合工作重点从省以上媒体延伸到基层媒体,将促进国家媒体体系的全盘激活。[1]县级融媒体中心的建立可以成功完成县域内媒体资源的有效整合,实现媒体资源的高效使用,实现县级媒体的集中汇聚,避免各自为战、分散媒体资源,形成强大的凝聚力和影响力。

目前电视台内各新闻节目生产单位业务系统都是孤岛效应,各系统之间相互独立,缺乏全面的资源互联互通机制,仅能通过媒资系统实现节目生产流程末端的成片交换,无法实现新闻生产全流程的协同调度,资源不能充分共享,生产调度效率低下,而随着融媒体等新兴业务的发展,对媒体资源再利用提出了新的要求,所以现有系统不能满足融媒体环境下新闻节目生产和传播的要求。[2]

本文旨在构建一种跨地域、跨部门、跨媒体、跨终端的全媒体平台融合节目生产平台。以“即时互动、高效实用、安全可靠、灵活扩展”为原则,在融合汇聚各电视频道、微信、微博、APP、5G、用户上传内容(UGC)、网络订阅等信源的基础上,建设融媒体指挥调度系统,实现全媒体传播的统一部署与整体资源调度;针对全媒体新闻的快速传播以及业务生产的灵活性,建设协同生产平台,优化业务流程,提高新闻业务生产效率,抢占新闻发布优先能力;以云计算和大数据等新一代 IT 技术为基础,开展节目互动策划、多屏生产发布协同工作和热点主题发酵;在内外网隔离环境下,通过高安全策略与互联网、办公网、制作系统等对接,实现快速高效的汇聚、筛选、审核及多渠道传播,满足可管可控的实时互动需求。实现一次采集、多种生成、多元传播的融媒体生产方式。[3]

3.2 融媒体平台整体设计思路

"融媒体中心"既是硬件基础和技术平台,也是大脑和神经中枢,应具备集中指挥、采编调度、高效协调、信息沟通等基本功能。"融媒体中心"总体划分为以下几个部分。

(1)指挥调度平台:包括指挥调度系统、大屏监控等。指挥调度平台是整个流程调度的枢纽和大脑,负责各类媒体宣传任务的统筹、重大选题策划、采编力量指挥。[4]

(2)全渠道信息汇聚:平台提供"微信式"沟通能力,支持单聊、群聊、语音、视频连线等多种功能,各部门、选题组可以分组讨论,实现便捷沟通,同时外部通讯员可以随时加入,提高效率,降低沟通成本。

(3)融媒体内容汇聚平台:负责全面对接各种内容渠道,全方位地获取内外部资源。提供汇集媒体资源的工具,支持各种媒体资源按照既定的接口规范统一汇入融合内容库。

(4)融媒体内容生产和发布:包括协同生产和发布系统、各类生产工具等。全媒体内容生产和发布是在传统生产平台基础上构建融媒体统一生产和发布平台,平台具备融合生产能力,可以进行文稿、视频、图片、H5 等全媒体编辑,同时可以面向多渠道进行发布。[5]

3.3 融媒体平台系统实现

新媒体融合生产平台应具备集中指挥、采编调度、高效协调、信息沟通等基本功能。包括融媒体指挥调度中心、采编发联动、技术支撑体系、全媒体资源库、全媒体分发运营等平台,如图 3.1 所示。

3.3.1 指挥调度系统

指挥调度系统由新闻选题策划及指挥调度模块、人员指挥与资源调度模块、数据可视化模块构成,是整个流程调度的枢纽和大脑。负责各类媒体宣传任务的统筹、重大选题策划、采编指挥。接收各类线索生成选题,将选题信息提供给采编发联动平台,

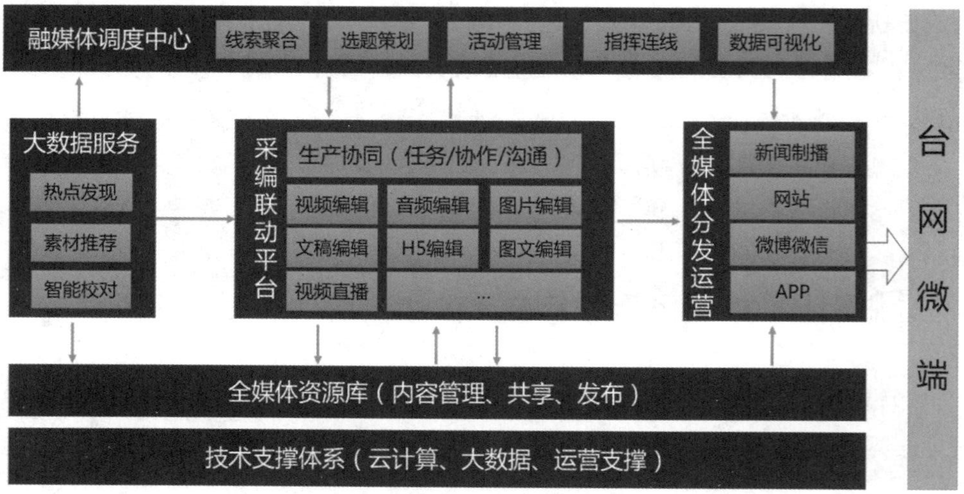

图 3.1　融媒体平台系统

便于后续的内容采访和生产发布。[6]

3.3.1.1　新闻选题策划及指挥调度模块

新闻选题是指挥调度系统中的核心对象，所有的发布策划、生产工作都围绕选题展开。为了便于选题相关资源的快速共享和人员协同工作，指挥调度系统可以与融合资源平台联动，建立选题对应的选题目录文件夹，选题相关的所有线索、素材、成片等内容资源均保存在选题目录下，从而打通各渠道、各平台的业务壁垒，助力媒体融合。不同权限的用户可对选题进行新建、编辑、审核和任务指派。[7]

3.3.1.2　人员指挥与资源调度模块

为方便用户了解当前人员、设备、车辆的实时运转情况，更好地进行资源调度，指挥调度系统借助地理位置信息系统，可展现各类资源在地图上的位置信息，甚至车头的朝向。用户可以根据需要进行地图显示比例的缩放，系统可自动列出地图显示范围内的资源，选中资源后可以查看资源的详细信息。[8]

3.3.1.3　数据可视化模块

指挥调度系统中各类生产策划、生产流程、生产资源的信息都可以通过融媒体指挥调度业务可视化系统（简称大屏系统）展现出来。大屏系统通过数据可视化的方法提升业务数据的可读性，方便用户更加直观地了解各项工作的进展，更清晰地掌握生产效能和发布效果。

3.3.2　融媒体内容生产与发布

指挥调度平台是决策场所，融媒体内容生产和发布平台是执行单位，是将指挥调度中心做出的决策向下传导，向台、网、端、微的采编记者传递，实现融媒体生产和发布。平台具备融合生产能力，可以进行文稿、视频、图片、H5 等全媒体编辑，同时可以面向多渠道进行发布。系统配有移动化采编平台,可以实现随时随地移动化生产和远程节目回传,开启 GPS 后,也可以向指挥调度平台传递位置信息。[9]

3.3.2.1 全媒体稿件编辑系统

全媒体稿件编辑系统针对全媒体记者的业务,在一个软件体系内即可支持电视稿件、网站/APP 稿件、微博稿件、微信稿件的撰写和发布,支持不同类型稿件的统一管理和互相复制转换。

3.3.2.2 全媒体生产工具

此部分涵盖了文稿编辑工具、传统物理非编工具、B/S 非编工具、移动化生产工具等。全媒体记者需要更加灵活地组织文字、图片和视频,将一个新闻事件通过传统媒体和新媒体渠道进行多批次发布。通过这些工具,全媒体记者可以实现各类稿件、视频的发布以及移动办公应用等。

3.3.2.3 节目审片系统

审片系统在设计架构上采用中心端+客户端的方式。中心端提供开放标准接口,进行任务添加及审核结果反馈,通过配置管理模块进行用户权限、规则及接口参数配置;通过调度引擎完成任务分发调度管理。审片客户端包括多种终端形态且能满足用户各种审核业务场景。[10]

3.3.2.4 全渠道内容发布运营

全媒体分发管理模块主要负责处理所有面向新媒体渠道的资源分发或推送。在分发前可以进行发布审核,只有审核通过后才能真正发布;分发管理模块已经与微博、微信完成了接口对接,审核通过后的资源即可发布到指定账号,公众就能在微博、微信公众号上看见;发布到手机 APP、网络电视台等平台时,审核通过后会将音视频文件、元数据、节目肖像等提供给对方的 CMS,由对方进行真正的发布。

通过全媒体稿件的发布模块,可以实现微信、微博、新媒体的快速发布。微博类型稿件,支持标准的微博编辑撰写功能,包括文字录入,插入表情、图片、视频链接、话题等,稿件可直接面向微博账号进行发布,支持多账号管理,一键发布。微信类型稿件除了支持文字、图片、视频(链接)的插入和混合编辑外,还提供了丰富的微信稿件云模板,同时全媒体稿件还集成了第三方编辑插件。微信稿件可直接面向微信公众平台进行发布,支持多篇微信文章的组合发布,支持多账号管理、一键发布。[1]

3.3.3 融媒体资源库

融媒体资源库,是新媒体融合生产平台协同生产的一个公共全媒体内容库,所有协同生产过程中涉及的素材、成品、文稿等都需汇聚到融媒体资源库中,使得业务人员可以看到库中的内容,用户登录后可以集中使用,并且资源库支持根据不同的用户和权限,展示相对应的内容和布局,实现资源、人员的分权分域的隔离,同样,融媒体资源库的素材、成品、节目等,经过挑选后也可以采用协同生产平台的加工工具,重新进行精品制作,供不同渠道使用。[12]

3.3.4 基础技术支撑平台

技术支撑平台为全媒体融合面向全行业提供技术能力。通过这个平台,可以为整个融媒体平台提供硬件技术支撑体系。中心整个融媒体技术基础支撑,不但可以提供统一计算和存储平台,还提供了可部署应用程序的计算平台,可在其上部署数据库、中间件和行业应用软件。同时融媒体平台新闻大数据服务、直播服务等利用公有云服务平台,有效满足按需按量购买,并与台内融媒体平台、公有云、本地系统整合,有效实现公有云安全可靠地按需按量购买,本地系统部署确保生产数据安全。

3.4 融媒体安全研究

3.4.1 网络边界安全

(1)区域隔离:部署防火墙,使得用户只能访问已明确授权的应用及内容,同时可实现办公网与互联网的隔离。

(2)深度边界安全监测:由于区域隔离只是实现了隔离,对于必须开通的协议端口不能进行协议级别的深度检查,所以增加了入侵防护功能和网关防病毒功能。[13]

3.4.2 集成安全设计

在进行网络结构设计时,杜绝单故障崩溃点的存在,通过对网络负载进行平衡以及对关键设备进行备份等方法,从理论上消除局部故障导致全局瘫痪的可能。

(1)网络连接链路的安全性:配置的交换机采用冗余设置,站点分散链接,核心业务冗余连接,保证交换机出现故障时,业务不会受到影响。

(2)服务器的安全性:针对不同的服务器进行相应安全保障的设计,关键应用设备部分均采用双机或负载均衡集群工作方式。

(3)工作站的安全性:系统具备完备的备份策略,能够对整站数据进行本地和异地双重备份,所有编辑数据、操作步骤均存储在数据库服务器和本地硬盘阵列中,一台工作站的故障,不会造成整个网络的瘫痪。[14]

3.4.3 演播室安全

(1)演播室内控制安全:采用422串口控制方式,即工作站与服务器采用422控制线连接，一旦出现问题也只会出现一组控制机与服务器的控制问题，另一组完全不受影响，避免了整个网络的大面积瘫痪问题。

（2）演播室断网安全设计：控制机与服务器采用422控制技术，播出串联单实时单机本地备份，播出节目素材提前上传到视频服务器本地；由于在主备视频服务器本地拥有栏目播出需要的各条节目和素材，即使断网，照常能够在422控制指令的调度下继续播出。[15]

3.5 总结

通过融合媒体的建设，有效地解决了各系统之间相互独立、缺乏全面的资源互联互通机制的问题。融媒体中心所属台、报、网、微端集中整合，全面实现热点信息汇聚、全媒体移动采编、资源内容管理、多渠道分发、传播效果分析等多功能于一体，中心所属各类媒体及新闻产品的采集、加工、发布在一个统一平台上就完美实现，极大地提升了中心的运行效率，节约了资源和人力物力。[5]经过整合、梳理和再造全新的全媒体生产流程，使得指挥调度、主题策划、采访组织、加工生产、多渠道发布全面统一，形成采编发联动、人机无缝衔接机制，采编发人员“人人见面、面对面工作”，真正构建“一体策划、一次采集、多种生成、多元发布”的融媒体生态新格局。

3.6 参考文献

[1]胡巍.全媒体融合技术平台建设路径探讨[J].中国有线电视，2019(1)：20-22.

[2]王艳.全媒体协同生产的县级融媒体平台建设[J].广播与电视技术，2018，45(11)：18-24.

[3]宋志坚.全媒体融合生产平台的温州建设模式研究[J].电视技术，2017，41(Z4)：115-118.

[4]中科大洋融媒体项目技术书。

[5]丁利华.中小型广播电视台媒体融合系统建设[J].广播与电视技术，2018，45(12)：63-67.

[6]ARRIETA J M, SANTAMARÍA E. Distance of attractors of reaction-diffusion equations in thin domains[J].Journal of differential equations, 2017，263(9)：152-158.

[7]AIGUO X, SHOUFU L, HONGYUAN F, et al. Extending convergence of BDF methods for a class of nonlinear strongly stiff problems[J].Journal of computational and applied mathematics，2000，126(1)：625-631.

[8]TRUMMER M R. Reconstructing pictures from projections：on the convergence of

the ART algorithm with relaxation[J].Computing,1981,26(3):221-227.

[9] JUN L, ZHENGLIN L, YUN R, et al. Horizontal-longitudinal correlations of acoustic field in deep water supported by the national natural science foundation of China under grant nos 11434012 and 11174312[J]. Chinese physics letters, 2015, 32(6): 825-832.

[10] YAN M, CHAN C A, LI W, et al. Assessing the energy consumption of proactive mobile edge caching in wireless networks[J].IEEE access, 2019(7):104394-104404.

[11] YAN M, LI W, CHAN C A, et al. PECS: towards personalized edge caching for future service-centric networks[J].China communications, 2019,16(8):93-106.

[12] YAN M, CHAN C, GYGAX A, et al. Modeling the total energy consumption of mobile network services and applications[J].Energies,2019,12(1):184.

[13] BAI Y. Thinking on the construction and development of county-level media center in radio and TV stations[J].Western radio and television,2019(15):181-182.

[14] MENGXI L. The status quo and thinking of county-level fusion media construction[J].Journal of propagation and research,2019(22):84.

[15] QI Z. On the construction and development of radio programs in the age of media convergence[J].Media forum, 2019,2(16):49-51.

3.7 论文发表简介

JINBAO S, XIAOYA Z, YIMING M. Construction of converging media platform in all media times [C]//2019 international joint conference on information, media and engineering (IJCIME),2019(12):214-217.

4　8K 超高清 DMS 音视频播放系统集成应用

近年来,人们对音视频播放质量的需求逐渐提升,视频高清化、音频高还原度是两个重要的播放指标。8K 超高清电视播放系统是由北京和欣辰光信息技术有限公司研发的,可以播出带宽达 8Gbps 以及分辨率为 7680×4320 的超高清无压缩视频信号。多通道动声系统(DMS)是中国传媒大学媒介音频教育部重点实验室研发的基于声场优化原则和惠更斯原理的新型多通道拾音还音系统。本文提出一种集成上述两系统的通信手段,主要描述了一种基于用户数据报协议(UDP)的应用层协议,重点描述了该协议的报文分配以及报文传输机制,通过该协议的实际运行情况可以实现 8K 超高清视频以及 DMS 音频的同步播放,从而实现 8K 超高清 DMS 音视频播放系统集成应用。

4.1　绪论

影像是人们日常生活中不可或缺的一部分。早期的影像承载媒体主要是电视。最早的电视技术被称为标清。标清电视机的物理分辨率为 720×576。现在,大多数的民用电视都达到了高清化。高清电视传输有几种公认的标准,它们的物理分辨率分别为 720p(HD Ready):1280×720p,1080i(Full HD):1920×1080i,1080p(Full HD):1920×1080p。超高清(UHD)包括 4K 和 8K 两种标准。4K 的物理分辨率为 3840×2160。8K 的物理分辨率为 7680×4320。8K 是当前视频技术研究的前沿方向以及最新标准。8K 技术的物理分辨率是传统 1080p 的 16 倍,是 4K 的 4 倍。高分辨率,不仅带来惊人的视觉效果和令人叹为观止的体验,而且给 8K 媒体的制作、存储、传输和播放等各个方面带来了深远的挑战。

当人们观看视频时,声音是一个必不可少的部分。如果音频是通过多个频道录制的,我们称之为"立体声"。早期的双通道立体声使用两个输入通道进行录音。播放时,用声级差记录两个通道的输出,以模拟声音的空间感。[1] 如果使用两个以上的声道录音,则称为"多声道立体声",一般有 3 声道、4 声道、5.1 声道、7.1 声道和 9.1 声道。此外,也出现了许多多频道的音频系统。例如,日本 NHK 放送技术研究所开发了

22.2 声道音频系统,与传统的 5.1 声道相比,它可以给听众的观看体验带来更多的冲击。[2]

目前音频和视频的发展趋势是 8K 和多通道。一个 8K 图像和多声道音频结合的音视频播放系统,是符合影像技术发展趋势的最先进的技术。在市场方面,随着经济的逐年发展,人们对高端形象的消费能力逐年提高,有一定的市场需求。因此,本文提出了一种符合先进技术和领先于市场的 8K 超高清 DMS 音视频播放系统,具有很强的现实意义。

4.2 相关工作

近年来,超高清视频在许多领域得到了广泛的应用。NHK 实现了将 4K/12Bit 的影像转码为 2K/8Bit 实时传输。[3]2020 年东京奥运会由索尼公司采用 8K 标准制作和播出。[4]京东方宣布其第 10.5 代流水线量产,标志着 8K 显示屏幕正式投产。[5]

22.2 声道格式作为一种 3D 重放格式,比当前数字广播所采用的 5.1 声道格式更加接近于实际声场。[6]现在的商业化还音系统存在增加放音设备的解决方案,主要是杜比和 DTS(Dedicated To Sound)。

本文研究了 8K 超高清 DMS 音视频播放系统集成应用。

4.3 8K 超高清 DMS 音视频播放系统的子系统概述

4.3.1 8K 超高清电视广播系统

北京和欣辰光信息技术有限公司研发的 8K 无压缩视频信号播放机(型号 HXH404H-S8P),其依据国际电联 ITU 制定的新标准 ITU-R BT.2020-2(10/2015)和 ITU-R BT.2100-0(07/2016),8K-HDR 播放机可播放分辨率为 7680 * 4320 的超高清无压缩视频信号,可播放满足上述要求的每秒 60 帧的视频信号,可选择播放满足上述要求的色深为 10/12bit 的 YCbCr422 视频信号或色深为 8bit 的 RGB444 视频信号,可选择播放满足上述要求的符合 BT.2020 色域标准或 BT.709 色域标准的视频信号,可选择播放满足上述要求的符合 PQ 标准或 HLG 标准的 HDR 视频信号。它的规格参数如下:

(1)输出接口:4 * HDMI2.0

(2)输出格式

a.分辨率:7680×4320

b.帧速率:60P

c.编码格式:YUV422 10/12bit(HDR)、RGB444 8bit(SDR)

d.色域范围:BT.2020、BT.709

e.HDR 支持:PQ、HLG、自定义

(3)播放时长:小于等于 16 分钟(标准配置),可循环播放

(4)机箱尺寸:46cm(长)×44cm(宽)×20cm(高),专用机箱

(5)电　源:AC100-240V(宽幅),13A-6.5A,47-63Hz

(6)工作环境:5℃~55℃,相对湿度 30%~80%(未结露)

(7)保存环境:-20℃~60℃,相对湿度 30%~90%(未结露)

4.3.2 DMS 动声系统概述

多通道动声系统(DMS)是 2015 年 12 月至 2017 年 5 月中国传媒大学媒介音频教育部重点实验室研发的基于声场优化原则和惠更斯原理的新型多通道拾音还音系统。

多通道动声系统利用麦克风阵列和自适应滤波器分离出不同的声源信号,对于非高斯系统采用改进型的粒子滤波器。通过把主要的有限声源分离,使其他声场的分析与表示更为简单可行。把有限的声源与无限的声场结合,形成了一个 M 输入与 N 输出的多解系统。它是一个比单一声场综合方法更优越、更灵活、更适用于多种实际环境的系统,因此发明的动态矩阵可以实现多音源的动态组合与动态播放,可以根据不同的播放场景与艺术创作需求创造出不同的音响与音乐表现形式,最终以新型的声场优化原则与惠更斯原理得到一个比传统声场综合方法更优越、更灵活、更适用于多种实际环境的系统。

DMS 动声系统由以下模块构成:(1)录音模块;(2)音源处理模块;(3)DMS 系统硬件模块;(4)DMS 系统软件模块;(5)放音模块;(6)DMS 系统主观评价模块。

DMS 动声系统的关键技术包括:(1)音源定位与分离;(2)数据存储;(3)利用扬声器阵列实现声场合成;(4)从 M 声源到 N 声道的自适应匹配技术。

4.3.3 8K 超高清 DMS 音视频播放系统集成的相关技术

多通道动声系统研究初期,考虑到平台的性能和将来可能出现的跨平台移植需求,采用 Qt 框架开发,Qt 框架是一个广泛应用的 GUI 框架,其最早是一个商业的闭源框架,2009 年,诺基亚收购奇趣公司后宣布将 Qt 开源,开源使 Qt 的基础代码得以丰富和壮大,使用 Qt 可以实现流畅、高性能的图形界面程序,它有以下几个优点:

(1)可以跨平台部署,Qt 编写的同一套代码无须更改即可编译为不同操作系统的二进制文件,可以在从嵌入式设备到大型机的各种硬件上运行。Qt 在这些操作系统的发型版本基于原生的系统调用封装了统一的 Qt 应用程序接口,保持统一的封装性,使得开发跨平台应用真正做到一次编写,到处运行。这些平台包括:

a.Linux/Unix：X11、Wayland、Embedded Linux、Android；

b.Apple：macOS、iOS；

c.Microsoft：Windows、Windows Phone、Windows RT、Windows CE；

d.其他嵌入式系统：Integrity、QNX、VxWorks；

e.其他非官方支持平台：OpenSolaris、Haiku、OS/2、webOS、Amazon Kindle DX、Ubuntu、AmigaOS、Tizen、Sailfish OS。

（2）应用程序接口丰富，Qt 的 C++基础库提供了丰富的功能，这些库几乎涵盖了对操作系统和一般开发工作的一切操作，这些基础库在 Qt4.0 版本被分为独立的模块，主要包括以下内容：a.Qt Core；b.Qt GUI；c.Qt Network；d.QML。

4.4 8K 超高清 DMS 音视频播放系统集成的需求分析与设计

4.4.1 总体需求分析

8K 超高清 DMS 音视频播放系统集成的最终目的，是同步播放超大码率的视频流和音频流，基于此需求，在系统的整体设计上有以下要求：

（1）使用中间层介入通信；

（2）必须同时保证两系统通信的可靠性；

（3）必须同时保证两系统通信的响应时间足够短。

4.4.2 业务需求分析

前文已经说明了 8K 超高清 DMS 音视频播放系统总体的设计需求，在实际业务层面上，这些总体需求为业务需求服务，本系统面向的最终用户是小型影院、高端 KTV、科教放映场所的操作人员，其对于本系统的业务必要需求有打开音视频文件、播放音视频文件、暂停音视频文件、停止音视频文件。仅仅实现这些业务需求在系统设计层面是不够的，很多业务需求底层依赖相同的调用过程，或者需要更详细的分步骤调用，具体有以下几个需求：

（1）连接可用性测试；

（2）业务调用成功性验证；

（3）调用方对于失败调用的延时重新调用；

（4）被调用方对于多次重新调用的可重入设计；

（5）文件状态同步。

4.4.3 系统总体设计

8K 超高清 DMS 音视频播放系统的两个子系统间总体上采用主从式架构（Client-server model),主从式架构也被称为客户端—服务器(Client/Server)架构、C/S架构。主从式架构意图提供一个可伸缩的架构,互联网上的计算机或者处理过程是一个客户端或者服务器。服务端的特征是被动的角色(从),等待来自客户端的请求,处理请求并传回结果。客户端的特征是主动的角色(主),主动向服务器发送请求,等待直到收到响应。服务器可以是有状态或者无状态的。无状态的服务器不会保留任何两个请求之间的信息,有状态服务器会记住请求之间的信息。这些信息的作用域可以是全局的或者某个事务的。静态 HTML 页面服务器是一个无状态服务器的例子。本研究为了保证上文所说的连接可用性,采用的是一个有状态客户端—服务器架构,由 DMS 动声系统作为客户端,发起状态转移的请求,由 8K 超高清视频播放系统作为服务器,其暴露固定的接口供客户端发起请求。

在这个客户端—服务器架构中,采用一个基于 UDP 的应用层协议作为连接手段,传输层选择 UDP 有两个好处,一是具有良好的兼容性,二是具有高度的可定制性。

UDP Service 是对 DMS 动声系统负责 UDP 收发包的抽象层,UDP Service 负责操纵操作系统的 UDP 通信细节。GUI 是对图形界面的一个抽象,其负责操纵图形界面的状态变更和交互细节。Core 是 DMS 动声的输出控制的一个抽象,其负责 DMS 动声输出的细节。GUI 引用了 Core 和 UDP Service,GUI 与 Core、UDP Service 的交互是通过函数调用直接实现的。Core 和 UDP Service 的交互是通过信号与插槽机制实现的,UDP Service 暴露信号,GUI 将这些信号绑定到 Core 对应的插槽上。在整个 DMS 动声系统的运行中,交互从用户点击 GUI 中的元素开始,GUI 调起 UDP Service 发起请求,以使系统准备转移状态,当 8K 视频服务器返回正确响应时,UDP Service 发送对应的信号调起 Core 对应的插槽函数。

4.4.4　基于 UDP 的应用层协议设计

DMS 动声系统和 8K 超高清视频播放系统的交互通过应用层协议来实现,如图 4.1所示,该协议直接在 UDP 的数据部分扩充,在数据部分:第 0 位至第 7 位是预定义的报文命令,第 8 位至第 15 位是报文序号,第 16 位之后是待播放文件的绝对路径名,其使用 ASCII 编码,最长为 232 位,最后 8 位是 ASCII 码的 0x00,表示路径名的结束。即,第 16 位到第 255 位为可变长度的文件路径名,以 ASCII 码 0x00 结束。

报文命令是用来表征报文意义的 8 位无符号整数标记,它们有:发起握手命令 101、打开文件命令 102、播放文件命令 104、暂停播放命令 106、停止播放命令 108、关闭文件命令 110、断开连接命令 112。报文的响应时报文命令增加 1,即:响应发起握手命令 102、响应打开文件命令 103、响应播放文件命令 105、响应暂停播放命令 107、响应停止播放命令 109、响应关闭文件命令 111、响应断开连接命令 113。

8K 超高清 DMS 音视频播放系统的主要需求是不破坏封装的情况下使用中间层

<table>
<tr><th>偏移</th><th>字节</th><th>0</th><th>1</th><th>2</th><th>3</th><th>4</th><th>5</th><th>6</th><th>7</th><th>8</th><th>9</th><th>10</th><th>11</th><th>12</th><th>13</th><th>14</th><th>15</th></tr>
<tr><td>0</td><td rowspan="2">0</td><td colspan="16">来源连接端口</td></tr>
<tr><td>16</td><td colspan="16">目的连接端口</td></tr>
<tr><td>32</td><td rowspan="2">1</td><td colspan="16">报文长度</td></tr>
<tr><td>48</td><td colspan="16">校验和</td></tr>
<tr><td>64</td><td rowspan="2">2</td><td colspan="8">报文命令</td><td colspan="8">报文序号</td></tr>
<tr><td>80</td><td colspan="16" rowspan="3">文件</td></tr>
<tr><td>96</td><td rowspan="2">3</td></tr>
<tr><td>112</td></tr>
</table>

图 4.1　基于 UDP 的应用层协议报文分配

介入集成,其通信要求可靠且高效,在设计上采用客户端—服务器架构,其通信方式采用 UDP,本文提出一种基于 UDP 的应用层协议,该协议除了负载业务需求字段外,还增加了部分可靠传输机制,包括两次握手、报文序号和超时重传等机制,这种设计可以在理论上实现上述主要需求。

4.5　8K 超高清 DMS 音视频播放系统集成的实现

4.5.1　总体实现

8K 超高清 DMS 音视频播放系统的总体工作流程如图 4.2 所示,点击图标后,DMS 动声系统程序进入运行状态。BaseGUI 是图形界面的主要基类,持有图形界面的元素。BaseGUI 持有 UDPService 对象和 Core 对象,UDPService 类负责 UDP 通信,Core 负责 DMS 动声的播放功能。当这几个对象都初始化完毕以及相关任务处理完毕,图形界面出现,进入就绪状态,但一切功能皆不可用,因为此时还没有与 8K 超高清视频播放系统建立连接。图形界面出现后,UDPService 发起一个建立连接请求,在等待连接建立期间,图形界面是持续不可交互状态。建立连接后,图形界面进入可交互状态,此时可以点击“打开”按钮,打开一个文件,其界面是经典的 Windows 选择文件界面,选择文件后可以播放、暂停、停止文件,这是 8K 超高清 DMS 音视频播放系统的正常工作流程。工作完毕后,点击“退出”按钮关闭程序,此时 UDPService 发起一个断开连接请求,程序等待断开连接响应后正常退出,这就是 8K 超高清 DMS 音视频播放系统集成应用的正常工作流程。

4.5.2　UDPService 实现

UDPService 是集成应用的核心,UDPService 的主要成员包括:两个 QUdpSocket,负责处理 UDP 的 socket 细节;一个 Qtimer,负责超时重传的计时;一个 QByteArray,负

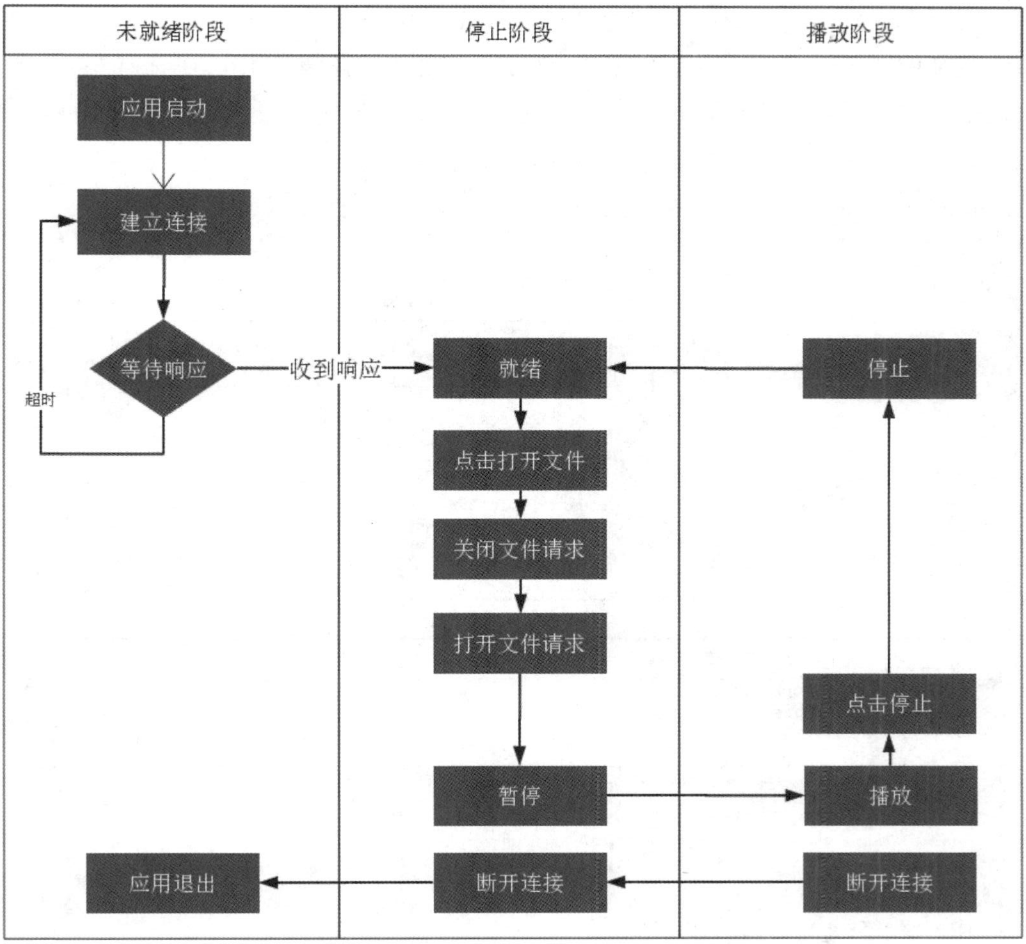

图 4.2　8K 超高清 DMS 音视频播放系统集成的工作流程图

责缓存组装好的报文,留待超时重传时读取以再次发送;一个 8 位无符号整数,负责记录报文序号。

UDPService 的初始化过程分四步,第一步是新建所需的 C++成员对象。第二步是将报文序号置为 0。第三步是对两个 QUdpSocket 分别使用 bool QUdpSocket::bind(const QHostAddress & address, quint16 port) 函数绑定 socket。第四步是连接信号与插槽。

4.5.3　BaseGUI 实现

BaseGUI 是所有主题图形界面的共同基类,BaseGUI 持有 Core 和 UDPService,是网络播放和本地通信的中间人,这三个类的关系如图 4.3 所示,BaseGUI 的初始化通过调用 void BaseGui::setUDPService(UDPService * udp)连接 BaseGUI 和 UDPService 的信号与插槽,其中 UDPService 的 playRequestOK()信号被连接到 BaseGUI 的 playRequestOK()插槽上,这个插槽会令 Core 开始播放,同时会禁用播放按钮,启用暂停按钮。UDPService 的 pauseRequestOK( ) 信号被连接到 Core 的 pauseRequestOK( ) 插槽上,这个插槽会令 BaseGUI 暂停播放,同时会启用播放按钮。UDPService 的 stopRequestOK( )信号被连接到 BaseGUI 的 stopRequestOK( ) 插槽上,这个插槽会令 Core 停止播放。UDPService 的 terminateRequestOK( ) 信号被连接到 BaseGUI 的 closeWindowRequestOK( )插槽上,这个插槽会通知应用图形界面退出并结束进程。

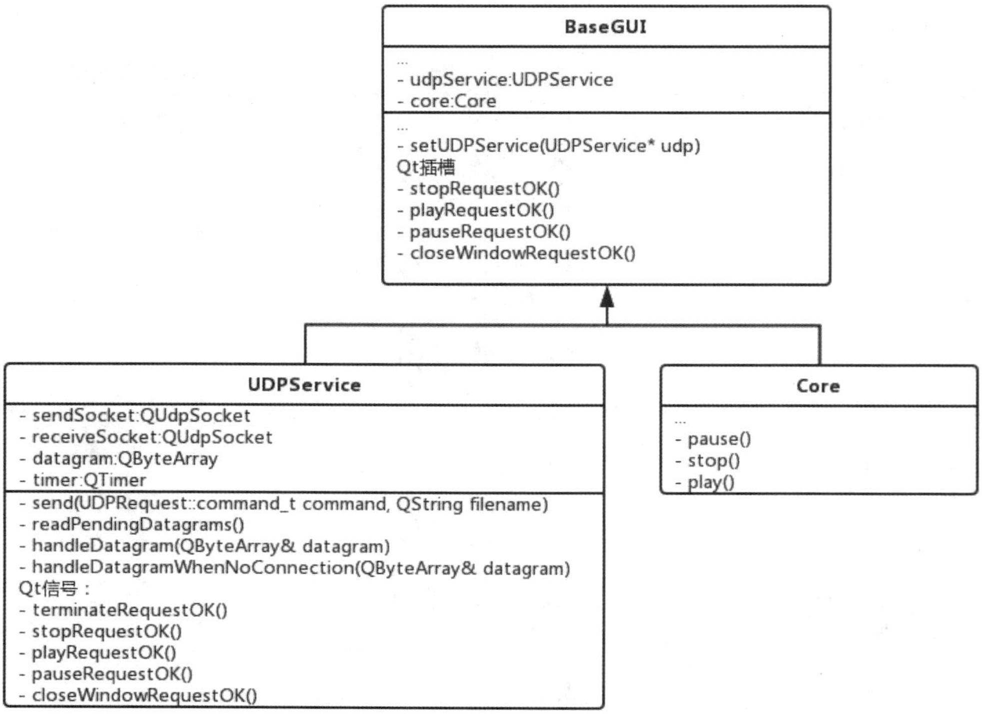

图 4.3 8K 超高清 DMS 音视频播放系统集成的 UML 类图

4.6 总结

8K 超高清电视播放系统是由北京和欣辰光信息技术有限公司研发的,可以播出带宽达 8Gbps 以及分辨率为 7680×4320 的超高清无压缩视频信号。多通道动声系统是中国传媒大学媒介音频教育部重点实验室研发的基于声场优化原则和惠更斯原理的新型多通道拾音还音系统。本文提出一种集成上述两系统的通信手段,主要描述了一种基于用户数据报协议的应用层协议,重点描述了该协议的报文分配以及报文传输机制,通过该协议的实际运行情况可以实现 8K 超高清视频以及 DMS 音频的同步播放,从而实现 8K 超高清 DMS 音视频播放系统集成应用。

4.7 参考文献

[1]谢兴甫.立体声原理[M].北京:科学出版社,1981:2258-2260.

[2] HAMASAKI K, NISHIGUCHI T, OKUMURA R. A 22.2 multichannel sound system for Ultra-High-Definition TV (UHDTV) [J].SMPTE motion imaging journal, 2008,117(3):40-49.

[3]Strategy analytics report highlights falling prices, improvedupscal-ing capabilities, and greater consumer awareness as key drivers of UHD TV uptake[EB/OL].(2014-05-12) [2015 - 01 - 08]. http://www. strategyan - alytics. com/default. aspx? mod = pressreleaseviewer&a0=5513,2014-05-12/2014-12-20.

[4]影视制作编辑部. 日本 8K 超高清电视技术研究——基于 8K Super High Vision (8K SHV) 的研究 (上)[J]. 影视制作,2015(9):31.

[5]全球首条 10.5 代线投产,京东方瞄准 8K 面板市场 [EB/OL].[2017-12-20]. http://www.sohu.com/a/211610441_115565.

[6]HAMASAKI K,HIYAMA I K. Development of a 22.2 multi-channel sound system [J].Broadcast technology,2006(25):9-13.

4.8 论文发表简介

JINBAO S, CHONG G, XIN X, et al. Integration application of 8K ultra HD video and DMS audio broadcast system[J]. MATEC web of conferences, 2018,228(9):108-112.

2019 年获得中国电影电视技术学会广播影视科技优秀论文奖二等奖。

5 基于关键帧匹配与双向蒙特卡罗粒子滤波器的视频运动重定向

本文提出了一种基于关键帧匹配与双向马尔科夫链蒙特卡罗采样的视频运动重定向方法。首先提出了基于关键帧匹配的运动姿态的参数化表示与重定向算法[1]，将视频运动重定向的运动分解为微观运动信息即运动姿态和宏观运动信息即运动轨迹，实现了运动对象姿态重定向算法和轨迹合成算法，从而生成动画，使得输出动画有效保留了视频的运动信息。其次，在每个时空体内部，基于所形成观测模型的双向马尔科夫性，提出一种新型的双向马尔科夫链蒙特卡罗采样粒子滤波器结构，通过充分利用参数状态与观测模型的前后帧关系，提出了基于关键帧匹配与双向马尔科夫链蒙特卡罗采样的视频时空体滤波算法[2]，提高运动重定向的准确性。同时，提出了基于分等级遗传优化策略的视频重定向参数优化算法[3]，对视频时空体滤波算法跟踪结果进行优化，以有效提高算法效率。遗传算法反映了一种进化思想，而粒子滤波器中存在的主要问题是退化问题，用进化思想解决退化问题，本身就具有可行性。通过本文的研究，产生了一种新的视频运动重定向方法，对视频动画化的发展具有重要意义。

本文研究工作主要体现在以下三个方面：

第一，基于关键帧匹配的运动姿态的参数化表示与重定向。基于动画创作理论思想，本文将运动的表示分解为运动轨迹和运动姿态两个要素。提出了基于关键帧匹配的运动姿态的参数化表示与重定向算法。该算法用基于关键姿态的内插方法来表示运动对象姿态的变化，运动对象的姿态变化可描述为：由各关键姿态仿射变形为该运动对象姿态的变换矩阵 A_m，由变形后的关键姿态内插出该运动对象姿态的加权系数 w_m。姿态变化描述参数与轨迹的参数合在一起作为视频运动对象（人体）的运动信息。通过运动对象姿态的重定向算法和轨迹合成算法，生成动画运动对象（熊猫）的动画。由实验结果可见，视频和动画运动对象（熊猫）外观由用户依照场景需要输入，输出动画保留了视频的运动信息，包括运动轨迹细节、姿态变化和时间掌握。

第二，基于关键帧匹配与双向马尔科夫链蒙特卡罗采样的视频时空体滤波。本文在粒子滤波理论的基础上，提出了基于关键帧匹配与双向马尔科夫链蒙特卡罗采样的视频时空体滤波算法，并编程实现了该算法，同时通过实验给出了该算法与基本粒子滤波算法、马尔科夫蒙特卡罗粒子滤波器(MCMC-PF)算法的性能指标的对比。从实验跟踪结果来看,马尔科夫蒙特卡罗粒子滤波器算法大大降低了基本粒子滤波器的跟踪误差。而基于关键帧匹配与双向马尔科夫链蒙特卡罗采样的视频时空体滤波器(MCMC-PF-KG)算法显著降低了马尔科夫蒙特卡罗粒子滤波器的跟踪误差,提高了跟踪性能。同时,结合基于关键帧匹配的运动姿态的参数化表示与重定向算法,分别实现了基于基本粒子滤波的视频运动重定向、基于马尔科夫蒙特卡罗粒子滤波器的视频运动重定向以及基于关键帧匹配与双向马尔科夫链蒙特卡罗采样的视频时空体滤波器的视频运动重定向。

第三,基于分等级遗传优化策略的视频重定向参数优化。本文在基本遗传算法理论的基础上,提出了基于分等级遗传优化策略的视频重定向参数优化算法,并编程实现了该算法,将该优化算法分别应用到马尔科夫蒙特卡罗粒子滤波器算法的优化和基于关键帧匹配与双向马尔科夫链蒙特卡罗采样的视频时空体滤波算法的优化,同时通过实验给出了基于分等级遗传优化策略的视频重定向参数优化算法与马尔科夫蒙特卡罗粒子滤波器算法、基于关键帧匹配与双向马尔科夫链蒙特卡罗采样的视频时空体滤波算法的性能指标的对比。从实验跟踪结果来看,分等级遗传优化算法对马尔科夫蒙特卡罗粒子滤波器算法在一定程度上降低了跟踪误差,起到了优化作用。分等级遗传优化算法对基于关键帧匹配与双向马尔科夫链蒙特卡罗采样的视频时空体滤波器(MCMC-GPF-KG)算法在一定程度上降低了跟踪误差,同样起到了优化作用。同时结合基于关键帧匹配的运动姿态的参数化表示与重定向算法,分别实现了基于分等级遗传优化策略的马尔科夫蒙特卡罗粒子滤波器算法(MCMC-GPF)的视频运动重定向以及基于分等级遗传优化策略的基于关键帧匹配与双向马尔科夫链蒙特卡罗采样的视频时空体滤波算法的视频运动重定向。

本文将传统的视频运动重定向制作动画和粒子滤波器的运动跟踪两者合二为一,改变了传统的视频运动重定向制作动画方式,为动画制作提供了新的思路。

5.1 绪论

近年来,随着计算机的大范围普及,新媒体和文化创意产业的蓬勃发展,人们对影音娱乐方面的需求越来越高。特别是在计算机动画制作领域,如何更简单高效地制作风格化的动画[4]成为业界研究的热点问题。传统的以计算机图形学为重要技术支撑的动画制作技术中存在许多问题,例如:动画制作系统需要手工描绘关键帧(用计算机鼠标或其他输入方式),对物体运动的生成还需要借助其他领域的知识。为了减少关键帧绘制的工作量,基于运动捕捉(motion capture)的“表演动画”逐步壮大。但运动捕捉只获取标定好的关节点的信息,丢弃了视频信息中含有的大量极为丰富的动画素材元素,而这些元素的充分利用能帮助人们提高动画制作效率。

5.1.1 课题背景和研究意义

在利用图像/视频信息进行动画制作方面,目前的研究热点之一是将视频节目直接或稍做处理变为动画节目的研究。Litwinowicz 的方法就是利用视频段中的时间一致性来自动生成手绘风格的动画。[5] Michael F. Cohen 于 2000 年提出了基于样例的方法,将动画的合成从已有的动画视频序列开始,在已有的动画模型或通过捕捉样例的形状和运动轨迹的基础上进行动画制作,这种方法被称为以艺术家为中心的系统,不需要艺术家掌握繁琐的动画制作流程。[6] Jue Wang 在 2004 年实现了将视频序列变为高度抽象的、时空连贯的卡通效果,其方法是将视频序列中的对象采用改进的 Mean Shift 等处理方法提取出来,然后用 NPR 技术将提取的对象变为卡通效果,最后再与其他背景合成。[7] 这些方法都充分利用了视频信息,以自动或半自动的方式生成动画,可以缩短动画制作的周期,从而提高动画效率。

虽然 NPR 技术从一定程度上实现了从视频到动画的转化,但是仍存在一定的问题。[8] NPR 技术重点关注的是视频中的静态信息,如将图片渲染成油画、水墨画以及素描效果,而对视频中的运动渲染与风格化涉及不足,这样渲染出来的动画效果很难说具有表现力。著名的动画家诺曼·麦克拉伦(Norman Mclaren)这样描述动画:动画不是“会动的画”的艺术,而是“画出来的运动”的艺术。动画是一门运动的艺术,动画的运动不是客观实体的运动,而是完全虚拟的“幻觉”,是人为创造出来的运动。而针对动画中的角色运动的绘制,现有的研究可以分为两个类别,其一是以流水[9]、烟雾[10]、雨[11]、雪[12]等自然现象为典型的不规则的模糊物体,绘制强调整体的效果,强调视觉风格,用同一物体的形状变迁构成运动;其二是针对视频中的渲染对象进行参数建模,进而通过优化理论与滤波技术对模型参数进行估计并修正,最后通过映射形成动画角色的运动,这种视频运动的风格化方法称为“运动重定向”。

运动重定向是指将已有的运动数据运用到其他角色之上,驱动产生相似的运动。在国外,Gleicher[13]在 1998 年最早提出了一种运动重定向的概念,将全局的优化算法运用到求解时空约束。Gleicher 提出的运动重定向方法中的源和目标是结构相似但骨骼长度不同的骨架。Monzani[14]提出一种利用中间骨架模型结合反向运动学的运动重定向方法,该方法能够针对具有不同骨架结构的动画角色。Hecker[15]提出了一种制作角色动画的全新方法,该方法以动作部件构成角色,提供了反向运动学求解方法,同时重点阐述了不同部件的动作序列如何在运行时被应用到指定的动画角色上。在国内,罗忠祥[16]提出了一种基于时空约束的重定向方法,该方法使得重定向后的动画具有较高的重用性且逼真。[17]

综上,国内外当前对运动重定向技术的研究主要集中在运动角色姿态的表示方法上,主要关注的是重定向后运动角色姿态的真实性,而对运动角色的运动轨迹涉及不多。Haiyan Li 的研究[18-19]中,提出一种风格化的落叶动画的重定向生成算法,用于产生树叶飘舞、落地的风格化动画。在落叶姿态重定向算法和轨迹合成算法的基础上,该算法以不同的飘落运动细节为单元,通过对树叶的动态控制实现多种类型树叶飘落的风格化动画效果,如图 5.1。

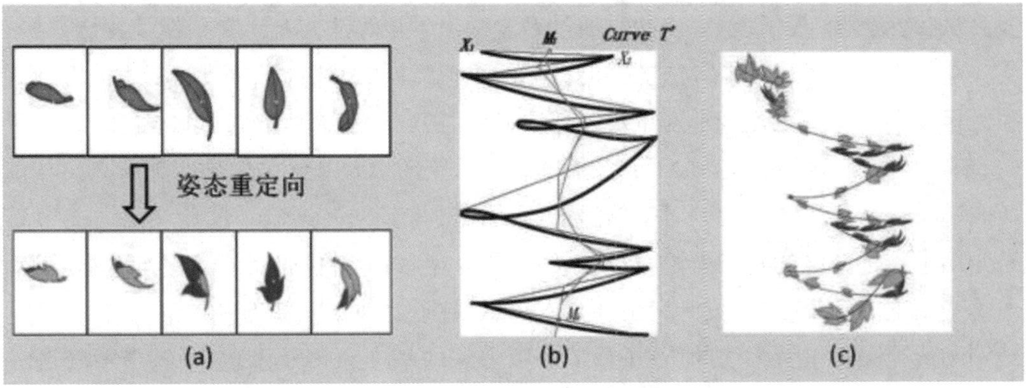

(a)树叶姿态重定向;(b) 样例轨迹合成;(c) 合成落叶运动

图 5.1　风格化的落叶动画的生成

在图 5.1 的研究中,每一片树叶都相当于一个动画角色。对于每个角色,在外围轮廓设置点集,形成形状包络,通过姿态重定向生成新的动画模型。同时定义每个角色在空间中的位置,对于其轨迹拟合得到路径参数,进而生成落叶在空间中的动画效果。这种动画生成的算法简单,但是生成的效果表现力不强。根本原因在于目标表征仅仅限于空间中的位置以及外围包络,没有体现骨架结构,而目标角色基于关节的骨架运动恰恰是最具有风格的运动信息。将表征参数由形状点扩展为骨架点、形状点参数集合后,相应的参数估计与重定向也随之扩展为高维的、非线性的贝叶斯估计问题。同时,对于运动对象的运动轨迹,在图 5.1 的研究中使用手绘的运动趋势拟合出运动轨迹,这种方法得到的运动轨迹与样例实际的运动轨迹差别很大,从而使得运动重定向的准确性受到很大影响。如何通过滤波技术对运动对象进行跟踪从而获得运动轨迹,对模型参数进行估计获取,进而通过优化理论进行修正,本文针对这一问题进行深入研究,将传统的视频运动重定向制作动画和粒子滤波器的运动跟踪两者合二为一,提出了一种基于关键帧匹配与双向马尔科夫链蒙特卡罗采样的视频运动重定向方法。

5.1.2　本文的组织结构

本文的具体组织结构如下:

第 1 节简单介绍了课题的背景和研究意义等。

第 2 节介绍了运动重定向的基础理论,包括国内外研究现状、运动重定向的艺术理论基础以及运动重定向的生成算法;介绍了视频角色和动画角色运动姿态的提取方法;介绍了视频运动角色姿态信息的参数化表示方法与重定向方法,包括视频运动对象姿态变化的参数化表示、视频运动对象姿态变化的参数求解以及运动对象姿态参数的重定向;介绍了基于关键帧匹配的运动重定向的动画生成算法流程;展示本节的实验结果和分析,对算法进行总结。

第 3 节提出了基于关键帧匹配与双向马尔科夫链蒙特卡罗采样的视频时空体滤波算法,并编程实现了该算法,同时通过实验给出了该算法与基本粒子滤波算法、马尔科夫蒙特卡罗粒子滤波器算法的性能指标的对比。同时,结合第 2 节的基于关键帧匹配的运动姿态的参数化表示与重定向算法,分别实现了基于基本粒子滤波的运动重定向、基于马尔科夫蒙特卡罗粒子滤波器的运动重定向以及基于关键帧匹配与双向马尔科夫链蒙特卡罗采样的视频时空体滤波器的运动重定向并给出了实验结果。本节首先介绍了粒子滤波的基础理论,包括国内外研究现状;贝叶斯估计理论:分别阐述了动态时变系统的数学模型、贝叶斯估计基本思想;粒子滤波实现基础——蒙特卡罗方法:分别阐述了蒙特卡罗方法的历史、蒙特卡罗方法的基本原理及思想、蒙特卡罗解题三个主要步骤、蒙特卡罗方法的特点、蒙特卡罗方法应用于粒子滤波器的原理;重要性采样原理:分别阐述了重要性抽样原理、重要性采样的问题;序列重要性采样原理:分别阐述了序列重要性抽样算法基本原理、序列重要性抽样算法步骤、粒子退化及重要性函数的选取问题、重要性采样重采样算法步骤并给出了一个基本粒子滤波算法的步骤。其次介绍了基本粒子滤波算法,包括基本粒子滤波算法步骤以及本粒子滤波算法程序实现,同时实现了基于基本粒子滤波的运动重定向,并展示和分析相关实验结果。再次,介绍了马尔科夫蒙特卡罗粒子滤波器,包括 MCMC-PF 算法的意义、MCMC-PF 算法的原理、MCMC-PF 算法的步骤以及 MCMC-PF 算法的程序实现,同时实现了基于马尔科夫蒙特卡罗粒子滤波器的运动重定向,并展示和分析相关实验结果。最后介绍了基于关键帧匹配与双向马尔科夫链蒙特卡罗采样的视频时空体滤波,包括视频时空体滤波算法原理以及视频时空体滤波算法的程序实现,同时实现了基于关键帧匹配与双向马尔科夫链蒙特卡罗采样的视频时空体滤波器的运动重定向,并展示和分析相关实验结果。

第 4 节提出了基于分等级遗传优化策略的视频重定向参数优化算法,并编程实现了该算法,将该优化算法分别应用到马尔科夫蒙特卡罗粒子滤波器算法的优化和基于关键帧匹配与双向马尔科夫链蒙特卡罗采样的视频时空体滤波算法的优化,同时通过实验给出了基于分等级遗传优化策略的视频重定向参数优化算法与马尔科夫蒙特卡罗粒子滤波器算法、基于关键帧匹配与双向马尔科夫链蒙特卡罗采样的视频时空体滤波算法的性能指标的对比。同时,结合第 2 节的基于关键帧匹配的运动姿态的参数化表示与重定向算法,分别实现了基于分等级遗传优化策略的马尔科夫蒙特卡罗粒子滤波器算法的运动重定向以及基于分等级遗传优化策略的基于关键帧匹配与双向马尔科夫链蒙特卡罗采样的视频时空体滤波算法的运动重定向并给出了实验结果。本节首先在基本遗传算法理论中，概括地介绍基本遗传算法，分别阐述了遗传算法的生物学基础、遗传算法的特点；介绍了基本遗传算法的运算过程，分别阐述了基本遗传算法的步骤、基本遗传算法的构成要素、基本遗传算法应用；介绍了基本遗传算法的模式定理。其次阐述了分等级遗传优化算法，包括分等级变异、本地交叉以及分等级遗传优化算法步骤。再次，将分等级遗传优化算法应用到马尔科夫蒙特卡罗粒子滤波器算法的优化，同时实现了基于分等级遗传优化策略的马尔科夫蒙特卡罗粒子滤波器算法的运动重定向，展示和分析相关实验结果。最后用分等级遗传优化算法对基于关键帧匹配与双向马尔科夫链蒙特卡罗采样的视频时空体滤波器进行视频运动重定向参数的优化，同时实现了基于分等级遗传优化策略的基于关键帧匹配与双向马尔科夫链蒙特卡罗采样的视频时空体滤波算法的运动重定向，展示和分析相关实验结果。

第 5 节总结全文，并对未来的研究方向进行展望。

5.2 基于关键帧匹配的运动姿态的参数化表示与重定向

长期以来，很多研究者致力于在不同的动画领域引入运动捕捉，使运动捕捉适应不同的角色，将运动捕捉数据重定向至不同的行为，以及将机器学习运用于动画。在特效业和游戏业，运动捕捉的大量使用，能够为游戏和电影高效地创造出真实感的运动。而且运动捕捉技术自身也有了长足的进步，实时性越来越好，精度越来越高，用户界面越来越友好，提供大量公共的运动捕捉数据库，这也促使越来越多的人选择用运动捕捉数据生成各种三维角色动画。但是，目前传统绘制动画无法像运动捕捉一样简单地传递或重定向给其他的角色。

我们将提取和标示视频中人体运动过程中的姿态运动信息，并传递给动画角色，生成具有视频人体运动信息的动画。

在动画范畴里，动作经典的解释是角色五官位置的变化（即表情变化）、角色肢体位置的变化（即动作变化）和角色与所处环境相对位置的变化。[22] 姿势是指角色的一个固定造型形态，它是一个固定的、静止的概念。本文统一使用“姿态”一词表示运动角色的“姿势”。受动画创作理论的启发，本文将角色的运动表示分解为运动轨迹和角色的运动姿态两个要素，用基于关键姿态的内插方法来表示运动角色姿态的变化，通过视频运动角色姿态的重定向算法，实现视频角色的运动信息的再利用，实现动画角色按照视频角色的运动风格进行运动。

本节的第 1 小节介绍运动重定向的基础理论，第 2 小节介绍视频角色和动画角色运动姿态的提取方法，第 3 小节介绍视频运动角色姿态信息的参数化表示方法与重定向方法，第 4 小节介绍基于关键帧匹配的运动重定向的动画生成算法流程，第 5 小节展示本节的实验结果和分析，最后对算法进行总结。本节提出的算法结构如图 5.2 所示。

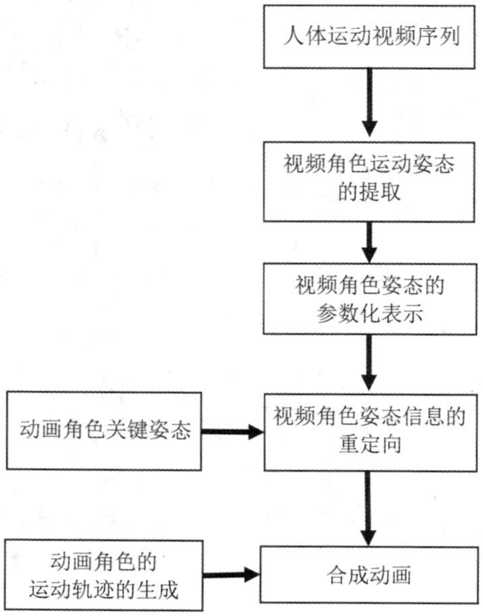

图 5.2　基于关键帧匹配的运动姿态的参数化表示与重定向算法结构图

5.2.1　运动重定向的基础理论

5.2.1.1　运动重定向的艺术理论基础

著名的动画家诺曼·麦克拉伦这样描述动画：动画不是“会动的画”的艺术，而是“画出来的运动”的艺术。动画是一门运动的艺术，动画的运动不是客观实体的运动，而是完全虚拟的“幻觉”，是人为创造出来的运动。正是这种“幻觉制造”的特性使得运动在动画中的地位显得尤为重要。动画的运动绝对不是简单地模仿现实，它有自身的特点。在现实生活中，由于物体表面的机理、光影和与环境的关系，在视觉上暗示着物体的重量，观众会自然地产生重量和力量的感觉。然而在动画中，不论是什么类型的动画，动画形象常常是十分简化的版本，容易给观众造成轻飘飘的感觉，感觉不到形象的重量以及动画形象所受到的力。[21] 为了能更好地表现出动画角色的运动和性格，迪斯尼动画公司的创作人员通过大量的实践提炼总结出 12 条基本的动画法则和技法，[22] 这 12 条动画法则和技法正是本文进行重定向运动研究的艺术理论基础：

（1）挤压和拉伸（Squash and Stretch）：通过虚构物体的形体变化，创造出更符合人的视觉认知的卡通角色。挤压和拉伸的最基本原则就是保持视觉感知上的体积不变性。

（2）预备动作（Anticipation）：预备动作是为主体动作的发生而准备的引导性铺垫动作。预备力度越大，产生的运动重定向特性就越强。

（3）动作调度（Staging）：动作调度是指合理有效地安排每幅画面中的场景构图和人物姿势，把卡通人物角色的运动和思想完全且清楚地进行表达。在动作的每一时刻只有一个主要动作，每一个阶段只有一个主要的信息点。

（4）顺序动画和原画（Straight Ahead Action and Pose to Pose）：这是一条关于动画制作方式的原理。

（5）追随动作和交搭动作（Follow Through and Overlap）：物体在运动过程中存在着动作的不同步性，它有助于表达角色的重量和速度。

（6）慢入与慢出（Slow in and Slow out）：慢入表示减速，慢出表示加速。慢入与慢出是一种时间掌握的方式。

（7）动作弧线（Arc）：弧线运动能使动作连贯，不僵硬，有活力。动作弧线是一个在加工动画过程中必须遵循的原则。

（8）次要动作（Secondary Action）：次要动作永远处于被动的从属地位。次要动作能够支持主要动作，是表现角色性格特点的主要手法之一。

（9）时间掌握（Timing）：动作的速率是表现卡通人物的不同情感状态的重要方法之一。一个镜头里快、慢时间的适当安排将会增加动作的表现力。

（10）夸张（Exaggeration）：夸张是来源于现实但高于现实的动画内容，角色的夸张可用动作的夸张、姿势的夸张和表情的夸张表现，夸张有助于表现角色的动作姿势以及感情流露的戏剧化、幽默化效果，使动画更加生动。

（11）立体造型（Solid Drawing）：绘制动画时要注意表现物体的重量感、体积感和立体空间感，还要对角色进行适当的简化。

（12）吸引力（Appeal）：动画中的角色设计和动作设计要有吸引力，它对应了角色的性格塑造[23]。

5.2.1.2　运动重定向的生成算法综述

为了加快和简化动画的设计与制作，目前相关研究者已提出了不少行之有效的计算机辅助方法，但是起到的作用依然非常有限。近年来，为了充分发挥和提升计算机在动画制作与设计中的应用，在计算机图形学领域，相关研究者努力探索新的动画绘制技法、生成方法和制作途径。本小节对其中与本文相关的用于产生运动重定向的算法研究进行了梳理。

（1）基于视频信息提取的运动内容重定向绘制方法

指在 Collomosse[24-25] 的研究中提取视频序列中的运动内容，模拟传统的运动重定向绘制方法进行卡通运动绘制。通过提取视频流中的运动线索，同时跟踪其在不同帧中的变化,之后运用基于图像的变形算法,使用条纹线按照运动方向进行压缩和拉伸,模拟出多种运动重定向效果。

文献[26]提出了一种卡通动画滤波器技术,对于运动信息使用信号处理技术,使用文献[27]中的各向异性内核均值移位算法分割出输入视频流中的运动对象,在时域运用反向 LoG(Laplacian of a Gaussian Filter)滤波器,使其产生预动作、夸张、追随、挤压和拉伸等运动效果。[23]

(2)基于运动内容重用的重定向动画生成方法

随着动画片数量的日益增多,越来越多的动画素材也会积累下来,如何充分、快速、高效地利用这些积累下来的动画素材,也就变得越来越重要。动画素材的重用可以减少动画制作的时间,降低动画制作的成本,快速地制作出期望的动画效果。在二维卡通动画中,运动内容指的是角色的动作、外部行为、运动的夸张、情感的表达、物理运动模型以及与环境的交互等。若能将已有的动画序列中的运动信息提取出来,然后应用到新的动画制作中,就可以使用已有的动画序列作为输入源,制作出新的动画作品。新生成的动画序列将会重定向原有动画中的运动信息。[23]

Sumi[28]提出了基于运动向量的运动内容重用,不对卡通人物的运动模型和形状进行限制,也不依赖于动画运动角色的骨架结构。这种方法主要针对线绘动画的制作,首先提取出各个线绘笔画的运动向量,其次建立源动画序列和目标动画序列之间的关联性,最后重新应用到新动画的绘制中。该方法非常适用于强调线绘效果的脸部表情动画的制作。

目前已有的动画角色的运动描述及重定向算法大多由表情动画的相关算法扩展而来。例如文献[29][30]中广泛应用在表情动画中的基于关键形状的方法。文献[31]在 2000 年首先实现了由表演驱动的实时卡通动画系统,可以灵活地产生运动重定向的动画序列。

文献[32]提出了一种卡通运动的跟踪捕捉和重新映射技术,在卡通动画制作中探索了运动内容重用方法,该技术能从传统的动画序列中跟踪并捕捉动画人物的运动,然后将运动重新映射到新的动画人物上。在技术方案上,Bregler 等基于关键形状来实现,将卡通动画的运动重定向为一种标准的表达形式,并且能够应用到新的动画作品的制作中去,从而实现动画人物的运动内容重用。

文献[33]中提出的算法对文献[32]的方法进行了改进,也采用基于关键形状表示的方法实现动画运动的捕捉和重用。Rastegari 等将动画运动分为非刚体变形和刚体运动两个部分,使用基于关键形状的插值和傅立叶变换表示非刚体变形,对于刚体运动则使用相似变换进行捕捉。

文献[34]提出了一种新的动画运动捕捉和重用算法。Rastegari 等提出关键点可以作为更有效的动作描述子,能够直接处理关节连接部位形状或局部变形。该方法使用 shape context 形状描述子捕捉源动画序列中相邻帧之间的运动，用高效的刚性形状操作方法处理局部变形。[23]

5.2.1.3 小结

本节首先介绍了运动重定向的艺术理论基础，其次阐述了运动重定向的生成算法，包括基于视频信息提取的运动内容重定向绘制方法、基于运动内容重用的重定向动画生成方法。

针对二维的运动重定向动画中角色形象形状简单，但其运动难以表示的特点，目前的大部分研究用动画角色的轮廓变形表示它的运动，将轮廓的形状变形分为整体变形（平移、旋转等）和局部变形两个层次表示。其中，通过对相邻关键帧之间的形状匹配，估算角色在不同帧之间的变形以此作为运动参数的算法有两个缺陷，首先，它们计算源动画序列中每两个相邻帧之间的运动，并将其映射到目标动画运动上，此操作贯穿整个序列，将会导致严重的误差积累。其次，如果目标动画角色与源动画角色的形状差异较大，局部变形参数将很不准确，此为本文的研究重点。

5.2.2 视频角色运动姿态的提取

关键姿态提取与分析是运动重定向的重要研究内容之一。[35] 为了便于分析，关键姿态将运动序列更加离散化。[36] 文献[36] 通过计算输入运动序列的关键姿态，将关键姿态应用于运动数据的检索与分析，可实现自动地从海量运动数据中合成匹配的运动。文献[37]提出了一种基于距离度量的关键姿态提取的方法，不需要设定参数，可以处理各种类型的运动，但该方法精度比较低，因此不适用于精度较高的运动分析。Liu F[38]提出了一种采用分层曲线简化算法提取关键姿态的方法，该方法非常适用于运动检索的研究。Raftery 和 Fraley[39]非常详细深入地探讨了各种聚类分析方法。Loy G[40]提出了采用聚类分析方法提取关键姿态，根据形状匹配的原则计算视频两帧之间的距离，进行聚类划分，并将其应用到视频序列的运动分析中。Berkhin[41]给出了一种应用非常广泛的 k 均值聚类方法，然而要求事先给出聚类数目，但是对于一个复杂的运动序列，准确地给定聚类数目是十分困难的。Park [42]提出了一种基于样例的运动生成方法，该方法根据样例运动交互指定目标角色的关键姿态，从而生成新的运动。但是该方法的缺陷是需要用户手动设定目标角色的关键姿态，其过程也非常复杂，需要专门的动画设计人员完成，所以并没有起到提高动画制作效率的作用。[17] 文献[17]提出了一种基于关键姿态映射的运动重定向方法，实现不同角色之间运动序列的快速映射。首先对源运动数据降维，在低维空间中做聚类分析，提取关键姿态；其次，参数化运动序列，计算运动权值；最后，自动求解目标角色的关键姿态，结合运动权值重构目标角色的运动，该方法较为完整地保留了源运动序列的特征。

视频角色运动姿态的提取方法是采集视频中每一帧时间点 t 的视频对象姿态：L

(1),$L(2)\cdots\cdots L(t)$。$L(t)$为点集(U 个骨架点与 V 个形态点)。本节的算法是提取并表示每一帧视频对象的姿态来描述视频对象的运动,这样可保留原视频中的时间掌握。

对每帧视频对象(人),选择其腰部中心处作为该帧视频对象的质心点 $O(t)$。以每帧运动对象的 $O(t)$按时间先后顺序构成视频角色对象的运动轨迹。

在运动重定向的相关研究中,文献[43]—[47]均假定轮廓就能包含动画角色全部的运动信息和风格,用动画角色的轮廓表示其形状。为了能够准确地描述运动角色的姿态变化,本文只取运动对象的躯干、大腿、小腿和脚部用于验证算法。L 将被定义为由沿运动对象(人体)的骨架和轮廓的 N 个点顺序组成的点集,为 $2\times N$ 的矩阵$[l_1, l_2\cdots\cdots l_N]$,其中 $l_i = \begin{bmatrix} x_i \\ y_i \end{bmatrix}$。为便于与轨迹合成后姿态信息的传递,$L$ 点集中的每个点的坐标均减去其 O 点坐标,则所得 $l_i = \begin{bmatrix} x_i \\ y_i \end{bmatrix}$ 变换为以对应 O 点为原点的局部坐标。

N 值的确定与运动对象结构的复杂程度及姿态变化的程度相关。N 值的大小,即 L 点集包含的点数的多少,将会影响到视频每帧运动对象使用基于关键姿态插值的方法表示其姿态信息时的准确性。对于视频的运动对象(人体),N 值的选取以能够较准确描述出骨架和轮廓的弧度变化为宜,同时要求同一视频序列中不同的姿态 $L(t)$上的控制点要相对应,本文的算法中 N 取值为 31,其中包括 1 个质心点、9 个骨架点以及 21 个轮廓点,如图 5.3 所示。

图 5.3 由 N 个点组成的点集 L

5.2.3 视频运动对象姿态的参数化表示与重定向

本文中我们将视频对象的运动分解为宏观运动和微观运动两个层次，宏观运动描述视频对象的运动轨迹，微观运动表示视频对象在运动中的运动细节。

下面，我们需对轨迹上每个时刻 t 的视频对象的姿态进行建模，用附有姿态运动信息的视频轨迹单元合成新的运动轨迹，并将其姿态运动信息重定向至新的运动对象（熊猫），生成新的动画。

5.2.3.1 视频运动对象姿态变化的参数化表示

基于文献[47]的思想，本文提出基于关键姿态的视频运动对象姿态参数化表示与重定向的方法。该方法首先需用若干关键姿态来覆盖整个姿态空间，然后用关键姿态的叠加来表示实际的视频运动对象姿态，将视频运动对象的姿态变化描述为两类变形的组合：(1)仿射变形，包含平移、旋转、缩放和剪切变形；(2)关键姿态变形，由对应的一组关键姿态内插实现，这些关键姿态需要预先手工选取。

仿射变换为二维线性变换的最一般形式，平移、旋转、缩放、对称、错切等二维几何变换均是它的特例。二维仿射变换的重要特性是把共线的三点变成共线的三点，保持两条平行直线间的平行关系。假设点 $P(x,y)$ 经仿射变换后得到点 $P'(x',y')$，可表示为：

$$\begin{cases} x' = ax + by + e \\ y' = cx + dy + f \end{cases} \tag{5-1}$$

在齐次坐标下的统一表示形式为：

$$\begin{bmatrix} x' \\ y' \\ 1 \end{bmatrix} = \begin{bmatrix} a & b & e \\ c & d & f \\ 0 & 0 & 1 \end{bmatrix} \begin{bmatrix} x \\ y \\ 1 \end{bmatrix} = A_f \begin{bmatrix} x \\ y \\ 1 \end{bmatrix} \tag{5-2}$$

其中仿射变换矩阵为：

$$A_f = \begin{bmatrix} a & b & e \\ c & d & f \\ 0 & 0 & 1 \end{bmatrix} \tag{5-3}$$

我们用仿射变换和关键姿态加权系数合并的参数向量来表示视频运动对象姿态的变化，将此参数与描述运动轨迹的 $O(t)$ 点坐标合在一起作为视频每帧的运动数据。这样，可以描述非刚体的较复杂的变形。在姿态变化参数重定向的过程中，用户必须为每一个输入的关键姿态定义一个相应的输出关键姿态，参数由源映射到目标。通过保留原始动画中的时间掌握和运动参数，能够将富有表现力的视频运动对象的非刚体运动的大部分精华保留下来。[48]

对于之前采集的视频运动对象（人体）的每一帧姿态 L，为便于与轨迹合成，点集中的每个点的坐标均减去其 O 点坐标，则所得 $l_i = \begin{bmatrix} x_i \\ y_i \end{bmatrix}$ 变为以对应 O 点为原点的局部坐标。从所有 $L(t)$ 中手工挑选 M 个关键姿态 KL：$KL_1, KL_2 \cdots\cdots KL_M$，使 KL 成为一个 $3 \times N$ 矩阵 $KL_m = [kl_1, kl_2 \cdots\cdots kl_N]$，用统一的形式 $kl_i = \begin{bmatrix} x_i \\ y_i \\ 1 \end{bmatrix}$（或 $kl_i^{\mathrm{T}} = [x_i, y_i, 1]$）描述 KL 的 N 个关键点（本文中 N 的取值为 31）。

对于视频任意帧运动对象的姿态 L，KL 经二维仿射参数 $A(t) = \begin{bmatrix} a_{11} & a_{12} & a_{13} \\ a_{21} & a_{22} & a_{23} \end{bmatrix}$ 变形为 L 的公式可记作：

$$L(t) = A(t) \cdot KL = \begin{bmatrix} a_{11} & a_{12} & a_{13} \\ a_{21} & a_{22} & a_{23} \end{bmatrix} \cdot KL \tag{5-4}$$

其中，a_{11}, a_{12}, a_{21} 和 a_{22} 可描述旋转，x 方向和 y 方向缩放、对称和错切，a_{13}, a_{23} 描述 x 方向和 y 方向平移。

为了描述视频运动对象复杂的、非刚性的姿态变化，时间点 t 的视频运动对象姿态 $L(t)$ 用 M 个关键姿态经仿射变换和线性叠加的模型表示为：

$$L(t) = \sum_m (w_m \cdot A_m \cdot KL_m) \tag{5-5}$$

则视频运动对象姿态 L 可被参数化为 $7 \times M$ 个变量，其中包括 $6 \times M$ 个仿射参数和 M 个内插加权值。

5.2.3.2　视频运动对象姿态变化的参数求解

在建立视频运动对象姿态变化的参数化表示模型后，需对每帧视频运动对象 L 的 $7 \times M$ 个参数进行求解。我们将最优化问题定义为：

$$\begin{aligned} Err &= \| L - warp(A_1, A_2, \ldots, A_M, KL_1, KL_2, \ldots, KL_M) \|^2 \\ &= \| L - \sum_m (w_m \cdot A_m \cdot KL_m) \|^2 \end{aligned} \tag{5-6}$$

（1）仿射变换参数的求解

对给定 L，由式（5-6）解每个关键姿态变形为 L 的仿射变换矩阵 A_m。通过最小化以下误差项来求解 A_m 矩阵：

$$Err = \| L - A_m \cdot KL_m \|^2 = \| L - \begin{bmatrix} a_{11} & a_{12} & a_{13} \\ a_{21} & a_{22} & a_{23} \end{bmatrix} \cdot KL_m \|^2 \tag{5-7}$$

下面用最小二乘法求解 A_m。

最小二乘方法是依赖样本信息、从最小二乘原理出发的参数估计方法。由式（5-7）可得：

$$\begin{aligned} Err &= (L - A_m \cdot KL_m)^T (L - A_m \cdot KL_m) \\ &= L^T L - L^T (A_m \cdot KL_m) - (A_m \cdot KL_m)^T L + (A_m \cdot KL_m)^T (A_m \cdot KL_m) \\ &= L^T L - L^T A_m \cdot KL_m - KL_m{}^T A_m{}^T L + KL_m{}^T A_m{}^T A_m KL_m \end{aligned} \tag{5-8}$$

一阶最优化条件：

$$\frac{\partial Err}{\partial A_m} = 0$$

首先，对式(5-8)，关于 A_n 求偏导数，结果如下：

$$\frac{\partial Err}{\partial A_m} = -2L \cdot KL_m{}^T + 2A_m \cdot KL_m \cdot KL_m{}^T \tag{5-9}$$

其次，令 $\frac{\partial Err}{\partial A_m} = -2L \cdot KL_m{}^T + 2A_m \cdot KL_m \cdot KL_m{}^T = 0$

得到：$2A_m \cdot KL_m \cdot KL_m{}^T = 2L \cdot KL_m{}^T$

即：

$$A_m = \begin{bmatrix} a_{11} & a_{12} & a_{13} \\ a_{21} & a_{22} & a_{23} \end{bmatrix} = L \cdot KL_m{}^T (KL_m \cdot KL_m{}^T)^{-1} \tag{5-10}$$

(2)二次规划

二次规划是非线性规划中的一类特殊数学规划问题，在很多方面都有应用，如投资组合、约束最小二乘问题的求解、序列二次规划在非线性优化问题中应用等。在过去的几十年里，二次规划已经成为运筹学、经济数学、管理科学、系统分析和组合优化科学的基本方法。

二次规划问题可用以下形式来描述：

$$f(x) \| = (1/2) x^T Q x + c^t x \tag{5-11}$$

受到一个或更多如下形式的限制条件：

$A(x) \leqslant b$

$Ex = d$

x^T 是 x 的转置。

如果 Q 是半正定矩阵，那么 f(x)是一个凸函数。如果有至少一个向量 x 满足约束而且 f(x)在可行域有下界，二次规划问题就有一个全局最小值 x。如果 Q 是正定矩阵，那么全局最小值就是唯一的。如果 Q=0，二次规划问题就变成线性规划问题。根据优化理论，一个点 x 成为全局最小值的必要条件是满足 Karush－Kuhn－Tucker(KKT)条件。当 f(x)是凸函数时，KKT 条件也是充分条件。

当二次规划问题只有等式约束时，二次规划可以用线性方程求解。否则，常用的二次规划解法有：内点法(interior point)、有效集法(active set)和共轭梯度法(conjugate gradient)等。凸集二次规划问题是凸优化问题的一个特例。[49]

5.2.3.3 关键姿态加权系数的求解

用前面求得的 M 个仿射矩阵 A_m 对相应的 M 个视频运动对象关键姿态 KL_m 进行仿射变形，得到变形后的关键姿态，记作 KL_{affm}，将 KL_{affm} 代入式(5-6)，通过最小化式(5-12)的近似误差求关键加权值 w_m：

$$\begin{aligned} Err &= \| L - \sum_m (w_m \cdot A_m \cdot KL_m) \|^2 \\ &= \| L - \sum_m (w_m \cdot KL_{affm}) \|^2 \end{aligned} \tag{5-12}$$

在求解式(5-12)时，需对加权系数 w_m 附加三个约束条件，约束求解过程和改进结果：

条件一：所有加权系数 w_m 之和为 1。若所有关键姿态都具有相同的体积，需限制仿射变换矩阵 A_m 为旋转矩阵，不含缩放因素。该限制来自一个重要的动画法则：体积保持原理。但若两个关键姿态在关键姿态空间中相差较远时，该法则不适用；

条件二：只有 J 个内插加权系数为非零值。关键姿态是从所有视频运动对象姿态中分别选出。为了防止 L 很小的变化或噪声就引起 w_m 值发生很大的变化的情况发生，而给运动信息传递的重定向任务造成难题，需限制“非法姿态”的产生。而很多非法姿态都是由过多关键姿态加权产生的。在进行线性内插时，通常多数视频运动对象姿态都是由少数几个关键姿态（尤其是同类中的）生成的，即只有少数几个 w_m 为非零值，且和为 1。该限制会迫使每个可能的视频运动对象姿态存在于一个比较小的 J 维子空间内，防止非法姿态的产生；

条件三：所有加权系数 w_m 必须位于 $[X_1-X_2]$ 的区间内，通常取 $X_1=0, X_2=1$。

以上最优化问题，本文使用非线性数学规划中的二次规划的方法求解。[50]

首先要对 L 和 KL_{affm} 数据进行整理，并写出其目标函数。对最优化问题处理如下：

将 L（2 行 N 列）和 KL_{affm}（2 行 N 列）转化为行向量，即将 L 和 KL_{affm} 的姿态数据由两行合并成一行，分别记为 L'（1 行 $2N$ 列）和 KL'（1 行 $2N$ 列）；令 $A=[KL_1', KL_2', KL_3', \cdots, KL_m', \cdots]^T$，$b=[L']^T$；

则二次规划的目标函数为：

$$\begin{aligned} f(\omega) &= \frac{1}{2}(b - A\omega)^T(b - A\omega) \\ &= \frac{1}{2}b^T \cdot b - (A^T \cdot b)\omega + \frac{1}{2}\omega^T(A^T \cdot A)\omega \end{aligned} \tag{5-13}$$

因此该二次规划问题的数学模型表示为：

$$\min f(\omega) = \frac{1}{2}b^T \cdot b - (A^T \cdot b)\omega + \frac{1}{2}\omega^T(A^T \cdot A)\omega \tag{5-14}$$

s.t. $A \cdot \omega \leqslant b$

$$Aeq \cdot \omega = beq$$
$$lb \leqslant \omega \leqslant ub$$
$$\omega \geqslant 0$$

其中 Aeq 、beq 为等约束条件；lb 、ub 为变量 ω 的上界和下界。

本文利用 MATLAB 函数求解，根据调用格式，令 $H = A^T \cdot A$ ，$C = (-1)A^T \cdot b$ ；

由约束条件一，即要求所求系数权重和为 1，可知：

$$Aeq = [1,1,1\cdots\cdots1], beq = 1;$$

由约束条件三知：

$$lb = [0,0,0\cdots\cdots0], ub = [1,1,1\cdots\cdots1];$$

调用函数 $[\omega,favl] = quadprog(H,C,A,b,Aeq,beq,lb,ub)$ 可得出二次规划的结果 ω 。

根据条件二，为限制“非法姿态”的产生，需去掉二次规划结果中权重极小的值，得到 $i(1 \leqslant i \leqslant J)$ 个非零权重值，则对应的 i 个关键姿态即为与该视频运动对象姿态 L 相关性最大的 i 个关键姿态，依次记为：$KL_{SELECT1}'$，$KL_{SELECT2}'$，$KL_{SELECT3}'$，$\cdots$，$KL_{SELECTi}'$，再需仅以此 i 个关键姿态线性叠加出视频运动对象姿态 L 重新计算加权值 ω_m ，更新矩阵：

$$A = [KL_{SELECT1}', KL_{SELECT2}', KL_{SELECT3}', \cdots, KL_{SELECTi}',]^T (1 \leqslant i \leqslant J), b = [L']^T$$

采用选取的 i 个关键姿态再重新进行前面的二次规划过程，得到符合三个限制条件的该最优化问题的加权值 ω_m 。本文算法进行了 5 遍二次规划过程，得到符合本文算法要求的最优化问题的加权值 ω_m 。

5.2.3.4　运动对象姿态参数的重定向

在姿态参数重定向时，用户必须以质心点重合为基准绘出 M 个输入的关键姿态对应的 M 个输出关键姿态。用上标 * 标记动画运动对象（熊猫）输出姿态，如图 5.4 所示。视频运动对象（人体）姿态记作 L，视频运动对象（人体）关键姿态记作 KL，动画运动对象（熊猫）姿态记作 $L*$，动画运动对象（熊猫）的关键姿态记作 $KL*$。

M 个动画运动对象（熊猫）输出关键姿态为 $KL*$：$KL*_1, KL*_2\cdots\cdots KL*_M$。与视频运动对象（人体）关键姿态 KL 相同，$KL*$ 也被定义为由骨架和轮廓的 S 个点顺序组成的点集，本文算法中 S 亦取值 31，包括 1 个质心点、9 个骨架点以及 21 个轮廓点。该点集为一个 $3 \times S$ 矩阵 $KL*_m = [kl*_1, kl*_2\cdots\cdots kl*_S]$ ，用统一的形式 $kl^*_i = \begin{bmatrix} x_i \\ y_i \\ 1 \end{bmatrix}$ 表示，且也需变为以对应质心点为原点的局部坐标。本文算法使用视频运动对象（人体）关键姿态的加权系数表示视频轨迹上的每一帧视频运动对象（人体）姿态，再用输出关键姿态叠加产生输出的动画运动对象（熊猫）姿态。视频运动对象（人体）

姿态的取点数目 N 值的大小只影响运动信息表示的准确性，S 值的大小与输出动画运动对象（熊猫）结构的复杂程度及姿态变化的程度相关，以能够较准确描述出骨架和轮廓的弧度变化为宜。因此 S 值与 N 值无须相同，但要求不同的输出关键姿态 $KL*_m$ 上的控制点要相对应。

最后，我们需要将 KL 与 L 的关系映射到 $KL*$ 与 $L*$ 之间。将合成的新的运动轨迹上的每个时间点 t 所对应的由视频计算出的 M 个仿射参数 A_m 和 M 个加权系数 w_m 代入下式，由 A_m 对动画运动对象（熊猫）关键姿态 $KL*$ 经仿射变形，得到变形后的关键姿态，记作 KL^*_{affm}，再线性叠加得到该时刻相应输出姿态 $L*$：

$$L^* = \sum_m (w_m \cdot A_m \cdot KL^*_m) = \sum_m (w_m \cdot KL^*_{affm}) \tag{5-15}$$

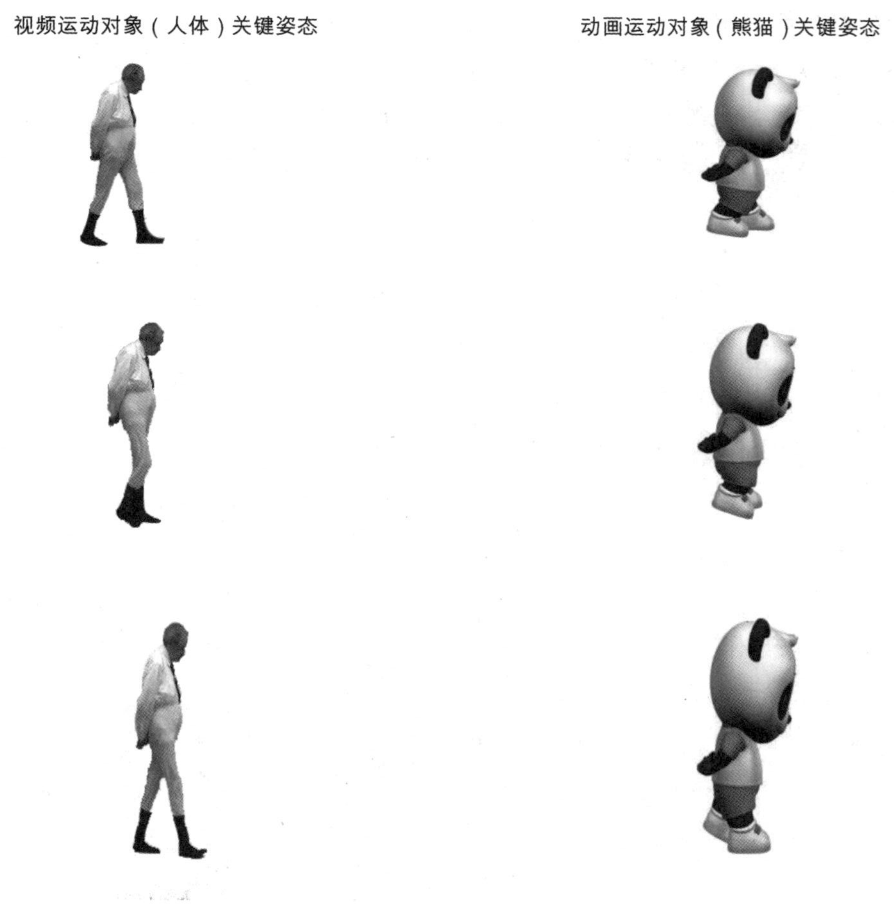

图 5.4 视频对象（人体）的关键姿态和相应的动画对象（熊猫）输出关键姿态

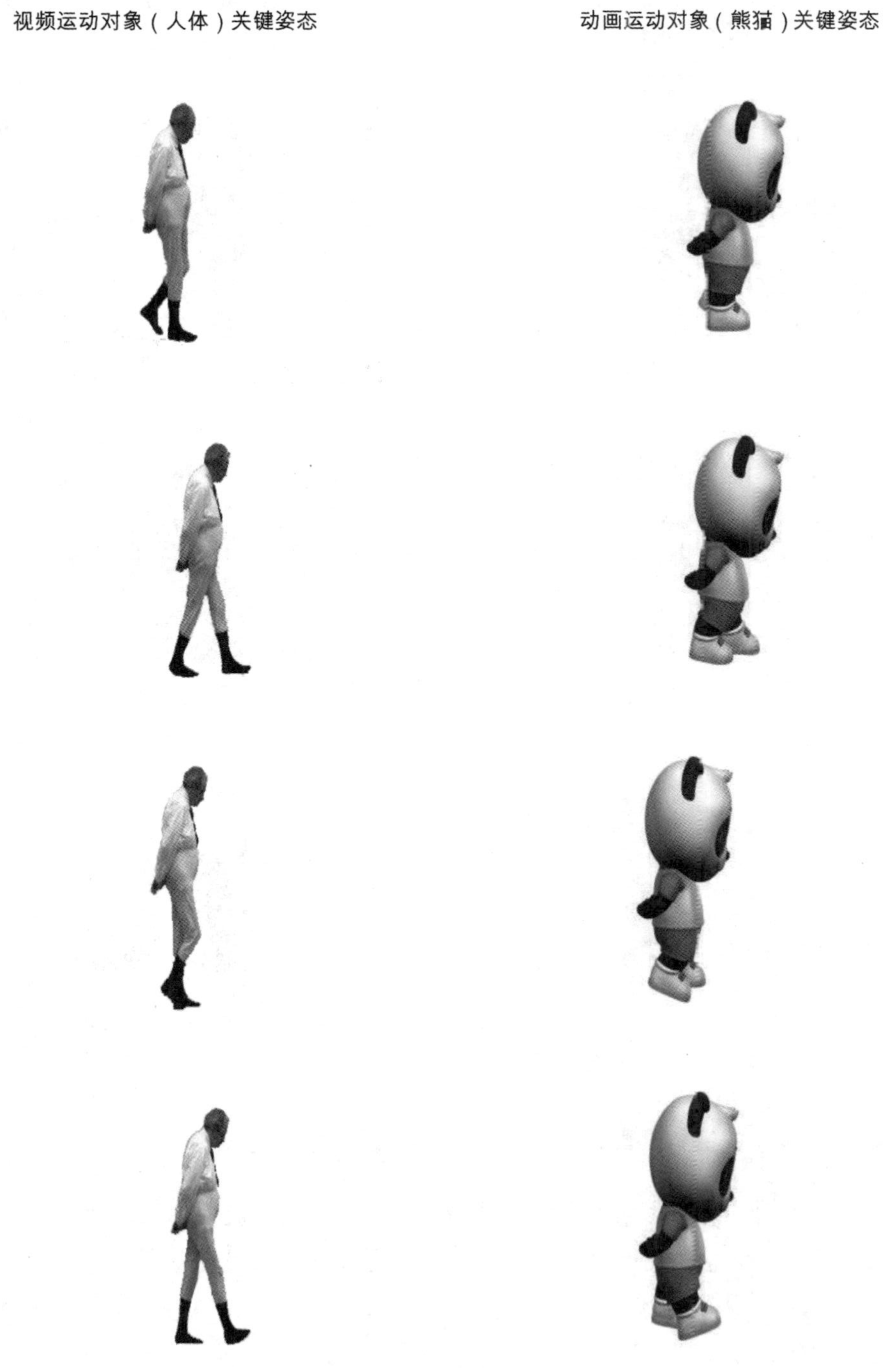

图 5.4（续一）

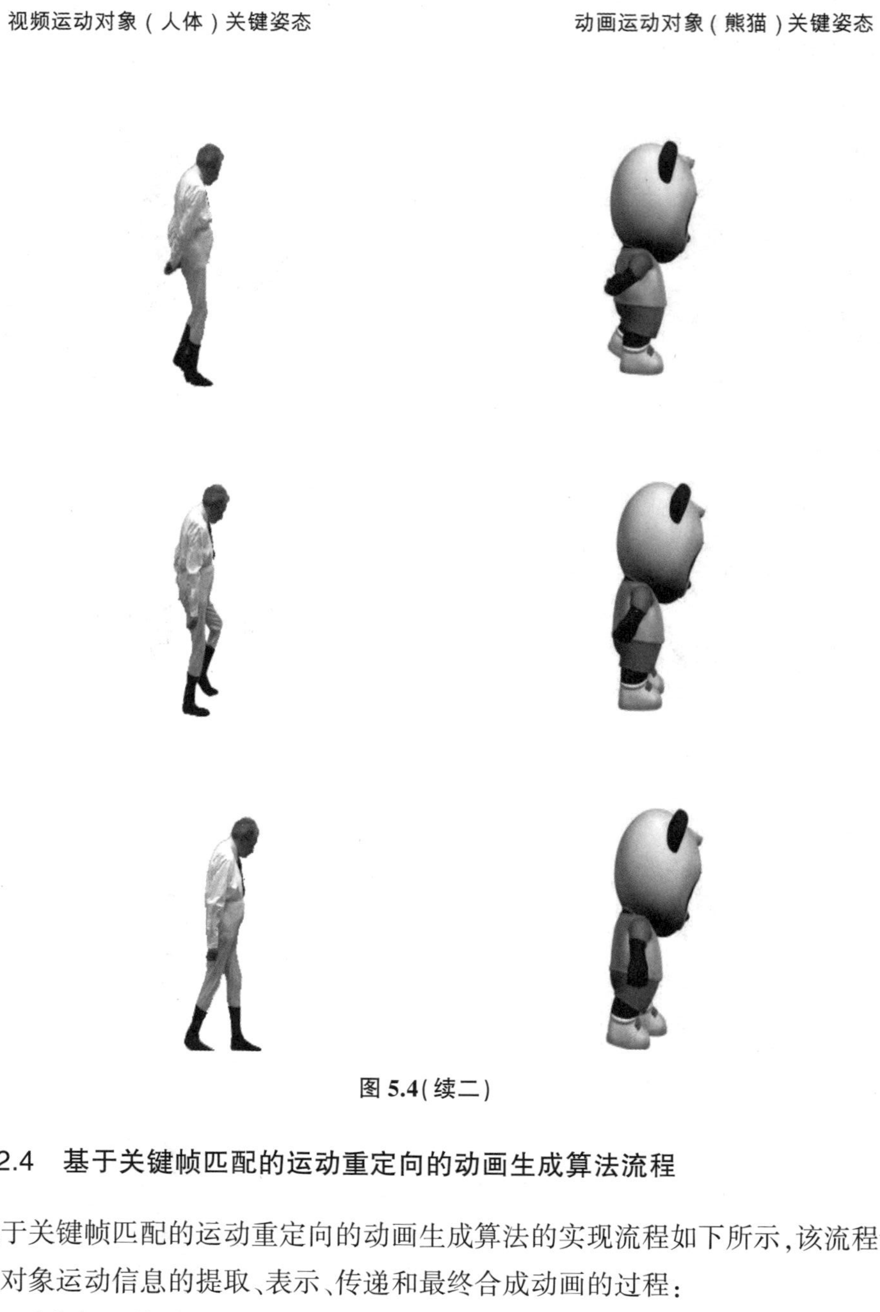

图 5.4(续二)

5.2.4 基于关键帧匹配的运动重定向的动画生成算法流程

基于关键帧匹配的运动重定向的动画生成算法的实现流程如下所示,该流程说明了运动对象运动信息的提取、表示、传递和最终合成动画的过程:

(1)采集每一帧时间点 t 视频运动对象(人体)的姿态:$L(1)$,$L(2)$……$L(t)$;

(2)从所有 $L(t)$ 中手工挑选 M 个视频运动对象(人体)的关键姿态 KL:KL_1,KL_2……KL_M;

(3)输入 M 个与 KL 对应的动画对象(熊猫)的关键姿态(输出关键姿态)$KL*$;

(4)针对每一帧 $L(t)$:

a.寻找每一个视频运动对象(人体)关键姿态 KL_m 与 $L(t)$ 之间的仿射变换矩阵

A_m,求得变形后的关键姿态 $KL_{aff\,m} = A_m \cdot KL_m$;

b.将 ⅰ)中变换后的关键姿态 $KL_{aff\,m}$ 代入式(2-12),通过最小化误差函数 $Err = \| L - \sum_m (w_m \cdot KL_{affm}) \|^2$,得到 M 个加权系数 w_m;

c.用 M 个加权系数 w_m,与 M 个仿射矩阵 A_m 和 $O(t)$ 表示一帧视频运动对象(人体)的运动信息。

(5)从每帧 L(t)中提取 O(t),连线形成视频运动对象(人体)轨迹;

(6)将由视频传递给输出运动轨迹上的每帧视频运动对象(人体)的姿态运动信息运用到输出关键姿态 $KL*$,实现运动内容的重定向:

a.对每个输出关键姿态 $KL*$ 运用仿射变换 A_m 得到 $KL^*_{affm} = A_m \cdot KL^*_m$;

b.对每个变形后的输出关键姿态 KL^*_{affm} 运用加权系数 w_m 线性叠加得到该时刻相应输出姿态 $L^* = \sum_m (w_m \cdot KL^*_{affm})$ 。

(7)输出全部 $L^*(t)$,并按照每帧时间 t 显示,生成动画。

5.2.5　实验结果

本文中,以图 5.5 人体运动对象作为视频输入,为验证算法,本文只对运动对象(人体)的躯干、大腿、小腿和脚部进行参数化表示,参数化表示的运动信息见图 5.5。以图 5.6 熊猫运动对象作为动画输出,为验证算法,本文也是只对运动对象(熊猫)的躯干、大腿、小腿和脚部进行参数化表示,参数化表示的运动信息见图 5.6。

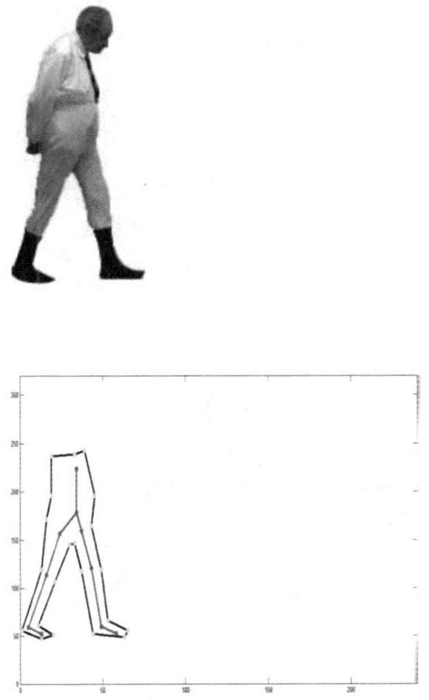

图 5.5　视频输入运动对象(人体)及其参数化表示

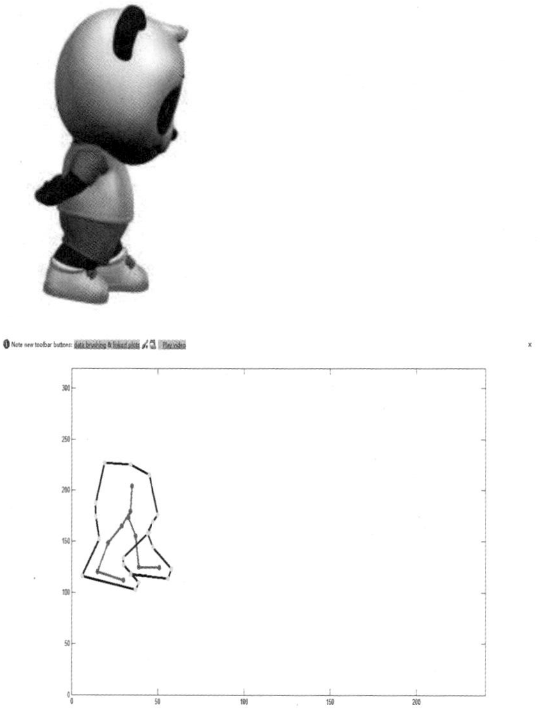

图 5.6　动画输出运动对象(熊猫)及其参数化表示

视频输入运动对象(人体)参数化表示的部分关键帧如图 5.7 所示,输入视频以及参数化表示的视频运动如图 5.8 所示,由于视频在每个时间点只显示一个运动对象,用截图的方式很难看到视频效果,为展示整体效果,该图为从视频序列中抽取部分帧合成的图像。

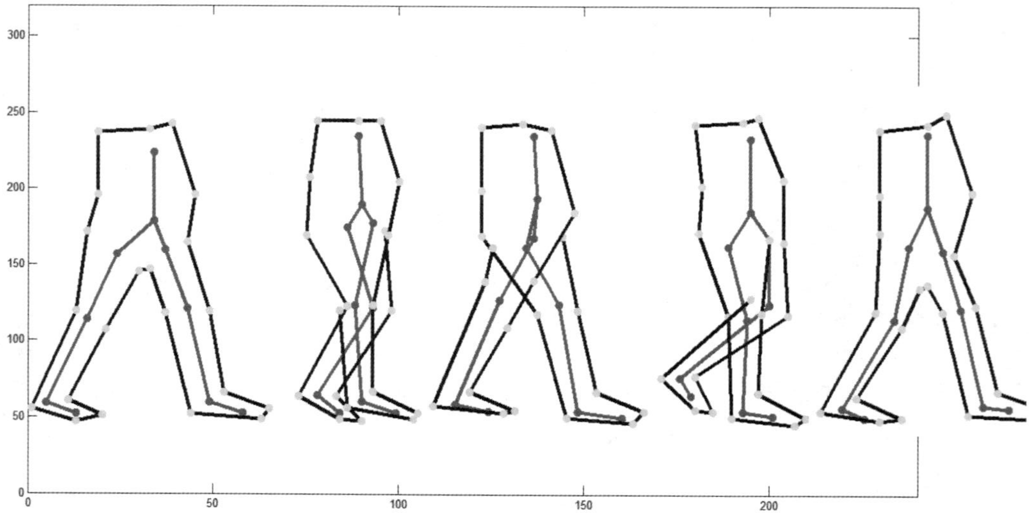

图 5.7　视频输入运动对象(人体)参数化表示的部分关键帧

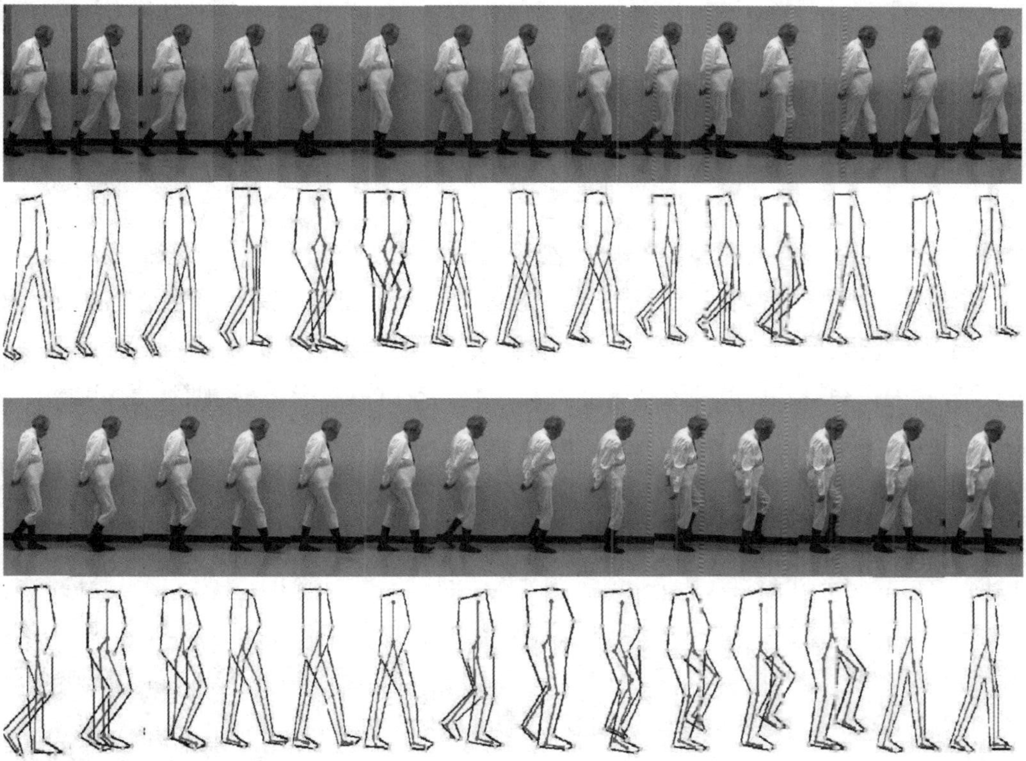

图 5.8 输入视频以及参数化表示的人体运动视频(抽取部分帧合成图像)

对于动画输出运动对象(熊猫),该算法生成的动画最终动画效果如图 5.9 所示。由于动画在每个时间点只显示一个运动对象,用截图的方式很难看到动画效果,为展示整体效果,该图为从动画序列中抽取部分帧合成的图像。

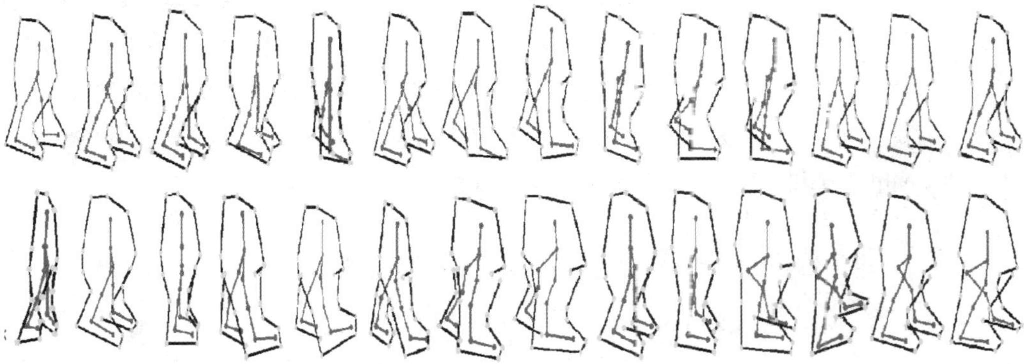

图 5.9 系统生成的最终动画(抽取部分帧合成图像)

本文算法在笔记本电脑 IBM X230 上利用 MATLAB R2008a 实现。笔记本的配置是:CPU 为 Intel(R) Core(TM)i5-3210M@ 2.50GHz,内存 6.00GB,显卡为 Intel(R) HD Graphics 4000,系统为 Microsoft Windows 7。

5.2.6 小结

本节首先介绍了运动重定向的基础理论，包括国内外研究现状、运动重定向的艺术理论基础以及运动重定向的生成算法；其次介绍了视频角色和动画角色运动姿态的提取方法；再次介绍了视频运动角色姿态信息的参数化表示方法与重定向方法，包括视频运动对象姿态变化的参数化表示、视频运动对象姿态变化的参数求解以及运动对象姿态参数的重定向；最后介绍基于关键帧匹配的运动重定向的动画生成算法流程，并展示了实验结果和分析，对算法进行总结。基于动画创作理论思想，本文将运动的表示分解为运动轨迹和运动姿态两个要素。本节提出了基于关键帧匹配的运动姿态的参数化表示与重定向算法。该算法用基于关键姿态的内插方法来表示运动对象姿态的变化，运动对象的姿态变化可描述为：由各关键姿态仿射变形为该运动对象姿态的变换矩阵 A_m，由变形后的关键姿态内插出该运动对象姿态的加权系数 w_m。姿态变化描述参数与轨迹的参数合在一起作为视频运动对象（人体）的运动信息。通过运动对象姿态的重定向算法和轨迹合成算法，生成动画运动对象（熊猫）的动画。由实验结果可见，视频和动画运动对象（熊猫）外观由用户依照场景需要输入，输出动画保留了视频的运动信息，包括运动轨迹细节、姿态变化和时间掌握。

5.3 基于关键帧匹配与双向马尔科夫链蒙特卡罗采样的视频时空体滤波

本节提出了基于关键帧匹配与双向马尔科夫链蒙特卡罗采样的视频时空体滤波算法，并编程实现了该算法，同时通过实验给出了该算法与基本粒子滤波算法、马尔科夫蒙特卡罗粒子滤波器算法的性能指标的对比。同时，结合基于关键帧匹配的运动姿态的参数化表示与重定向算法，分别实现了基于基本粒子滤波的运动重定向、基于马尔科夫蒙特卡罗粒子滤波器的运动重定向以及基于关键帧匹配与双向马尔科夫链蒙特卡罗采样的视频时空体滤波器的运动重定向并给出了实验结果。

5.3.1 粒子滤波的基础理论

5.3.1.1 国内外研究现状

近年来，众多科研人员在不同的研究方向和领域几乎同时提出了多种基于贝叶斯估计思想的非线性滤波新方法，例如 Bootstrap Filters[51]、Condensation Tracks[52]、Particle Filter[53]、Sequential Monte Carlo Method[54]、Interacting Particle Approximations[55]等，这些算法都是基于贝叶斯抽样估计的序列重要抽样（sequential importance sample，SIS）滤波思想。早在 20 世纪 50 年代末，Hammersley 和 Morton 等就提出了基本的 SIS

方法[56]，并在六七十年代的自动控制等领域得到继续研究和发展[57,58]。1993 年由 Gordon 和 Salmond[51]提出了一种新的基于 SIS 方法的 Bootstrap 非线性滤波方法，从此奠定了粒子滤波（Particle Filter）算法的基础，并引发了 SIS 的新一轮的研究热潮。随后针对目标跟踪问题出现了许多基于粒子滤波的研究成果，例如纯角度跟踪的非线性滤波方法比较[59,60]，多目标跟踪与传感器管理[61]，基于粒子滤波的定位、导航与跟踪[62]，采用粒子滤波方法的跟踪性能分析[63]，多目标跟踪与数据融合[64]，基于粒子滤波的群目标跟踪[65]，基于 IMMPDF 的粒子机动目标跟踪算法[66,67]等。文献[68]率先在计算机视觉领域引入了粒子滤波算法，其典型应用是如何跟踪一片晃动的树叶，随后文献[69]较系统地研究了采用粒子滤波算法如何实现目标轮廓跟踪，其研究重点是如何选择重要性函数，文献[70–72]则在抽样方法上进行了改进，力图使初始的概率密度更接近状态的真实概率密度分布，文献[73][74]则构造了新的目标检测的动态模型并与粒子滤波相结合，解决了目标运动区域提取方法遇到的问题，文献[75]将曲线拟合思想引入粒子滤波方法，提出了主动粒子滤波方法，重点解决了粒子数目众多的问题，文献[76]较系统地研究了粒子滤波方法在计算机视觉中的应用，从中可系统了解粒子滤波在计算机视觉中的应用成果和最新的发展趋势。

序列蒙特卡罗采样（粒子滤波器）[77]作为一种非线性滤波算法，由于摆脱了高斯分布的制约条件，已经成为一种主流的、面向目标的运动跟踪算法。粒子滤波器是一种通过蒙特卡罗采样（Monte Carlo Sampling）来执行递归贝叶斯滤波（Recursive Bayesian Filter）的算法，与卡尔曼滤波器（Karlman Filter）相比，粒子滤波器在跟踪目标的运动以及观测模型的获取上不再受线性和高斯的限制，因此具有更强的应用性和有效性。粒子滤波中对跟踪目标的估计涉及如何对运动进行建模，是一个研究的热点和难点。近年来提出了很多方法，如邻域穷举[78]、高斯模型[79–80]、滑动平均自回归模型[81]、MCMC[82]等。另一个方面，粒子滤波需要计算对估计的评价，需要表示模型的在线更新（Online Update），以适应实际应用中前景目标和周围场景不断变化的情况。Collins 等在 2003 年提出了目标模型在线更新的特征集合算法[83]，经过其他学者的发展和推动[78–80][84]，取得了显著的进展。

另外，粒子滤波器会不可避免地出现粒子退化问题，近年来有许多针对粒子滤波器粒子退化问题的解决方法，这是粒子滤波器的一个很大的研究热点。针对粒子滤波器的退化问题，粒子滤波器有许多新的变种，比如马尔科夫蒙特卡罗粒子滤波器。该方法的大体思路如下：

粒子滤波器的重采样抑制了权的退化，但也引入了其他问题，重采样后，粒子不再独立，简单的收敛性结果不再成立，具有较高权值的粒子被采样多次，粒子丧失了多样性，极端情况下，经过若干次迭代后，所有粒子都坍塌到一个点上，这称为粒子的贫化，重采样带来的粒子贫化问题使得表示状态的粒子个数太少而不充分，无限增大粒子个数又不现实，Gordon 等人提出对每个样本点增加高斯扰动，或者每次采样 kN 个样本，再从中重采样 N 个粒子，这些方法可以增加粒子的多样性，但存在着计算量过大甚至滤波器发散的问题，马尔科夫链蒙特卡罗方法通过构造 Markov 链产生来自目标分布的样本，能在保持粒子概率分布不变的情况下，增加粒子的多样性。

如今，在目标跟踪领域，由于实际问题的复杂性，所面对的更多的是非线性非高斯的问题，所以该领域是粒子滤波器的一个非常活跃的应用领域。目前粒子滤波器的研究已取得许多可喜的进展，应用范围也由滤波估计扩展到新的领域，作为一种新方法，粒子方法还处于发展之中，还存在许多有待解决的问题，例如随机采样带来蒙特卡罗误差的积累甚至导致滤波器发散；为避免退化和提高精度而需要大量的粒子，使得计算量急剧增加；粒子方法是不是解决非线性非高斯问题的万能方法还值得探讨。此外粒子滤波器还只是停留在仿真阶段，全面考虑实际中的各种因素也是深化粒子滤波研究不可缺少的一个环节。尽管如此，在一些精度要求高而经典的分析方法又解决不了的场合，这种基于仿真的逼近方法发挥了巨大潜力，而现代计算机和并行计算技术的迅速发展又为粒子方法的发展和应用提供了有力支持，相信粒子滤波器的研究将朝着更深、更广的方向发展。

针对粒子滤波器中的粒子退化问题，Ye Long 研究了一种遗传重采样粒子滤波器设计结构[85]，将遗传机制应用于粒子重采样，避免了现有重采样算法中存在的过分强调粒子有效性的问题。同时，针对基于关节的人体运动跟踪，提出了一种遗传优化策略[86]，通过对于各个关节之间的分等级状态优化，有效解决了关节运动中的高维采样问题。

5.3.1.2　粒子滤波算法

在本文中，需要对目标进行跟踪，跟踪等价于对目标状态的求解，这个求解过程可以用估计理论来实现，例如对目标运动的位置等状态进行估计。而状态的估计是通过对目标的观测来进行的，例如对目标的颜色、轮廓等特征的观测。同时，处理跟踪问题时往往认为目标具有一定的先验特征。将目标的先验知识、目标的状态、观测的结果联系起来，我们可以构造贝叶斯概率模型，求解表征目标状态的后验概率。本节采用贝叶斯估计在非线性非高斯领域的一种实现方法——粒子滤波器来实现跟踪。

粒子滤波（particle filter）是求解贝叶斯概率的一种实用算法，又称为 Bootstrap Filtering，Sequential Monte Carlo methods（序列蒙特卡罗方法）、SIS、SIR 等，粒子滤波中的粒子，可以认作代表目标状态中的一个点。滤波，是指可以滤出目标的当前状态，在估计理论中也指由当前和以前的观测值来估计目标当前的状态。粒子滤波的含义是指目标状态传播的后验概率可以用若干个粒子来近似表示。粒子滤波通过蒙特卡罗方法来实现递推贝叶斯滤波，摆脱了解决非线性滤波问题所采用的传统扩展卡尔曼滤波算法的随机量必须满足高斯分布的制约条件，在非线性非高斯估计上有极大优势。

(1)贝叶斯估计理论

①动态时变系统的数学模型

假设动态时变系统的数学模型可以由式(5-16)和式(5-17)描述,系统的状态更新方程由式(5-16)描述:

$$x_t = f_t(x_{t-1}, v_{t-1}) \tag{5-16}$$

其中f_x是系统状态x_{t-1}的非线性(或线性)函数,v_{t-1}是平稳噪声序列,并且状态转移符合一阶马尔科夫过程 ,即系统的当前状态仅依赖于前一个状态,而与更前时刻的状态无关。满足贝叶斯估计的假设之一马尔科夫假设。

系统的测量方程为(5-17)描述:

$$z_t = ht(x_t, n_t) \tag{5-17}$$

其中h_x是系统状态x_t的非线性(或线性)函数,n_t是平稳噪声序列,在测量方程中,观测值只与状态的当前值有关,满足贝叶斯估计的假设之二观测独立性假设。

从式(5-16)和式(5-17)可以看出,状态转移函数和观测函数并没有做线性、非线性的假设条件,也没有对过程噪声和测量噪声做高斯白噪声的假设,系统状态估计的目的就是利用含有噪声的测量信息估计系统的状态x_t,即从式(5-17)描述的测量方程中结合式(5-16)递推估计系统状态x_t。

②基本思想

最优贝叶斯滤波算法的基本思想是,若已知状态的初始概率密度函数$p(x_0)$,则可利用所有的测量信息$Z_{1:t}$,构造状态的后验概率密度函数$p(x_t|z_{1:t})$,从而可以得到在任何准则下的理论最优估计和滤波值。采用数学语言可描述为:

假设已知的初始概率密度为$p(x_0|z_0) = p(x_0)$,则状态预测方程为:

$$p(x_t \mid z_{1:t-1}) = \int p(x_t \mid x_{t-1}) p(x_{t-1} \mid z_{1:t-1}) dx_{t-1} \tag{5-18}$$

状态更新方程为:

$$p(x_t \mid z_{1:t}) = \frac{p(z_t \mid x_t) p(x_t \mid z_{1:t-1})}{p(z_t \mid z_{1:t-1})} \tag{5-19}$$

其中$p(z_t|z_{1:t-1})$是归一化常数,所以式(5-19)可以简化为如下形式:

$$p(x_t \mid z_{1:t}) = c_n p(z_t \mid x_t) p(x_t \mid z_{1:t-1}) \tag{5-20}$$

在式(5-18)中,状态的一步预测概率密度(先验信息)可以由式(5-16)的状态转移函数获得,而通过式(5-17)的预测模型可获得似然度函数$p(z_t|x_t)$,在式(5-20)中可以利用测量值修正一步预测的先验概率来得到当前状态所需要的后验概率。

式(5-18)和式(5-19)构成了最优贝叶斯估计的基本框架。式(5-18)中存在积分运算,使得贝叶斯估计方法的具体实现遇到了很大困难,仅有满足某些概率分布条件的动态系统估计问题可以获得问题的解析解,如对于时变线性高斯分布的动态系统,利用贝叶斯估计的基本框架可以验证,卡尔曼滤波器就是贝叶斯估计的解析解[87],而对于非高斯分布的非线性动态系统的状态估计问题,贝叶斯估计的思想仅在理论分析和定性推理等方面得到应用。由于不能得到解析解,人们多采用近似线性化的扩展卡尔曼滤波等次优方法,对于具有较强非线性的时变动态系统,这些方法滤波存在精度较低和发散等问题,而传统的序列重要性采样方法即 SIS 方法,由于受到计算量的制约,很不实用,所以对于非线性非高斯的动态系统,始终没有找到较好的解决办法。直到 Gordon 和 Salmond 提出了基于 SIS 思想的 bootstrap 自举滤波算法[51],SIS 滤波方法才开始广泛应用于非线性非高斯领域。

由于贝叶斯估计算法中存在积分运算,制约了解析解的求取,而基于随机抽样运算的经典蒙特卡罗方法可以将积分运算变为有限样本点的求和运算。随着计算机的发展,将蒙特卡罗方法应用于贝叶斯滤波中,有效地解决了积分运算的问题。粒子滤波器实际上是使用蒙特卡罗仿真来完成一个递推贝叶斯滤波[88],所以接下来将具体介绍蒙特卡罗方法。

(2) 蒙特卡罗方法

①蒙特卡罗方法的基本原理及思想

蒙特卡罗方法亦称为随机模拟(Random simulation)方法,有时也称作随机抽样(Random sampling)技术或统计试验(statistical testing)方法,它的基本思想是:为了求解数学、物理、工程技术以及生产管理等方面的问题,首先建立一个概率模型或随机过程,使它的参数等于问题的解,然后通过对模型或过程的观察或抽样试验来计算所求参数的统计特征,最后给出所求解的近似值,而解的精确度可用估计值的标准误差来表示。

假设所要求的量 x 是随机变量 ξ 的数学期望 $E(\xi)$,那么近似确定 x 的方法是对 ξ 进行 N 次重复抽样,产生相互独立的 ξ 值的序列 $\xi_1\xi_2\cdots\xi_N$,并计算其算术平均值:

$$\overline{\xi_N} = \frac{1}{N}\sum_{i=1}^{N}\xi_i \tag{5-21}$$

根据柯尔莫哥罗夫加强大数定理有:

$$p(\lim_{N\to\infty}\overline{\xi_N} = x) = 1 \tag{5-22}$$

因此,当 N 充分大时:

$$\overline{\xi_N} = E(\xi) = x \tag{5-23}$$

式(5-23)成立的概率等于 1,即可以用 $\overline{\xi_N}$ 作为所求量 x 的估计值。

如古典概率论中著名的蒲丰氏问题:在 19 世纪后期,任意投掷一根针到地面上,将针与地面上一组平行线相交的频率作为针与平行线相交概率的近似值,这一概率的准确结果为:

$$p = \frac{2l}{\pi a} \tag{5-24}$$

根据上式求出圆周率 π 的近似值：

$$\pi \cong \frac{2l}{a}\left(\frac{N}{n}\right) \tag{5-25}$$

其中，$2a$ 是平行线的间距，$2l$ 是针长，N 是投针次数，n 是相交次数。

从上面可以看出，当所要求解的问题是某个随机变量的期望值时，可以通过某种“试验”的方法，得到这个随机变数的平均值，并用它作为问题的解，这就是蒙特卡罗方法的基本思想[89]。

②蒙特卡罗解题三个主要步骤

蒙特卡罗方法解题是以一个概率模型为基础的。按照这个模型所描绘的过程，通过部分模拟试验的结果，作为问题近似解。可以把用蒙特卡罗方法解题归结为三个主要步骤：

第一，构造或描述概率过程。对于本身就具有随机性质的问题，主要是正确地描述和模拟这个概率过程。对于本来不是随机性质的确定性问题，比如计算定积分、解线性方程组、偏微分方程边值问题等，要用蒙特卡罗方法求解，就必须事先构造一个人为的概率过程，使它的某些参量正好是所要求解问题的解。即将不具有随机性质的问题，转化为随机性质的问题。这就构成了蒙特卡罗方法研究和应用上的重要问题之一。

第二，实现从已知分布中抽样。由于各种概率模型，都可以看作由各种各样的概率分布构成的，因此产生已知概率分布的随机变量，就成为实现蒙特卡罗方法模拟试验的基本手段。所以，有人称蒙特卡罗方法为随机抽样技术。

第三，建立各种估计量。一般说来，构造了概率模型并能从中抽样，即能实现模拟试验后，就要确定一个随机变量，作为所要求的问题的解的估计量。在蒙特卡罗计算中，使用最多的是无偏估计。建立各种估计量，相当于对模拟试验的结果进行考察和登记，从中得到问题的解。[90]

③蒙特卡罗方法的特点

a.由于蒙特卡罗方法是通过大量简单的重复抽样来实现的，因此，蒙特卡罗方法及其程序的结构十分简单。

例如用平均值方法计算定积分的数值：

$$I = \int_0^1 g(x)\,dx \tag{5-26}$$

其计算步骤为：

(a)产生均匀分布在[0,1]上的随机数 $r_i(i=1,2,\cdots,N)$；

(b)计算 $g(r_i)$ $(i=1,2,\cdots,N)$；

(c)用平均值 $I=\frac{1}{N}\sum_{i=1}^{N}g(r_i)$ 作为 I 的近似值。

b.蒙特卡罗方法的收敛速度与一般数值方法相比是比较慢的，其主阶为 $o(N^{-\frac{1}{2}})$ 。因此，蒙特卡罗方法最适合用来解决数值精确度要求不是很高的问题。但很多的计算结果表明，蒙特卡罗方法在求解确定性问题时，可以达到相当高的精确度。

c.蒙特卡罗方法的误差主要取决于样本的容量 N，而与样本中元素所在的空间无关，即蒙特卡罗方法的收敛速度与问题的维数无关，因而更适合于求解多维问题。

d.蒙特卡罗方法对问题求解的过程取决于所构造的概率模型，因而对各种问题的适应性很强。这一点十分重要，是蒙特卡罗方法得以广泛应用的重要原因之一。例如要计算 s 维空间中一个区域 D_S上的积分：

$$I=\int_{D_S}\cdots\int g(x_1,x_2,\cdots,x_s)dx_1dx_2\cdots dx_s \tag{5-27}$$

无论 D_S的形状如何，只要能给出描述 D_S的几何条件，就可以用平均值法给出 I 的近似估计值：

$$\bar{I}=\frac{D_S}{N}\sum_{i=1}^{N}g(x_1^{(i)},x_2^{(i)},\cdots,x_s^{(i)}) \tag{5-28}$$

其中点 $(x_1^{(i)},x_2^{(i)},\cdots,x_s^{(i)})\in D_S$，且均匀分布在 D_S上，但其他数值方法受问题的条件限制影响比较大。[91]

④蒙特卡罗方法用于粒子滤波器

上面已经详细叙述了蒙特卡罗方法，如果可以直接从状态 $x_{0:t}$的概率分布密度函数 $f(x_{0:t})$中抽取 N 个样本 $\{x_{0:t}^i,i=1,2,\cdots,N\}$ $(x_{0:t}=\{x_0,\cdots,x_k\})$，则可以用如下经验概率分布来近似表述状态概率密度分布：

$$\hat{p}(x_{0:t}\mid z_{1:t})=\frac{1}{N}\sum_{i=1}^{N}\delta_{x_{0:t}^i}(dx_{0:t}) \tag{5-29}$$

其中，$\delta(\cdot)$ 为狄拉克函数，则 $f(x_{0:t})$的数学期望为：

$$E(f(x_{0:t}))=\int f(x_{0:t})p(x_{0:t}\mid z_{1:t})dx_{0:t} \tag{5-30}$$

式(5-30)的积分运算可以用如下形式的估计值来逼近：

$$\overline{E(f(x_{0:t}))}=\frac{1}{N}\sum_{i=1}^{N}f(x_{0:t}^i) \tag{5-31}$$

式(5-21)的收敛性可以由大数定律得到充分保证，并且估计误差近似服从均值为 0、方差为 δ^2的正态分布[88]。

蒙特卡罗方法的核心是将式(5-18)中的积分问题转化为有限样本点的概率转移累加过程，但是实际中由于 $p(x_t|z_{1:t})$可能是多变量的、非标准的，通常不太可能写成

典型的解析分布函数的组合形式，抽样过程比较困难，它的实现必须借助其他一些抽样算法。

(3) 重要性抽样

①重要性抽样原理

根据蒙特卡罗方法进行抽样，一般要想从后验分布 $p(x_t|z_{1:t})$ 中直接采样是不太可能的，所以要实现蒙特卡罗过程，需要借助一些抽样性算法，比如重要性函数抽样方法、拒绝抽样方法[92]、分层抽样方法[93]等。在此用到重要性抽样方法，在重要性抽样方法中需要用到重要性函数，它是指概率分布与 $p(x_t|z_{1:t})$ 相同，概率密度分布 $q(x_{0:t}|z_{1:t})$ 已知且容易从中抽样的分布函数，则式(5-30)可以变换为：

$$E(f(x_{0:t})) = \int f(x_{0:t})\frac{p(x_{0:t} \mid z_{1:t})}{q(x_{0:t} \mid z_{1:t})}q(x_{0:t} \mid z_{1:t})dx_{0:t}$$

$$= \int f(x_{0:t})\frac{p(z_{1:t} \mid x_{0:t})p(x_{0:t})}{p(z_{1:t})q(x_{0:t} \mid z_{1:t})}q(x_{0:t} \mid z_{1:t})dx_{0:t}$$

$$= \int f(x_{0:t})\frac{w_t(x_{0:t})}{p(z_{1:t})}q(x_{0:t} \mid z_{1:t})dx_{0:t} \tag{5-32}$$

$$\overline{E(f(x_{0:t}))} = \frac{\frac{1}{N}\sum_{i=1}^{N}f(x_{0:t}^i)w_t(x_{0:t}^i)}{\frac{1}{N}\sum_{i=1}^{N}w_t(x_{0:t}^i)} = \sum_{i=1}^{N}f(x_{0:t}^i)\tilde{w}_t(x_{0:t}^i) \tag{5-33}$$

其中，$w_t(x_{0:t}^i)$ 是未经过归一化的重要性权值；$\tilde{w}_t^i = \tilde{u}_t(x_{0:t}^i)$ 是归一化后的重要性权值；$x_{0:t}^i$ 是 $q(x_{0:t}|z_{1:t})$ 中的独立采样点。$w_t(x_{0:t})$ 可以表示为

$$w_t(x_{0:t}) = \frac{p(z_{1:t} \mid x_{0:t})p(x_{0:t})}{q(x_{0:t} \mid z_{1:t})} \tag{5-34}$$

②重要性采样的问题

重要性抽样是一种常用的蒙特卡罗积分方法，但是从算法实现过程中可以看出，在估计 $p(x_t|z_{1:t})$ 之前，需要得到 t 时刻以前所有的观测数据，并且在每一次接收到新的观测数据后，都需要重新计算整个状态序列的重要性权值，计算量随着时间增加而无限增加。因此这种简单的重要性抽样形式，不利用进行递归估计，在实际中更多的是采用能实现递归估计的序列重要性抽样算法。至于拒绝抽样方法和分层抽样方法，由于这两种算法不能事先确定要获得抽样需要迭代的次数，不利于实际的递推在线估计，因此使用较少。[94]

(4) 序列重要性抽样算法

①序列重要性抽样算法原理

重要性采样方法是一种简单常用的蒙特卡罗积分方法，它不足以用来递推估计。

每次更新观测数据 y_{t+1} 时,需要重新计算整个状态序列的重要性权值,因此它的计算量随着时间的推移而不断增加。为了解决这个问题。提出了序列重要性采样,即 SIS (sequential importance sample),它在时刻 t+1 采样时不改动过去的状态序列样本集 $\{x_{0:t}^{(i)}\}_{i=1}^{N}$,并且采用递推的形式计算重要性权值。为了得到递推的计算形式,先假设当前状态不依赖于将来的观测,即只进行滤波而不考虑平滑[94],则重要性函数可写成如下连乘形式:

$$q(x_{0:t} \mid z_{1:t}) = q(x_0)\prod_{j=1}^{t} q(x_j \mid x_{0:j-1}, z_{1:j}) \tag{5-35}$$

假设状态符合马尔科夫过程,在给定状态下,观测条件独立,则可以得出:

$$p(x_{0:t}) = p(x_0)\prod_{j=1}^{t} p(x_j \mid x_{j-1}) \text{ 和 } p(z_{1:t} \mid x_{0:t}) = \prod_{j=1}^{t} p(z_j \mid x_j) \tag{5-36}$$

将式(5-35)和式(5-36)代入式(5-34)中,可以得到权值递推公式:

$$w_t = w_{t-1}\frac{p(z_t \mid x_t)p(x_t \mid x_{t-1})}{q(x_t \mid x_{0:t-1}, z_{1:t})} \tag{5-37}$$

重新考虑式(5-18)和式(5-19)描述的贝叶斯估计问题,利用序列重要性抽样思想,可得到完整的递推 SIS。

②序列重要性抽样算法步骤

SIS 方法的实现步骤可总结如下:

a.从 $q(x_t \mid x_{0:t-1}, z_{1:t})$ 中随机抽取 n 个样本;

b.逐点计算对应的 $p(z_t \mid x_t)$ 和 $p(x_t \mid x_{t-1})$;

c.利用式(5-37)计算对应样本的重要性权值系数;

d.对权值进行归一化处理;

$$w_t^i = \frac{w_t^i}{\sum_{j=1}^{n} w_t^j} \tag{5-38}$$

e.用式 $p(x_t \mid z_{1:t}) \approx \sum_{i=1}^{N} w_t^i \delta(x_t - x_t^i)$ 对 $p(x_t \mid z_{1:t})$ 进行估计。

许多粒子滤波算法都可以看作 SIS 方法的特例,主要区别只是重要性函数的选择抽样策略不同,重要性抽样的实质是蒙特卡罗积分的方差缩减方法,是对概率密度函数的加权近似。

③粒子退化及重要性函数的选取

对 SIS 算法而言,一个重要缺陷是算法存在粒子数匮乏现象。所谓粒子数匮乏是指:随着迭代次数的增加,只有一个粒子的权重非常大(接近 1),而其他粒子的权重变得非常小(接近 0),失去了粒子的多样性,从而很容易使 SIS 方法出现发散现象。Kong[95]和 Doucet[96]证明了在形如式(5-20)给出的重要性函数的对应权重的协方差发散的结论,这从理论上说明 SIS 算法出现粒子数匮乏现象的必然性。为了提高滤波的精度,可以选择很大数目的粒子数,但由此产生的计算量问题又制约了粒子滤波的实时性。在实际中为了降低粒子匮乏现象的影响,最有效的方法是选择重要性函数和采用重采样方法而不是一味增加采样粒子数。

选取重要性函数的最优原则是使得重要性权重的方差最小。Liu[97]等证明了最优重要性函数为 $q(x_t | x_{0:t-1}, z_{1:t}) = p(x_t | x_{0:t-1}, z_{1:t})$。但如果要采用这一最优重要性函数,则需要从 $p(x_t | x_{0:t-1}, z_{1:t})$ 中抽样并积分。从应用角度看,除少数情况外,多数重要性函数都采用了次优的 $q(x_t | x_{0:t-1}, z_{1:t}) = p(x_t | x_{t-1})$,由于未能利用最新的测量信息,以该函数为重要性函数进行抽样所产生的方差比后验概率 $p(x_t | x_{0:t-1}, z_{1:t})$ 产生的方差大,但由于其容易实现,在粒子滤波算法中仍然得到广泛应用。[98-99]

重采样算法是降低粒子匮乏现象的另一种方法,其思想是通过对粒子和相应权值表示的概率密度函数重新抽样,减少权值小的粒子数,增加权值较大的粒子数。[88]

④重要性采样重采样算法步骤

典型的序列重要性采样重采样方法的实现步骤可总结如下:

a.初始化,从 $p(x_0)$ 中随机抽取 n 个样本,$x_0^i \sim N(\hat{x}_{0|0}, p_{0|0})$,$w_0^i = \frac{1}{N}, i = 1, \cdots, N$;

b.递推计算:$t = 1, 2, \cdots$;

c.重要性抽样:从 $q(x_t | x_{t-1}, z_t)$ 中随机抽取 n 个样本,利用式(5-37)计算权值,并对其进行归一化处理;

d.重新抽样,利用重采样算法生成新粒子;

e.用式 $p(x_t | z_{1:t}) \approx \sum_{i=1}^{N} w_t^i \delta(x_t - x_t^i)$ 对 $p(x_t | z_{1:t})$ 进行估计。[88]

5.3.1.3 小结

在本节中详细讲述了粒子滤波器,首先介绍了贝叶斯估计理论,分别阐述了动态时变系统的数学模型、贝叶斯估计基本思想;其次介绍了粒子滤波实现基础——蒙特卡罗方法、蒙特卡罗方法的历史、蒙特卡罗方法的基本原理及思想、蒙特卡罗解题三个主要步骤、蒙特卡罗方法的特点、蒙特卡罗方法应用于粒子滤波器的原理;再次介绍了重要性采样原理,分别阐述了重要性抽样原理、重要性采样的问题;最后介绍了序列重要性采样原理,分别阐述了序列重要性抽样算法基本原理、序列重要性抽样算法步骤、粒子退化及重要性函数的选取问题、重要性采样重采样算法步骤。

各个小节间的发展关系为,由于贝叶斯估计存在着积分问题,引入了蒙特卡罗方法,由于无法直接由概率密度函数进行取样,引入了重要性采样方法.又因为重要性采样方法每次都要用到 t 时刻前的所有观测数据,提出了序列重要性采样方法,实现了递推计算,又因为在序列重要性采样方法中会存在粒子匮乏现象,引入了序列重要性采样重采样算法。

这一发展过程的流程图如下：

图 5.10　粒子滤波器发展流程图

在粒子滤波器中，每一种细微方法的改变都可以构成一个新的粒子滤波器，如重要性函数的选取方法，重采样的方法，似然函数的选取等，在本文中所用的基本粒子滤波器步骤如下：

(1)初始化，根据 $x(0)$ 得到 N 个带权值的粒子集合 $\{x^i(0), w^i(0)\}$ $i=1:N$，其中 $x_i(0) \sim N(x(0), P(0))$，$w_i(0)=1/N$；

(2)重要性采样，根据重要性函数 $p(x_t|x_{t-1})$，由 x_{t-1}^i 得到 x_t^i；

(3)权值更新，接收到新的测量值，得到似然函数值 $p(z_t \mid x_t)$，由 $w_t = w_{t-1}p(z_t \mid x_t)$ 得到每个粒子的权值并进行归一化；

(4)重采样；

(5)结果输出 $x_t = \sum_{i=1}^{N} w^i(t) * x^i(t)$。

粒子滤波算法是一种基于采样理论的贝叶斯估计算法，是解决非线性、非高斯问题的有效工具，但是粒子滤波算法会不可避免地出现粒子退化问题，即权重主要集中在少数的几个粒子上，失去了粒子的多样性，由于每次都要对每个粒子进行计算，所以当权重集中在少数几个粒子上时，大量的计算都浪费在对结果毫无影响的粒子上，造成了很大的资源浪费，为了保持重采样后粒子的多样性，在重采样后通过 Markov 链蒙特卡罗(Markov Chain Monte Carlo，MCMC)方法，既保持了粒子概率分布不变，又增加了粒子集合的多样性，称为 MCMC-PF 算法，从而引出本文的马尔科夫蒙特卡罗粒子滤波器。

5.3.2　基本粒子滤波算法实现

前面详细介绍了基本粒子滤波算法，在粒子滤波算法理论中，首先介绍了贝叶斯估计理论，分别阐述了动态时变系统的数学模型、贝叶斯估计基本思想；其次介绍了粒子滤波实现基础——蒙特卡罗方法、蒙特卡罗方法的历史、蒙特卡罗方法的基本原理及思想、蒙特卡罗解题三个主要步骤、蒙特卡罗方法的特点、蒙特卡罗方法应用于粒子滤波器的原理；再次介绍了重要性采样原理，分别阐述了重要性抽样原理、重要性采样的问题；最后介绍了序列重要性采样原理，分别阐述了序列重要性抽样算法基本原理、序列重要性抽样算法步骤、粒子退化及重要性函数的选取问题、重要性采样重采样算法步骤。

5.3.2.1 基本粒子滤波算法步骤

近年来，序列蒙特卡罗采样作为一种非线性滤波算法，由于摆脱了高斯分布的制约条件，已经成为一种主流的、面向目标的运动跟踪算法。

重要性抽样根据蒙特卡罗方法进行抽样，一般要想从后验分布 $p(x_t|z_{1:t})$ 中直接采样是不太可能的，所以要实现蒙特卡罗过程，需要借助一些抽样性算法，比如重要性函数抽样方法、拒绝抽样方法、分层抽样方法等。重要性抽样是一种常用的蒙特卡罗积分方法，但是从算法实现过程中可以看出，在估计 $p(x_t|z_{1:t})$ 之前，需要得到 t 时刻以前所有的观测数据，并且在每一次接收到新的观测数据后，都需要重新计算整个状态序列的重要性权值，计算量随着时间增加而无限增加。因此，这种简单的重要性抽样形式不利用进行递归估计，在实际中更多的是采用能实现递归估计的序列重要性抽样算法[100]。至于拒绝抽样方法和分层抽样方法，由于这两种算法不能事先确定要获得抽样需要迭代的次数，不利于实际的递推在线估计，因此使用较少。

重要性采样方法是一种简单常用的蒙特卡罗积分方法，它不足以用来递推估计。每次更新观测数据 y_{t+1} 时，需要重新计算整个状态序列的重要性权值，因此它的计算量随着时间的推移而不断增加。为了解决这个问题。业界提出了序列重要性采样，即 SIS，它在时刻 t+1 采样时不改动过去的状态序列样本集 $\{x_{0:t}^{(i)}\}_{i=1}^{N}$，并且采用递推的形式计算重要性权值[101]。序列重要性抽样算法实现步骤可总结如下：

（1）从 $q(x_t \mid x_{0:t-1}, z_{1:t})$ 中随机抽取 n 个样本；

（2）逐点计算对应的 $p(z_t \mid x_t)$ 和 $p(x_t \mid x_{t-1})$；

（3）利用式（5-37）计算对应样本的重要性权值系数；

（4）对权值进行归一化处理；

（5）用式 $p(x_t \mid z_{1:t}) \approx \sum_{i=1}^{N} w_t^i \delta(x_t - x_t^i)$ 对 $p(x_t \mid z_{1:t})$ 进行估计。

许多粒子滤波算法都可以看作 SIS 方法的特例，主要区别只是重要性函数的选择抽样策略不同，重要性抽样的实质是蒙特卡罗积分的方差缩减方法，是对概率密度函数的加权近似。

重采样算法是降低粒子匮乏现象的另一种方法，其本质是通过对粒子和相应权值表的概率密度函数重新抽样，减少权值小的粒子数，增加权值较大的粒子数。典型的序列重要性采样重采样方法的实现步骤可总结如下：

（1）初始化，从 $p(x_0)$ 中随机抽取 n 个样本，$x_0^i \sim N(\hat{x}_{0|0}, p_{0|0})$，$w_0^i = \frac{1}{N}, i = 1, \cdots,$

N；

（2）递推计算：$t=1,2,\cdots$；

（3）重要性抽样：从 $q(x_t \mid x_{t-1}, z_t)$ 中随机抽取 n 个样本，计算权值，并对其进行归一化处理；

（4）重新抽样，利用重采样算法生成新粒子；

（5）用式 $p(x_t \mid z_{1:t}) \approx \sum_{i=1}^{N} w_t^i \delta(x_t - x_t^i)$ 对 $p(x_t \mid z_{1:t})$ 进行估计。

基本粒子滤波算法的具体实现步骤如下：

（1）初始化，根据 $x(0)$ 得到 N 个带权值的粒子集合 $\{x^i(0), w^i(0)\}$ $i=1:N$，其中 $x_i(0) \sim N(x(0), P(0))$，$w_i(0)=1/N$；

（2）重要性采样，根据重要性函数 $p(x_t \mid x_{t-1})$，由 x_{t-1}^i 得到 x_t^i；

（3）权值更新，接收到新的测量值，得到似然函数值 $p(z_t \mid x_t)$，由 $w_t = w_{t-1} p(z_t \mid x_t)$ 得到每个粒子的权值并进行归一化；

（4）重采样；

（5）结果输出 $x_t = \sum_{i=1}^{N} w^i(t) * x^i(t)$。

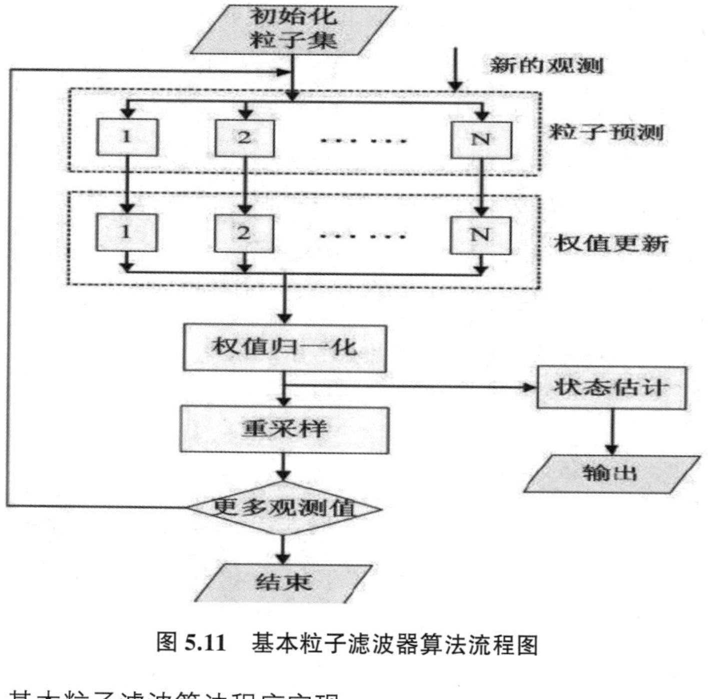

图 5.11　基本粒子滤波器算法流程图

5.3.2.2　基本粒子滤波算法程序实现

在本文研究中我们将视频对象的运动分解为宏观运动和微观运动两个层次，宏观运动描述视频对象的运动轨迹，微观运动表示视频对象的运动细节。因此，在本小节中，我们使用基本粒子滤波器跟踪视频运动对象（人体）的质心位置，即用基本粒子滤波器跟踪图 5.3 所示的 O(t)点,从而得到视频运动对象(人体)运动轨迹。我们在第 1 帧开始设定好质心 O(t)点位置,随着视频播放,连续跟踪 50 帧,经过实验,得到的跟踪结果与实际质心 O(t)点的跟踪误差如图 5.12 所示。

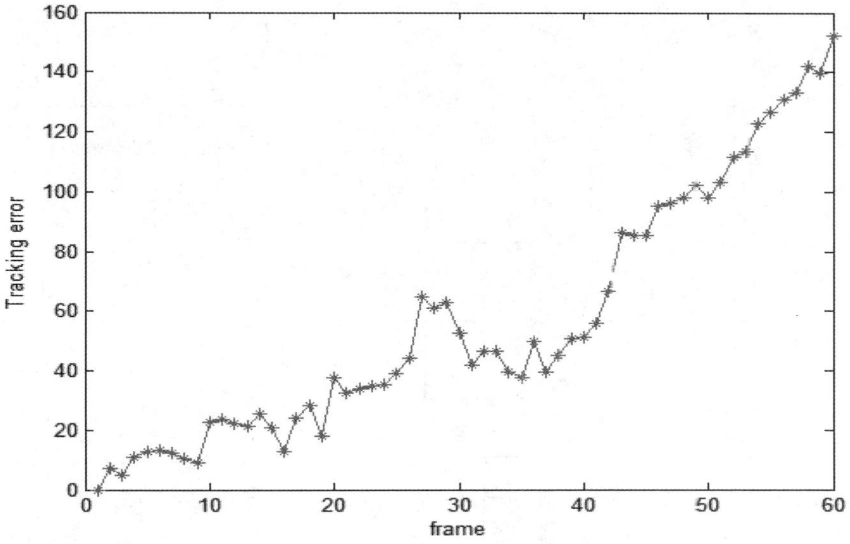

图 5.12　基本粒子滤波算法跟踪误差结果

5.3.2.3　基于基本粒子滤波的视频运动重定向实验结果

基于动画创作理论思想,本文将运动的表示分解为运动轨迹和运动姿态两个要素。在第 2 节提出了基于关键帧匹配的运动姿态的参数化表示与重定向算法。该算法用基于关键姿态的内插方法来表示运动对象姿态的变化,运动对象的姿态变化可描述为:由各关键姿态仿射变形为该运动对象姿态的变换矩阵 A_m,由变形后的关键姿态内插出该运动对象姿态的加权系数 w_m。姿态变化描述参数与轨迹的参数合在一起作为视频运动对象(人体)的运动信息。在本节中,我们通过基本粒子滤波算法跟踪出视频运动对象(人体)的运动轨迹作为动画运动对象(熊猫)的宏观运动信息,结合第 2 节的基于关键帧匹配的运动姿态的参数化表示作为动画运动对象(熊猫)的微观运动信息,通过运动对象姿态的重定向算法和轨迹合成算法,生成动画运动对象(熊猫)的动画。

本节提出的算法结构如图 5.13 所示。

本文中,以图 5.5 人体运动对象作为视频输入,为验证算法本文只对运动对象(人体)的躯干、大腿、小腿和脚部进行参数化表示,参数化表示的运动信息见图 5.5。以图 5.6 熊猫运动对象作为动画输出,为验证算法本文也是只对运动对象(熊猫)的躯干、大腿、小腿和脚部进行参数化表示,参数化表示的运动信息见图 5.6。视频输入运动对象(人体)参数化表示的部分关键帧如图 5.7 所示,输入视频以及参数化表示的视

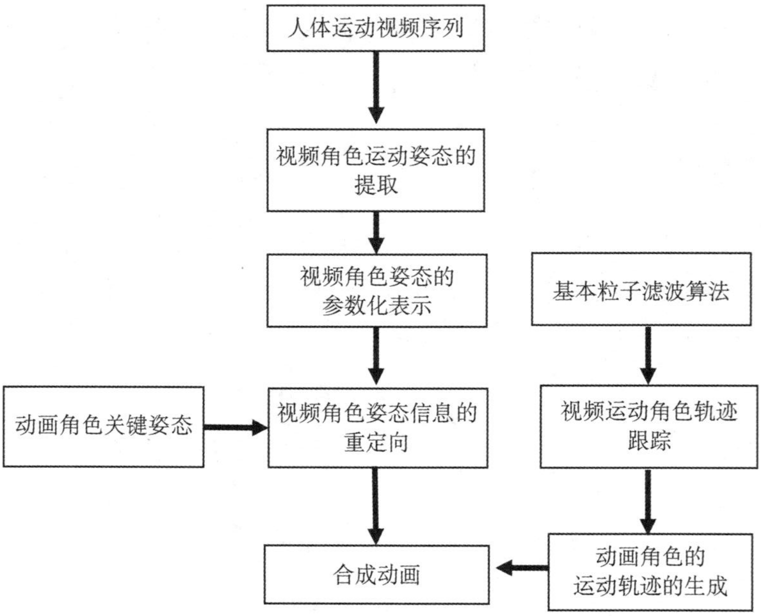

图 5.13　基于基本粒子滤波的视频运动重定向算法结构图

频运动如图 5.8 所示。(由于视频在每个时间点只显示一个运动对象,用截图的方式很难看到视频效果,为展示整体效果,该图为从视频序列中抽取部分帧合成的图像。)我们用基本滤波算法跟踪出质心 O(t)点位置所形成的运动轨迹替换视频每一帧实际质心 O(t)点位置表示宏观运动信息,保留参数化表示的人体的微观运动信息,形成的视频运动对象(人体)运动效果如图 5.14 所示,由于视频在每个时间点只显示一个运动对象,用截图的方式很难看到视频效果,为展示整体效果,该图为从视频序列中抽取部分帧合成的图像。

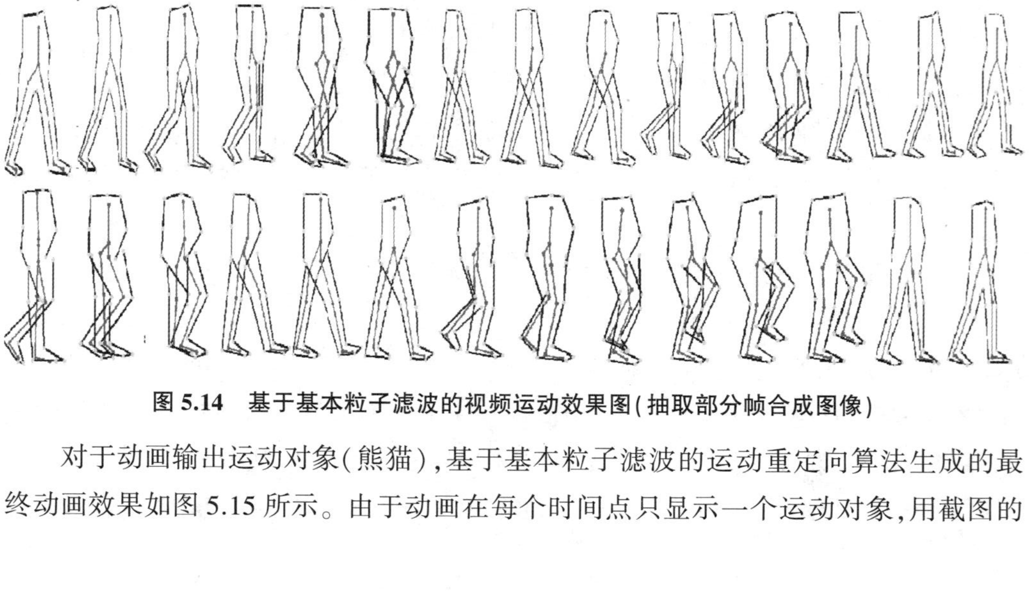

图 5.14　基于基本粒子滤波的视频运动效果图(抽取部分帧合成图像)

对于动画输出运动对象(熊猫),基于基本粒子滤波的运动重定向算法生成的最终动画效果如图 5.15 所示。由于动画在每个时间点只显示一个运动对象,用截图的方式很难看到动画效果，为展示整体效果，该图为从动画序列中抽取部分帧合成的图像。

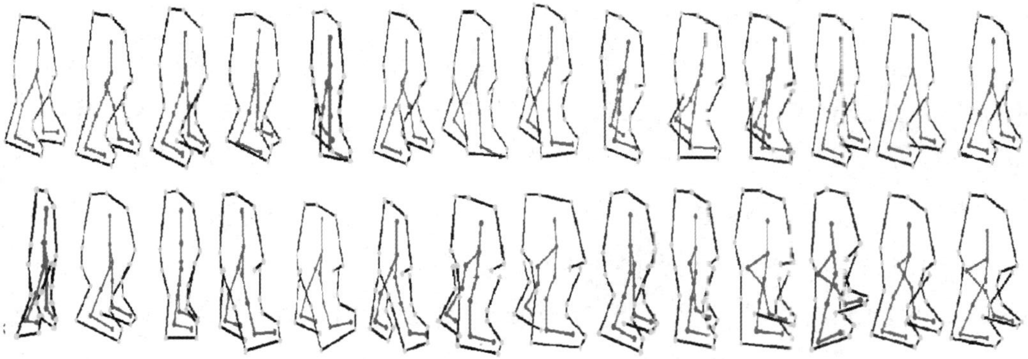

图 5.15 基于基本粒子滤波的视频运动重定向算法生成的最终动画(抽取部分帧合成图像)

本文算法在笔记本电脑 IBM X230 上利用 MATLAB R2008a 实现。笔记本的配置是：CPU 为 Intel(R) Core(TM) i5-3210M@ 2.50GHz，内存 6.00GB，显卡为 Intel(R) HD Graphics 4000，系统为 Microsoft Windows 7。

5.3.2.4 小结

本节首先介绍了基本粒子滤波算法的步骤，其次阐述了基本粒子滤波算法的程序实现并给出了实验结果，最后结合第 2 节的基于关键帧匹配的运动姿态的参数化表示与重定向算法，实现了基于基本粒子滤波的运动重定向并给出了实验结果。

从实验结果看误差较大，问题可能在于重要性函数的选取以及保持粒子多样性两方面。

5.3.3 马尔科夫蒙特卡罗粒子滤波器

5.3.3.1 MCMC-PF 算法的意义

由于基本粒子滤波算法是一种基于采样理论的贝叶斯估计算法，是解决非线性、非高斯问题的有效工具。但是粒子滤波算法会不可避免地出现粒子退化问题，即权重主要集中在少数几个粒子上，失去了粒子的多样性，由于每次都要对每个粒子进行计算，所以当权重集中在少数几个粒子上时，大量的计算都浪费在对结果毫无影响的粒子上，造成了很大的资源浪费。粒子滤波器的重采样抑制了权的退化，但也引入了其他问题，重采样后，粒子不再独立，简单的收敛性结果不再成立，具有较高权值的粒子被采样多次，粒子丧失了多样性，极端情况下，经过若干次迭代后，所有粒子都坍塌到一个点上，这称为粒子的贫化，重采样带来的粒子贫化问题使得表示状态的粒子个数太少而不充分，无限增大粒子个数又不现实，Gordon 等人提出对每个样本点增加高斯扰动,或者每次采样 kN 个样本,再从中重采样 N 个粒子,这些方法可以增加粒子的多样性,但存在着计算量过大甚至滤波器发散的问题。

针对基本粒子滤波器的退化问题,本文引入了马尔科夫蒙特卡罗粒子滤波器。马尔科夫链蒙特卡罗(MCMC)方法通过构造 Markov 链产生来自目标分布的样本,能在保持粒子概率分布不变的情况下,增加粒子的多样性。在重采样后通过 Markov 链蒙特卡罗方法,既保持了粒子概率分布不变,又增加了粒子集合的多样性,称为 MCMC-PF 算法,即马尔科夫蒙特卡罗粒子滤波器。

5.3.3.2 MCMC-PF 算法的原理

马尔科夫链是随机过程中的一个重要概念。假设随机变量序列 $x(k) \in \{s_1, s_2, \cdots, s_n\}$,如果不同时刻之间的转换概率只取决于随机变量的当前值,即:

$$p(x(k+1)) = s_j \mid x(k) = s_i, \cdots, x(0) = s_k) = p(x(k+1) = s_j \mid x(k) = s_i) \tag{5-39}$$

则这个随机变量的变化过程称为 Markov 过程,这个变量称为 Markov 随机变量。Markov 链就是指一个 Markov 过程产生的随机变量序列。Markov 链一步转移概率定义为:

$$T(i,j) = T(i \rightarrow j) = p(x(k+1) = s_j \mid x(k) = s_i) \tag{5-40}$$

则状态概率转移矩阵定义为 $T = [T_{ij} = T(i,j)]_{n*n}$。

令 $b_j(k) = p(x(k) = s_j)$ 表示 k 时 Markov 链取 s_j 的概率,$b(k) = [b_1(k), b_2(k), \cdots, b_n(k)]^T$ 表示时刻 k 状态空间的概率向量。从初始点以概率 b(0) 开始一个 Markov 过程。随着 Markov 过程的演变,概率向量在整个空间散布开来。时刻 k+1 取值 s_i 的概率 $b_i(k+1)$ 可以根据 Chapman-Kolmogorov 方程计算:

$$\begin{aligned} b_i(k+1) = p(x(k+1) = s_i) &= \sum_j p(x(k+1) = s_i \mid x(k) = s_j) p(x(k) = s_j) \\ &= \sum_j T(j,i) b_j(k) \end{aligned} \tag{5-41}$$

写成矩阵形式:

$$\Pi(k+1) = \Pi(k) T \tag{5-42}$$

重复这个过程可以得到:

$$\Pi(k) = \Pi(0) T^k \tag{5-43}$$

类似地,可以定义 l 步转移概率矩阵 $T^{(l)} = [T^{(l)}(i,j)]_{n*n}$,其中:

$$T^{(l)}(i,j) = p(x(k+l) = s_j \mid x(k) = s_i) \tag{5-44}$$

对于一个 Markov 链,如果对于任意的 i 和 j 存在一个正整数 n_{ij},使得 $T^{(n_{ij})}(i,j) > 0$ 成立,则称这个 Markov 链是不可约分的。不可约分 Markov 链的所有状态之间可以相互转移,即称为遍历性。当任意两个状态之间转移所需步数不必是某些整数的乘积时,Markov 链被称为非周期的。非周期的 Markov 链不会在演变过程中进入回写长度状态组成的循环中。当一个 Markov 链同时具有这两个特性时,就可以达到一个稳定分布 Π^*,到达稳定分布后,状态概率向量与初始状态的选取无关,即:

$$\Pi^* = \Pi^* T \tag{5-45}$$

能够到达稳定状态的 Markov 链的一个充分条件是状态空间内任意两个状态 s_i 和 s_j 之间要满足可逆性条件,即:

$$p(x(k+l)=s_j \mid x(k)=s_i)\pi_i^* = p(x(k+l)=s_i \mid x(k)=s_j)\pi_j^* \tag{5-46}$$

离散状态的 Markov 链思想可以推广到连续状态的 Markov 过程,转换概率函数满足:

$$\int T(x,y)dy = 1 \tag{5-47}$$

Chapman-Kolmogorov 方程连续形式为:

$$\pi_t(y) = \int \pi_{t-1}(x)T(x,y)dx \tag{5-48}$$

稳态分布充分条件为:

$$\pi^*(y) = \int \pi^*(x)T(x,y)dx \tag{5-49}$$

通过对 Markov 链的分析可以知道,如果粒子滤波中的粒子集合 $\{x^{(i)}k\}_{i=1}^N$ 服从后验分布 $p(x^* \mid z_{1:t})$,选取合适的 Markov 转移概率密度函数 $p(x \mid x^*)$,满足 Markov 链的稳态条件,即 $\int p(x^* \mid z_{1:t})p(x \mid x^*) = p(x \mid z_{1:t})$,则粒子集合描述的概率密度分布不变。因此,我们可以通过 MCMC 方法保持概率分布近似不变的情况下产生新的粒子集合,增强粒子的多样性。

Metropolis-Hastings(MH)算法是一种最常用的 MCMC 实现方法,其要旨是给定不变分布 $p(x)$ 和建议分布 $q(x^* \mid x)$。首先根据建议分布及当前变量值采样得到 x^*,称为候选择,Markov 链以接收概率朝 x^* 移动,否则保持原值,可以证明,按照此种方法产生的新的 Markov 序列渐进收敛于目标分布。

5.3.3.3 MCMC-PF 算法的步骤

MCMC-PF 算法的实现步骤如下:

假设现在经过重要性采样与权值计算已经得到 N 个粒子 $\{x_1, x_2, \cdots, x_n\}$ 及其对应的权重 $\{w_1, w_2, \cdots, w_n\}$:

(1)初始化,得到 x_1;

(2)由建议分布 $q(x^* \mid x)$ 采样得到 x_1^*,并计算此 x_1^* 计算对应的权重 w_1^*;

(3)采样得到 u,u~u[0,1],产生一个随机数 u,服从 0 到 1 上的均匀分布;

(4)计算 $A = \dfrac{w_1^*}{w_1}$,若 A>=1,转到步骤(7),此步骤可以增加粒子的有效性;

(5)若 A<1,再产生 0 到 1 上的随机数 A’,若 A> A’,转到步骤(7),此步骤可以保持粒子的多样性;

(6)若 A< A’,保留 x_1,转到步骤(8);

(7)用 x_1^* 代替 x_1,产生新的粒子,转到步骤(8);

(8)此时或保留了原值 x_1,或者已经产生了新粒子,重复上述步骤,直到得到一个新的粒子集 $\{x_1^{'},x_2^{'},\cdots,x_n^{'}\}$ 。

通过上述 MCMC 步骤,可以产生新的粒子集,在保持了粒子有效性的同时,又增加了粒子的多样性。

5.3.3.4 MCMC-PF 算法的程序实现

在本文研究中我们将视频对象的运动分解为宏观运动和微观运动两个层次,宏观运动描述视频对象的运动轨迹,微观运动表示视频对象的运动细节。因此,在本小节中,我们使用马尔科夫蒙特卡罗粒子滤波器跟踪视频运动对象(人体)的质心位置,即用马尔科夫蒙特卡罗粒子滤波器跟踪图 5.3 所示的 O(t)点,从而得到视频运动对象(人体)运动轨迹。我们在第 1 帧开始设定好质心 O(t)点位置,随着视频播放,连续跟踪 60 帧,经过实验,得到跟踪结果与实际质心 O(t)点的跟踪误差,并与基本粒子滤波器的跟踪结果进行了比较,如图 5.16 所示。

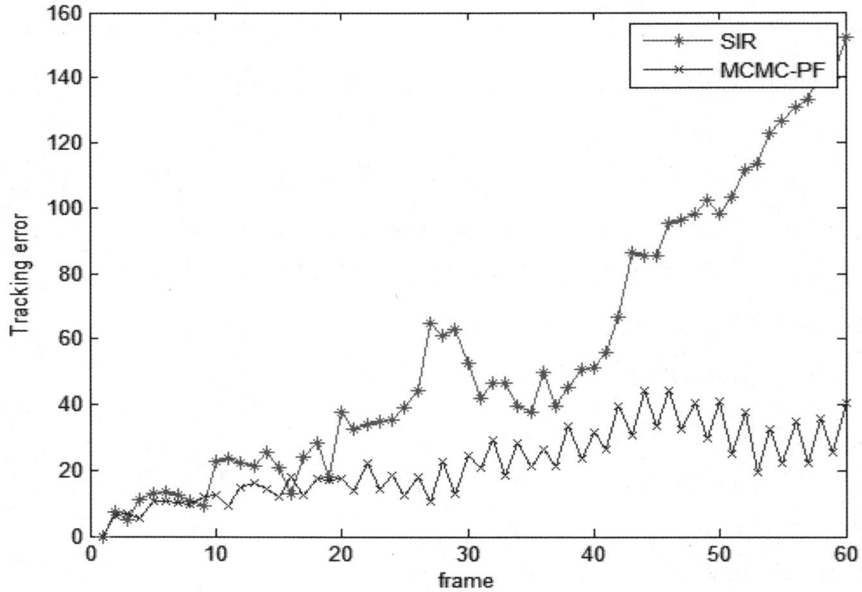

图 5.16 马尔科夫蒙特卡罗粒子滤波器与基本粒子滤波器跟踪误差结果比较

从图 5.16 的实验跟踪结果来看,马尔科夫蒙特卡罗粒子滤波器算法大大降低了基本粒子滤波器的跟踪误差,跟踪 60 帧均值误差由基本粒子滤波器的 56.7069 降低至 21.9316,跟踪性能提高了 61.32%。

5.3.3.5 基于马尔科夫蒙特卡罗粒子滤波器的视频运动重定向实验结果

基于动画创作理论思想，本文将运动的表示分解为运动轨迹和运动姿态两个要素。在第 2 节提出了基于关键帧匹配的运动姿态的参数化表示与重定向算法。该算法用基于关键姿态的内插方法来表示运动对象姿态的变化，运动对象的姿态变化可描述为：由各关键姿态仿射变形为该运动对象姿态的变换矩阵 A_m，由变形后的关键姿态内插出该运动对象姿态的加权系数 w_m。姿态变化描述参数与轨迹的参数合在一起作为视频运动对象（人体）的运动信息。在本节中，我们通过马尔科夫蒙特卡罗粒子滤波器算法跟踪出视频运动对象（人体）的运动轨迹作为动画运动对象（熊猫）的宏观运动信息，结合第 2 节的基于关键帧匹配的运动姿态的参数化表示作为动画运动对象（熊猫）的微观运动信息，通过运动对象姿态的重定向算法和轨迹合成算法，生成动画运动对象（熊猫）的动画。

本节提出的算法结构如图 5.17 所示：

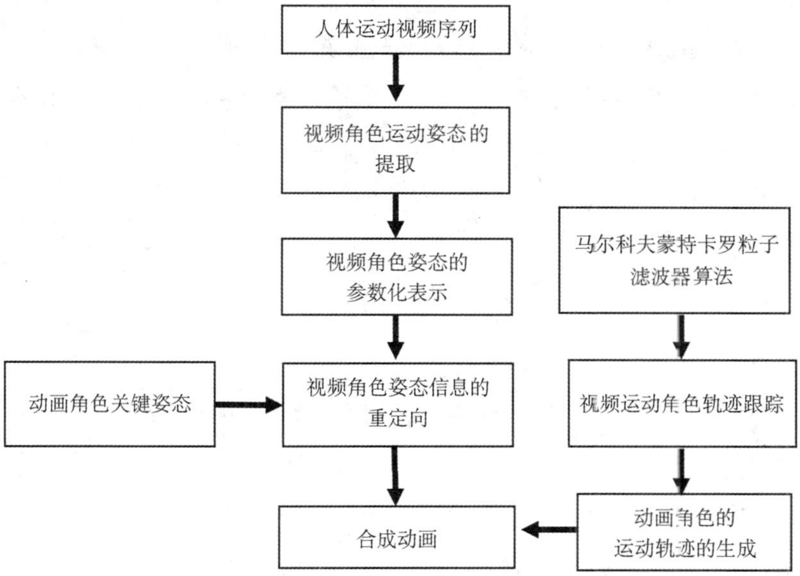

图 5.17 基于马尔科夫蒙特卡罗粒子滤波器的视频运动重定向算法结构图

本文中，以图 5.5 人体运动对象作为视频输入，为验证算法，本文只对运动对象（人体）的躯干、大腿、小腿和脚部进行参数化表示，参数化表示的运动信息见图 5.5。以图 5.6 熊猫运动对象作为动画输出，为验证算法，本文也是只对运动对象（熊猫）的躯干、大腿、小腿和脚部进行参数化表示，参数化表示的运动信息见图 5.6。视频输入运动对象（人体）参数化表示的部分关键帧如图 5.7 所示，输入视频以及参数化表示的视频运动如图 5.8 所示，由于视频在每个时间点只显示一个运动对象，用截图的方式很难看到视频效果，为展示整体效果，该图为从视频序列中抽取部分帧合成的图像。我们用基于马尔科夫蒙特卡罗粒子滤波器算法跟踪出质心 O(t) 点位置所形成的运动轨迹，替换视频每一帧实际质心 O(t)点位置表示宏观运动信息，保留参数化表示的人体的微观运动信息，形成的视频运动对象(人体)运动效果如图 5.18 所示，由于视频在每个时间点只显示一个运动对象，用截图的方式很难看到视频效果，为展示整体效果，该图为从视频序列中抽取部分帧合成的图像。

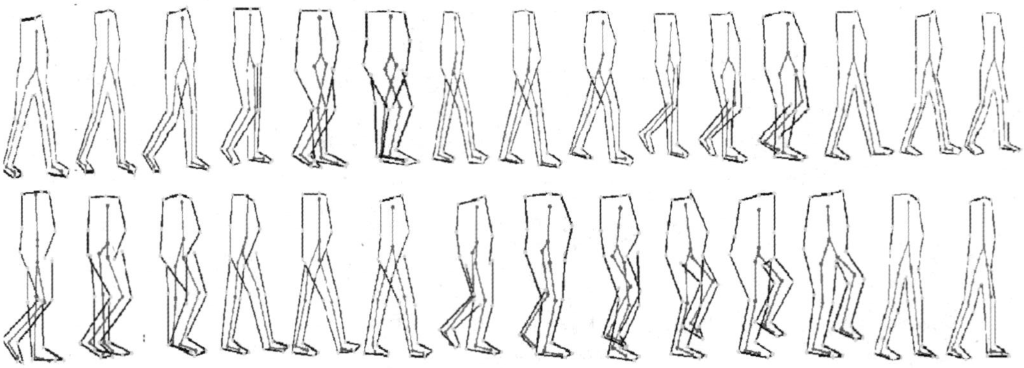

图 5.18　基于马尔科夫蒙特卡罗粒子滤波器的视频运动效果图(抽取部分帧合成图像)

对于动画输出运动对象(熊猫)，基于马尔科夫蒙特卡罗粒子滤波器的运动重定向算法生成的最终动画效果如图 5.19 所示。由于动画在每个时间点只显示一个运动对象，用截图的方式很难看到动画效果，为展示整体效果，该图为从动画序列中抽取部分帧合成的图像。

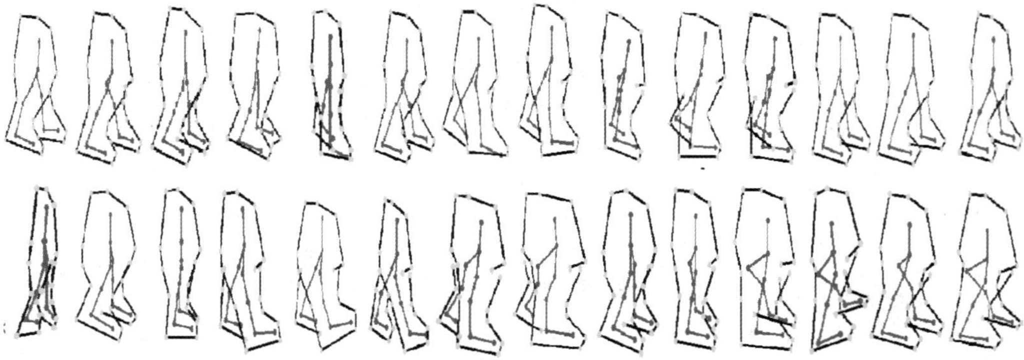

图 5.19　基于马尔科夫蒙特卡罗粒子滤波器的视频运动重定向算法生成的最终动画(抽取部分帧合成图像)

本文算法在笔记本电脑 IBM　X230 上利用 MATLAB R2008a 实现。笔记本的配置是：CPU 为 Intel(R) Core(TM) i5-3210M@ 2.50GHz，内存 6.00GB，显卡为 Intel(R) HD Graphics 4000，系统为 Microsoft Windows 7。

5.3.3.6　小结

本节首先介绍了马尔科夫蒙特卡罗粒子滤波器算法的意义，其次介绍了马尔科夫蒙特卡罗粒子滤波器算法的原理,再次介绍了马尔科夫蒙特卡罗粒子滤波器算法的步骤,阐述了马尔科夫蒙特卡罗粒子滤波器算法的程序实现并给出了实验结果,最后结合第 2 节的基于关键帧匹配的运动姿态的参数化表示与重定向算法,实现了基于马尔科夫蒙特卡罗粒子滤波器的运动重定向并给出了实验结果。

虽然 MCMC 方法能够显著提高粒子滤波器的性能,而且 MCMC 方法十分直观,很容易应用到更复杂的场景中,但它的突出缺陷是为了保证收敛所需概率转移次数大,算法增加的运算量大,而且收敛的判断也是个问题。

5.3.4 基于关键帧匹配与双向马尔科夫链蒙特卡罗采样的视频时空体滤波

由于马尔科夫蒙特卡罗粒子滤波器算法存在一定的缺陷,因此本文结合视频运动重定向的应用需求,提出了基于关键帧匹配与双向马尔科夫链蒙特卡罗采样的视频时空体滤波算法。

5.3.4.1 视频时空体滤波算法原理

定义了视频关键帧并进行关键帧匹配后,在由关键帧所形成的每个时空体内部会产生前后帧的约束关系,即双向马尔科夫性(Bidirectional Markov Chain Monte Carlo Sampling)。将动力学模型与观测模型耦合起来,也就形成了基于关键帧匹配和双向马尔科夫链蒙特卡罗采样视频时空体滤波,并在每个时空体内部形成对于每帧视频图像中重定向参数的估计。

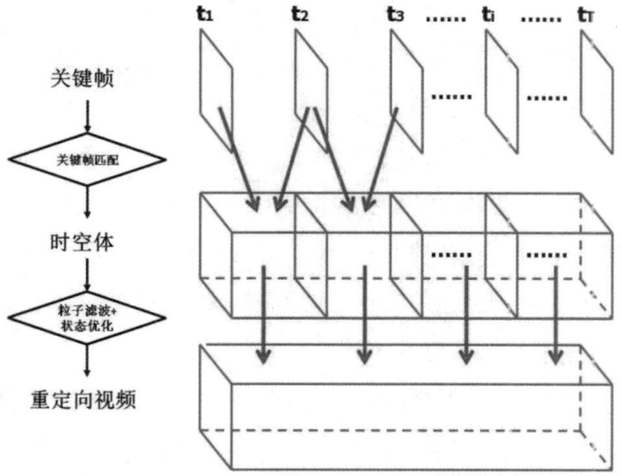

图 5.20 关键帧—时空体—重定向视频序列的层级视频运动重定向结构

由于马尔科夫链的性质,我们可以得到如下双向马尔可夫性:

$$p(g_t \mid g_1,\dots,g_{t-1},g_{t+1},\dots,g_N)=p(g_t \mid I_{t-1},I_{t+1}) \tag{5-50}$$

其中,g_t为待估参数,I 为给定的视频序列。

而观察独立性仍然成立:

$$p(I_1,\dots,I_\tau \mid g_1,\dots,g_\tau) = \prod_{t=1}^{\tau} p(I_t \mid g_t) \tag{5-51}$$

因此,我们有:

$$p(g_t \mid g_1,\dots,g_{t-1},g_{t+1},\dots,g_N,I_1,\dots,I_N) = c_t p(g_t \mid g_{t-1},g_{t+1}) p(I_t \mid g_t) \tag{5-52}$$

有了视频时空体之后,我们可以放松这一要求:

$$p(g_t \mid g_1,\dots,g_{t-1},g_{t+1},\dots,g_N,I_1,\dots,I_N) = c_t p(g_t \mid g_{t-1},g_{t+1},I_{t-1},I_t,I_{t+1}) \tag{5-53}$$

或者更一般:

$$p(g_t \mid g_1,\dots,g_{t-1},g_{t+1},\dots,g_N,I_1,\dots,I_N) = c_t p(g_t \mid g_{\partial t},I_{\partial t},I_t) \tag{5-54}$$

其中,∂t 表示 t 的邻近帧。这时动力学模型与观测模型耦合起来了,也就形成了双向马尔科夫链蒙特卡罗采样视频时空体滤波,并在每个时空体内部形成对每帧视频图像中重定向参数的估计。

有了视频时空体以后,我们可以利用关键帧和双向马尔科夫蒙特卡罗粒子滤波器对一个时空体内部的各帧的参数状态 g 做一个有效的预测,由于双向马尔科夫链的性质,我们有:

$$p(g_t \mid g_1,\dots,g_{t-1},g_{t+1},\dots,g_N,I_1,\dots,I_N) = c_t p(g_t \mid g_{t-1},g_{t+1}) p(I_t \mid g_t) \tag{5-55}$$

这个概率正是吉布斯方法采样联合后验 $p(g_1,\cdots,g_N \mid I_1,\cdots,I_N)$ 所需的概率。由于观测独立性,这个概率恰好又被分为两部分,预测部分 $p(g_t \mid g_{t-1},g_{t+1})$ 与校正部分 $p(I_t \mid g_t)$ 。因此我们可以分两步来完成吉布斯采样中的一个分量更新步骤。我们先根据预测概率 $p(g_t \mid g_{t-1},g_{t+1})$ 进行重采样,然后用校正部分 $p(I_t \mid g_t)$ 进行加权。

其中,重采样与传统的粒子滤波不同,我们需要考虑前后两帧粒子的不同组合,进行组合采样。由于对于每一帧图像 I_t,我们有多个带权重的备选解 $\{(g_t^{(k)},w_t^{(k)})\}_{k=1}^{K}$,因此我们的方法又不同于传统的吉布斯采样,是对粒子滤波与吉布斯采样的一种综合。步骤如下:我们首先用粒子滤波初始化,得到每帧的粒子及其权重。然后循环选取或者随机选取一帧 t,固定它的相邻帧 $(t-1)$ 和 $(t+1)$,然后对其进行双向粒子滤波,并维护每个粒子和相邻帧间粒子的连接关系。当这个过程收敛之后,我们就得到了一组服从后验分布 $p(g_1,\cdots,g_N \mid I_1,\cdots,I_N)$ 的粒子组合。

值得注意的是,这里我们对于 $(g_1,\cdots,g_N)$ 是以隐含的方式表示在所有帧的粒子及其关联连接的图中的(见图 5.21),也就是,每一个连接第 1 帧的粒子和第 N 帧的粒子的通路都是一个解析图。要得到其中的典型的解,我们需要再次对这一组粒子进行采样,最终得到一组可用的解。

如图 5.21 所示,随着图像帧数 N 上升,总的粒子个数线性上升,表示的解的个数却是指数上升的。由于我们允许多重连接,所以能产生更多的排列组合。

对于时空体内部各帧图像 $(I_t,I_{\partial t})$ 的重定向参数表示 $(g_t,g_{\partial t})$ 中的任意一个节

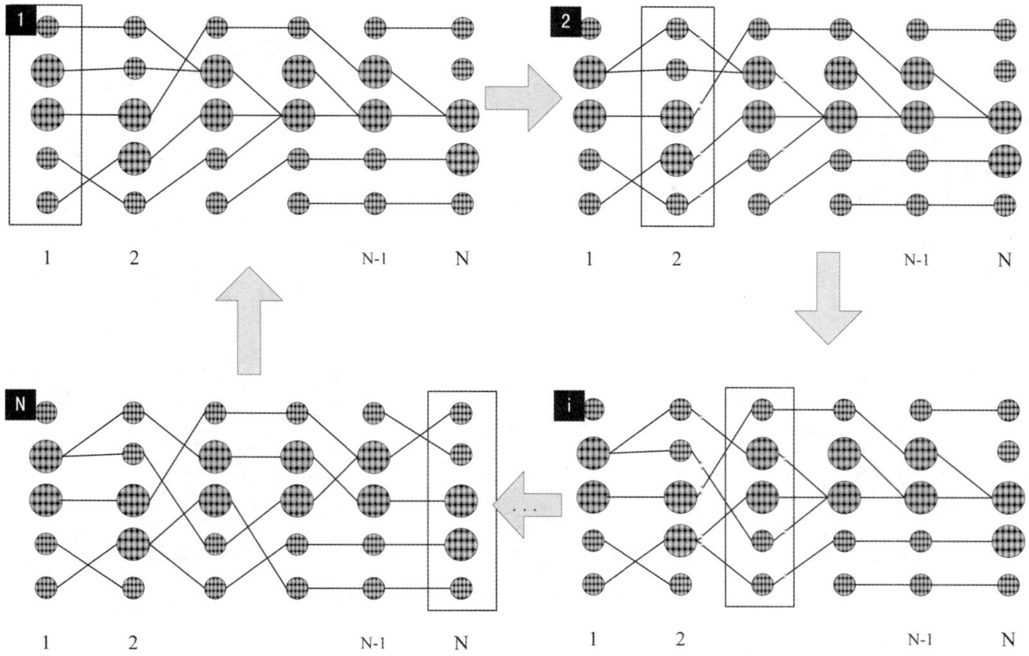

图 5.21 双向粒子滤波与多假设吉布斯采样

点 n，用时空体中的参数状态拟合，拟合误差便是能量函数。因此概率函数 $p(g_t \mid g_{\partial t}, I_{\partial t}, I_t)$ 可分解为该节点 n 上的混合分布。

$$p(g_t \mid g_{\partial t}, I_{\partial t}, I_t) = \prod_{n \in g_t} \sum_{i=1}^{M} p(i \mid n, g_t, g_{\partial t}) p(\varepsilon^{(i)}_{\partial(t, \vec{x}_n)} \mid i, I_{\partial(t, \vec{x}_n)}) \qquad (5\text{-}56)$$

其中 $\vec{x}_n$ 表示节点 n 的中心；$p(i \mid n, g_t, g_{\partial t})$ 是第 i 个时空体参数在此处的先验，用于约束参数状态沿时间轴的一致性，时间近邻上该节点对应的参数状态越一致，概率值越大；$p(\varepsilon^{(i)}_{\partial(t,x_n)} \mid i, I_{\partial(t,x_n)})$ 为第 i 个时空体参数对时空区域 $I_{\partial(t,\vec{x})}$ 重建所产生误差的分布函数。

5.3.4.2 视频时空体滤波算法的程序实现

在本文研究中我们将视频对象的运动分解为宏观运动和微观运动两个层次，宏观运动描述视频对象的运动轨迹，微观运动表示视频对象的运动细节。因此，在本小节中，我们使用基于关键帧匹配与双向马尔科夫链蒙特卡罗采样的视频时空体滤波器跟踪视频运动对象(人体)的质心位置，即用基于关键帧匹配与双向马尔科夫链蒙特卡罗采样的视频时空体滤波器跟踪图 5.3 所示的 O(t) 点，从而得到视频运动对象(人体)运动轨迹。我们在第 1 帧开始设定好质心 O(t) 点位置，随着视频播放，连续跟踪 60 帧，经过实验，得到跟踪结果与实际质心 O(t) 点的跟踪误差，并与基本粒子滤波器和马尔科夫蒙特卡罗粒子滤波器的跟踪结果进行了比较，如图 5.22 所示。

从图 5.22 的实验跟踪结果来看，基于关键帧匹配与双向马尔科夫链蒙特卡罗采

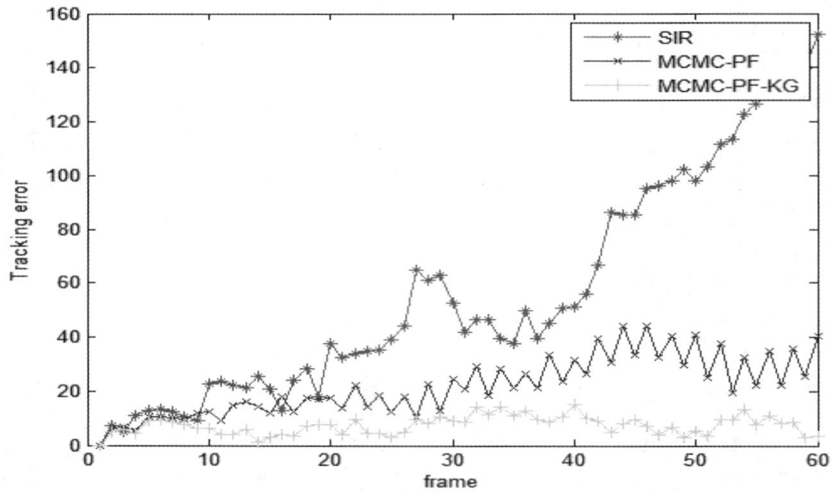

图 5.22　基于关键帧匹配与双向马尔科夫链蒙特卡罗采样的视频时空体滤波算法跟踪误差结果

样的视频时空体滤波器算法显著降低了马尔科夫蒙特卡罗粒子滤波器的跟踪误差，跟踪 60 帧均值误差由马尔科夫蒙特卡罗粒子滤波器的 21.9316 降低至 9.8773，跟踪性能提高了 54.96%。

5.3.4.3　基于视频时空体滤波算法的视频运动重定向实验结果

基于动画创作理论思想，本文将运动的表示分解为运动轨迹和运动姿态两个要素。在前面提出了基于关键帧匹配的运动姿态的参数化表示与重定向算法。该算法用基于关键姿态的内插方法来表示运动对象姿态的变化，运动对象的姿态变化可描述为：由各关键姿态仿射变形为该运动对象姿态的变换矩阵 A_m，由变形后的关键姿态内插出该运动对象姿态的加权系数 w_m。姿态变化描述参数与轨迹的参数合在一起作为视频运动对象（人体）的运动信息。在本节中，我们通过基于关键帧匹配与双向马尔科夫链蒙特卡罗采样的视频时空体滤波器算法跟踪出视频运动对象（人体）的运动轨迹作为动画运动对象（熊猫）的宏观运动信息，结合第 2 节的基于关键帧匹配的运动姿态的参数化表示作为动画运动对象（熊猫）的微观运动信息，通过运动对象姿态的重定向算法和轨迹合成算法，生成动画运动对象（熊猫）的动画。

本节提出的算法结构如图 5.23 所示。

本文中，以图 5.5 人体运动对象作为视频输入，为验证算法，本文只对运动对象（人体）的躯干、大腿、小腿和脚部进行参数化表示，参数化表示的运动信息见图 5.5。以图 5.6 熊猫运动对象作为动画输出，为验证算法，本文也是只对运动对象（熊猫）的躯干、大腿、小腿和脚部进行参数化表示，参数化表示的运动信息见图 5.6。视频输入运动对象（人体）参数化表示的部分关键帧如图 5.7 所示，输入视频以及参数化表示的视频运动如图 5.8 所示，由于视频在每个时间点只显示一个运动对象，用截图的方式

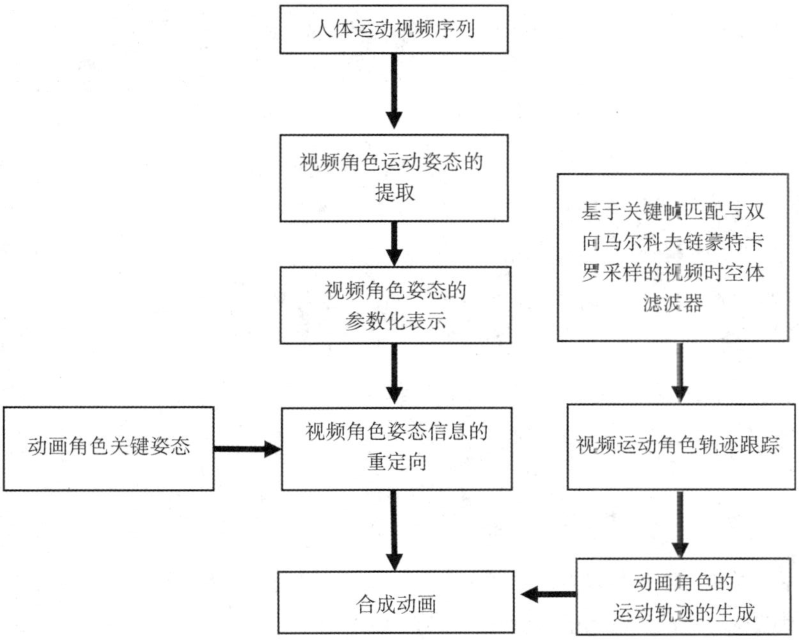

图 5.23　基于关键帧匹配与双向马尔科夫链蒙特卡罗采样的视频时空体滤波器的视频运动重定向算法结构图

很难看到视频效果，为展示整体效果，该图为从视频序列中抽取部分帧合成的图像。我们用基于关键帧匹配与双向马尔科夫链蒙特卡罗采样的视频时空体滤波器算法跟踪出质心 O(t) 点位置所形成的运动轨迹，替换视频每一帧实际质心 O(t) 点位置表示宏观运动信息，保留参数化表示的人体的微观运动信息，形成的视频运动对象（人体）运动效果如图 5.24 所示，由于视频在每个时间点只显示一个运动对象，用截图的方式很难看到视频效果，为展示整体效果，该图为从视频序列中抽取部分帧合成的图像。

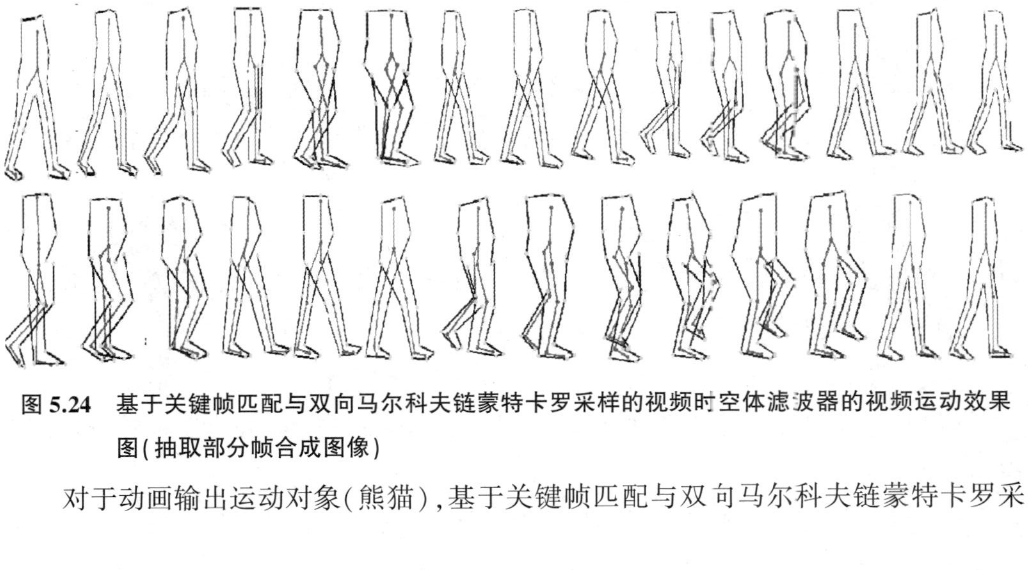

图 5.24　基于关键帧匹配与双向马尔科夫链蒙特卡罗采样的视频时空体滤波器的视频运动效果图（抽取部分帧合成图像）

对于动画输出运动对象（熊猫），基于关键帧匹配与双向马尔科夫链蒙特卡罗采样的视频时空体滤波器的运动重定向算法生成的最终动画效果如图 5.25 所示。由于动画在每个时间点只显示一个运动对象，用截图的方式很难看到动画效果，为展示整体效果，该图为从动画序列中抽取部分帧合成的图像。

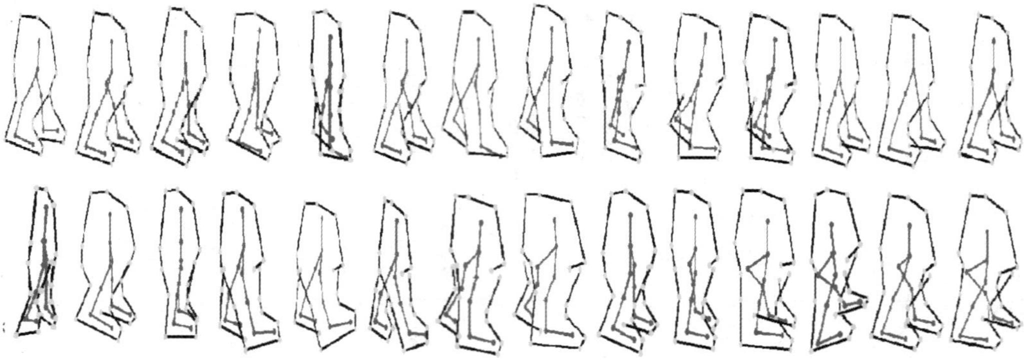

图 5.25　基于关键帧匹配与双向马尔科夫链蒙特卡罗采样的视频时空体滤波器的视频运动重定向算法生成的最终动画(抽取部分帧合成图像)

本文算法在笔记本电脑 IBM X230 上利用 MATLAB R2008a 实现。笔记本的配置是:CPU 为 Intel(R) Core(TM) i5-3210M@ 2.50GHz，内存 6.00GB，显卡为 Intel(R) HD Graphics 4000，系统为 Microsoft Windows 7。

5.3.5　小结

本节提出了基于关键帧匹配与双向马尔科夫链蒙特卡罗采样的视频时空体滤波算法，并编程实现了该算法，同时通过实验给出了该算法与基本粒子滤波算法、马尔科夫蒙特卡罗粒子滤波器算法的性能指标的对比。

从实验结果看误差较大，问题可能在于重要性函数的选取以及保持粒子多样性两大方面。

从实验跟踪结果来看，马尔科夫蒙特卡罗粒子滤波器算法大大降低了基本粒子滤波器的跟踪误差，跟踪 60 帧均值误差由基本粒子滤波器的 56.7069 降低至 21.9316，跟踪性能提高了 61.32%。

虽然 MCMC 方法能够显著提高粒子滤波器的性能，而且 MCMC 方法十分直观，很容易应用到更复杂的场景中，但它的突出缺陷是为了保证收敛所需概率的转移次数大，算法增加的运算量大，而且收敛的判断也是个问题。

由于马尔科夫蒙特卡罗粒子滤波器算法存在一定的缺陷，因此本文结合视频运动重定向的应用需求，提出了基于关键帧匹配与双向马尔科夫链蒙特卡罗采样的视频时空体滤波算法。

从实验跟踪结果来看，基于关键帧匹配与双向马尔科夫链蒙特卡罗采样的视频时空体滤波器算法显著降低了马尔科夫蒙特卡罗粒子滤波器的跟踪误差,跟踪 60 帧均值误差由马尔科夫蒙特卡罗粒子滤波器的 21.9316 降低至 9.8773,跟踪性能提高了 54.96%。

最后结合第 2 节的基于关键帧匹配的运动姿态的参数化表示与重定向算法,分别实现了基于基本粒子滤波的运动重定向、基于马尔科夫蒙特卡罗粒子滤波器的运动重定向以及基于关键帧匹配与双向马尔科夫链蒙特卡罗采样的视频时空体滤波器的运动重定向并给出了实验结果。

5.4 基于分等级遗传优化策略的视频重定向参数优化

本节提出了基于分等级遗传优化策略的视频重定向参数优化算法,并编程实现了该算法,将该优化算法分别应用到马尔科夫蒙特卡罗粒子滤波器算法的优化和基于关键帧匹配与双向马尔科夫链蒙特卡罗采样的视频时空体滤波算法的优化,同时通过实验给出了基于分等级遗传优化策略的视频重定向参数优化算法、马尔科夫蒙特卡罗粒子滤波器算法和基于关键帧匹配与双向马尔科夫链蒙特卡罗采样的视频时空体滤波算法的性能指标的对比。同时,结合第 2 节的基于关键帧匹配的运动姿态的参数化表示与重定向算法,分别实现了基于分等级遗传优化策略的马尔科夫蒙特卡罗粒子滤波器算法(MCMC-GPF)的视频运动重定向以及基于分等级遗传优化策略的基于关键帧匹配与双向马尔科夫链蒙特卡罗采样的视频时空体滤波算法(MCMC-GPF-KG)的视频运动重定向并给出了实验结果。

5.4.1 遗传算法的基础理论

遗传算法[102-103](Genetic Algorithm)是模拟自然界生物进化过程与机制来求解极值问题的一类自组织、自适应人工智能技术。它通过模拟达尔文"优胜劣汰、适者生存"的原理激励好的结构,同时寻找更好的结构,是一种随机的优化与搜索方法。[104] 遗传算法提供了一种求解复杂系统优化问题的通用框架,它不依赖于问题的具体领域,广泛应用于多种学科领域。例如:

(1)函数优化

函数优化是遗传算法的经典应用领域,也是对遗传算法进行性能评价的常用算例。不同研究者构造出了各种各样的复杂形式的测试函数,有连续函数也有离散函数,有凸函数也有凹函数,有低维函数也有高维函数,有确定函数也有随机函数,有单峰值函数也有多峰值函数等。用这些几何特性各具特色的函数来评价遗传算法的性能,更能反映算法的本质效果。对于一些非线性、多模型、多目标的函数优化问题,用其他优化方法较难求解,遗传算法却可以方便地得到较好的结果。

(2)组合优化

随着问题规模的增大,组合优化问题的搜索空间也急剧扩大,有时在目前的计算机上用枚举法很难甚至不可能求出其精确的最优解。对这类复杂问题,应把主要精力放在寻求满意解上,而遗传算法是寻求这种满意解的最佳工具之一。实践证明,遗传算法已经在求解旅行商问题、背包、装箱、布局优化、图形划分等各种具有 NP 难度的问题上得到成功的应用。

(3)生产调度

在很多情况下,用常规方法建立的数学模型难以精确求解生产调度问题,即使经过一些简化之后可以进行求解,有时也会因简化太多而使得求解结果与实际目标相距甚远。一般情况下,在现实生产中主要靠经验来进行调度。研究发现,遗传算法已成为解决复杂调度问题的有效工具,在单件生产车间调度、流水线生产车间调度、生产规划、任务分配等方面,遗传算法都得到了有效的应用。

(4)自动控制

在自动控制领域中有很多与优化相关的问题需要求解,遗传算法已在其中得到了初步的应用,并显示出良好的效果。例如用遗传算法进行航空控制系统的优化、使用遗传算法设计空间交汇控制器、基于遗传算法的模糊控制器的优化设计、基于遗传算法的参数辨识、基于遗传算法的模糊控制规则的学习、利用遗传算法进行人工神经网络的结构优化设计和权值学习等,都显示了遗传算法在这些领域中应用的可能性。

(5)机器人学

机器人是一类复杂的、难以精确建模的人工系统。由于遗传算法的起源来自人工自适应系统的研究,机器人学理所当然地成为遗传算法的一个重要应用领域。遗传算法已经在移动机器人路径规划、关节机器人运动轨迹规划、机器人逆运动学求解、细胞机器人的结构优化和行为协调等方面进行了研究和应用。

(6)图像处理

图像处理是计算机视觉中的一个重要研究领域。在图像处理过程中,如扫描、特征提取、图像分割等不可避免地会存在一些误差,从而影响图像的效果。如何使这些误差最小化是计算机视觉达到实用化的重要要求。遗传算法可用于图像处理中的优化计算,目前已在模式识别、图像恢复、图像边缘特征提取等方面得到了应用。

(7)人工生命

人工生命是用计算机、机械等人工媒体模拟或构造出的具有自然生物系统特有行为的人造系统。自组织能力和自学习能力是人工生命的两大主要特征。人工生命与遗传算法有着密切的联系,基于遗传算法的进化模型是研究人工生命现象的重要基础理论。虽然人工生命的研究尚处于初期阶段，但遗传算法已在其进化模型、学习模型、行为模型、自组织模型等方面显示了初步的应用能力，并且必将会得到更为深入的应用和发展。人工生命与遗传算法相辅相成，遗传算法为人工生命的研究提供了一个有效的工具，人工生命的研究也必将促进遗传算法的进一步发展。

（8）遗传编程

遗传编程（Genetic Programming，GP）采用树型结构表示计算机程序，运用遗传算法的思想，通过自动生成计算机程序来解决问题。虽然遗传编程的理论尚未成熟，应用也有一些限制，但它已成功地应用于人工智能、机器学习等领域。Koza 等人描述了基本的遗传编程方法并且给出了很多可以被 GP 成功学习的程序。

（9）机器学习

学习能力是高级自适应系统所具备的能力之一，基于遗传算法的机器学习，特别是分类器系统，在很多领域中都得到了应用。遗传算法被用于学习模糊控制规则，可以更好地改进模糊系统的性能；基于遗传算法的机器学习不但可以用来调整人工神经网络的连接权，也可用于人工神经网络结构的优化设计。

（10）数据挖掘

数据挖掘能够从大规模数据库中提取隐含的、未知的、有潜在应用价值的知识和规则。许多数据挖掘问题可以看作搜索问题。其中，数据库可看作搜索空间，挖掘算法可看作搜索策略。应用遗传算法在数据库中进行搜索，对随机产生的一组规则进行进化，直到数据库能被该组规则覆盖，从而挖掘出隐含在数据库中的规则。Sunil 已成功地开发了一个基于遗传算法的数据挖掘工具，利用该工具对两个飞机失事的真实数据库进行了数据挖掘实验，结果表明遗传算法是进行数据挖掘的有效方法之一。[105]

遗传算法在各种问题的求解与应用中展现了其特点和魅力，同时也暴露了它在理论和应用上的诸多不足和缺陷。现在遗传算法的研究热点主要集中在以下几方面：

（1）算法的数学基础，包括算法的收敛性、收敛速度估计、早熟机理的探索与预防、交叉算子的几何意义与统计解释、参数设置对算法的影响等方面。算法的收敛速度估计是当前特别值得研究和探讨的问题，它能从理论上对遗传算法的任何修正形式提供评判标准，从而指明改进算法性能的正确方向。

（2）遗传算法与优化技术的融合。对遗传算法的大范围群体搜索性能与快速收敛的局部优化方法进行混合，从而产生有效的全局优化方法。这种策略可从根本上提高遗传算法计算性能，对此可以进行大量的理论分析和实验。

（3）算法的改进与深化。根据具体应用领域对遗传算法进行改进与完善，仅泛泛地对一般问题进行研究是远远不够的。当前针对具体应用问题深化研究遗传算法是特别值得提倡的工作。

(4)算法的选择。基于实验研究的结论并不具有普遍意义上的指导作用,因此从数学的角度进行遗传算法的理论研究将对算法的合理选择提供理论指导。

(5)算法的并行化研究。遗传算法的群体适应度评价、随机搜索等特征使其具有明显的并行性。因此,设计各种并行执行策略、建立相应的并行化遗传算法的数学基础,是一项具有重要意义的工作。

遗传算法作为一种非确定性的拟自然算法,为复杂系统的优化提供了一种新的方法,实践证明其效果显著。不过,尽管遗传算法在很多领域具有广泛的应用价值,但它仍存在一些问题,各国学者一直都在探索对遗传算法的改进及发展,以使遗传算法有更广泛的应用领域。[106]

本小节将概括地介绍基本遗传算法,这是所有遗传算法的基础,本文即在基本遗传算法之上的引申。

5.4.1.1 遗传算法概述

(1)生物学基础

按照进化论的观点,地球上的每一物种从诞生开始就进入了漫长的进化过程。各种生物要生存下去就必须进行生存斗争,具有较强生存能力的生物个体容易存活下来并有较多的机会产生后代,反之则被淘汰,逐渐消亡。这就是“自然选择,适者生存”。

基因对物种产生巨大影响,不同基因的组合产生的个体对环境的适应性不一样。通过基因的交叉和突变可以产生对环境适应性强的后代。在一定环境下,生物物种通过自然选择、基因交叉和变异等过程构成了生物的进化过程。

自然界对进化中的生物群体提供及时的反馈信息,这些信息是外界对生物的评价,它反映了生物的生存价值和机会。在相同环境下的生存斗争中,生存价值低的个体被淘汰了,生存价值高的个体生存下来并产生后代。

生物的进化过程本质上是一个优化过程,这对计算科学提供了直接的借鉴意义。遗传算法就是以生物的进化过程为基础产生的计算方法之一。

(2)遗传算法的特点

作为一种非确定性的拟自然算法,遗传算法有一些显著的特点:

(1)遗传算法直接处理的对象是决策变量的编码集,而不是决策变量的实际值本身,搜索过程既不受优化函数的连续性约束,也没有优化函数导数必须存在的要求。

(2)遗传算法不是从单个点,而是从一个群体开始搜索,使遗传算法具有一定的隐含并行性,可以有效地防止搜索过程收敛到局部最优解,这也是它优于其他算法的主要原因。

(3)遗传算法只利用目标函数的适应值信息,无须要求目标函数连续、可微等其他辅助信息,从而对问题的依赖性较小,具有较好的普适性和易扩充性。这是可以把遗传算法用于视频重定向的基础。

(4)遗传算法是一种自适应搜索技术,其选择、交叉、变异等运算都是以概率方式来进行的,从而增加了搜索过程的灵活性,在所求问题为非连续、多峰以及有噪声的情况下,能以很大的概率收敛于最优解,具有较好的全局优化求解能力。

(5)遗传算法在解空间中进行高效启发式搜索,提高了搜索效率。

(6)遗传算法的基本原理简单,运行方式和实现步骤规范,便于具体使用。

遗传算法的特点可以概括为:并行性、通用性、全局优化性、稳健性和简单性。遗传算法也存在不足:一是容易过早收敛,这样就会使其他个体中的有效基因不能得到有效复制,最终丢失;二是进化后期染色体之间的差别极小,整个种群进化停滞不前,搜索效率较低,这样就会导致搜索到的结果不是全局最优解。

5.4.1.2 运算过程

(1)基本遗传算法的步骤

基本遗传算法的步骤如下:

a.选择合适的编码方案,把变量转化为染色体(字符串)。

b.选择合适的参数,包括群体大小(所含个体数 M)、交叉概率 p_c 和变异概率 p_m。

c.确定适应度函数 f(x),一般是求最大,如果求最小则可求-f(x)最大,f(x)应为正值,否则可以加上一个固定常数。

d.随机生成初始群体(含 M 个个体)。

e.对每个染色体(串)计算适应值 f_i,同时计算群体的总适应值:$F=\sum_{i=1}^{M} fi$。需注意的是此时要对染色体进行解码,假设编码是 $x_k = ak1ak2\cdots\cdots akL$,则解码公式是:$x_k = a+\frac{b-a}{2^L-1}\left(\sum_{j=1}^{L} akj * 2^{L-j}\right)$,其中 a、b 分别是编码对应的十进制的最小和最大值,L 是编码长度。

f.选择操作,计算每一个串的选择概率 $p_i = f_i/F$,累计概率 $q_i = \sum pi$,以赌轮法选择出一定数量的串。

g.交叉操作

1 对每串产生[0, 1]间随机数 r,若 $r<p_c$(p_c 被称为交叉概率),则该串参加交叉操作,否则不参加,如此选出参加交叉的一组后,随机配对;2 对每一对产生[1, m]间的随机数以确定交叉的位置,然后在该位置进行交叉操作。若进行多点交叉操作,则随机选定多个位置进行操作。

h.变异操作

1 对每串中的每位产生[0, 1]间的随机数 r,若 $r<p_m$(p_m 被称为变异概率),则该位变异;2 实行变异操作(如二进制编码中,0 变 1,1 变 0)。

（f、g、h 这三步是遗传操作的三个方面，对应生物进化中的自然选择、基因交叉、基因变异。）

i.满足停止条件就终止，否则转步骤 e。

遗传算法的流程如图 5.26 所示。

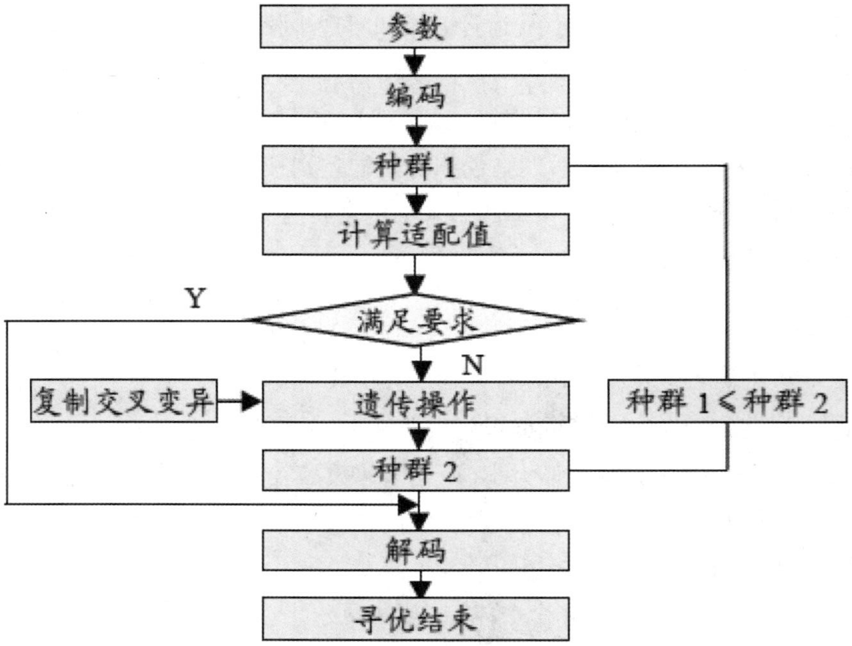

图 5.26　基本遗传算法流程图

（2）基本遗传算法的构成要素

基本遗传算法是由一些基本要素构成的，下面详细介绍。

①编码方法

遗传算法是对决策变量的编码进行操作。遗传算法中的编码是指把一个问题的可行解从其解空间转换到遗传算法所能处理的搜索空间的转换方法。反之，个体从搜索空间的基因型变换到解空间的表现型的方法称为解码。

比较常用的编码方法是二进制编码。此外，针对二进制编码的不足，还可以采用格雷码编码、实数编码、十进制编码、非数值编码等，而基本遗传算法里通常采用二进制编码。

②适应度函数

在遗传算法中，根据个体适应度的大小来确定该个体在选择操作中被选定的概率。个体的适应度大，该个体被遗传到下一代的概率也越大；反之，个体的适应度越小，该个体被遗传到下一代的概率也越小。

求解有约束的优化问题时，一般采用罚函数方法将目标函数和约束条件建成一个无约束的优化目标函数;然后再将目标函数作适当处理,建立适合遗传算法的适应度函数。将目标函数转换成适应度函数一般应遵循两个原则:适应度必须非负;优化过程中目标函数的变化方向应与群体进化过程中适应度函数的变化方向一致。在使用遗传算法求解具体问题时,适应度函数的选择对算法的收敛性以及收敛速度的影响较大,针对不同的问题需根据经验或算法来确定相应的参数。

③遗传算子

A.选择算子

选择操作通过适应度选择优质个体而抛弃劣质个体。选择方法有 23 种,几种主要的方法及特点见表 5.1。

表 5.1　选择算子比较

名称	特点	备注
轮盘赌选择	选择误差较大	标准 GA 的成员
无回放式随机采样	降低选择,复制数<f/(f+1),操作不方便	
确定式采样	选择误差更小,操作简易	
柔性分段式复制	有效防止基因缺失,但需要选择有关参数	
自适应柔性分段式动态群体采样	群体自适应变化,提高搜索效率	
无回放式余数随机采样	误差最小	应用较广
均匀排序	与适合度的大小差异程度正负无关	
稳态复制	保留父代中的一些高适合度串	
随机比赛		
复制评价		
最优串复制	全局收敛,提高搜索效率,但不适于非线性强的问题	
最优串保留	保证全局收敛	
适合度线性尺度变换	简单,可消除遗传早起的超级串现象	应用广,有效
适合度指数尺度变换	k 与特定问题有关	
适合度自适应线性尺度变换	符合遗传机理	

其中轮盘赌选择是比较重要的方法。如图 5.27,一个赌盘被分为大小不同的一些扇面,分别对应着价值不同的一些赌博物品。当旋转着的赌盘自然停下来时,其指针所指扇面上的物品就归赌博者所有。虽然指针具体停在哪个扇面无法确定,但是指向各个扇面的概率是可以估计的,它与各个扇面的圆心角大小成正比。与此类似,遗传

算法中，整个群体被各个个体所分割，各个个体的适应度决定了其所占比例大小，从而决定了被选中的概率。

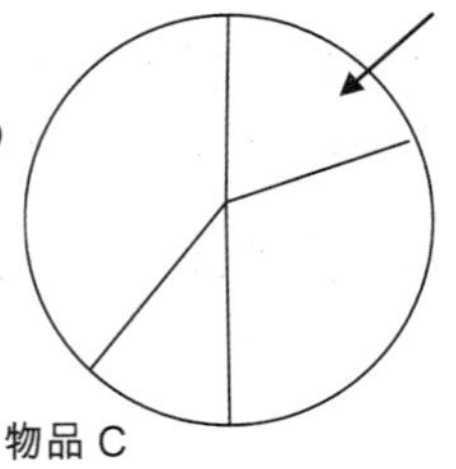

图 5.27　轮盘赌选择示意图

轮盘赌选择方法具体执行过程如下：

a.计算出群体中所有个体的适应度的总和 $F=\sum_{i=1}^{M} fi$ 。

b.计算出每个个体的相对适应度大小，即比值 $fi/\sum_{i=1}^{M} fi$ ，它即为各个个体在选择操作中被选中的概率。

c.使用模拟赌盘操作，即产生 0 到 1 之间的随机数，来确定各个个体被选中的次数。

B.交叉算子

交叉是指对两个相互交叉的染色体按某种方式相互交换其部分基因，从而形成两个新的个体。它是产生新个体的主要方法，决定了遗传算法的全局搜索能力，在遗传算法中起关键作用。Potts 等人概括了 17 种交叉方法，几种主要的方法及特点见表 5.2。

表 5.2　交叉算子比较

名称	特点	试用编码
单点交换	标准 GA 的成员	符号
双点交换	使用较多	符号
均匀交换	每一位以相同的概率交换	符号
多点交换	交换点大于 2	符号
部分匹配交换		序号
序号交换		序号
圆交换		序号
自发式交换	应用领域知识	序号
基于位置交换		序号
算术交换		实数

其中单点交叉是基本遗传算法所使用的交叉操作方法，单点交叉的具体执行过程如下：

a.依设计的交叉概率 p_c，从比例选择之后的群体中随机选出需要交叉的个体，并对这些个体两两随机配对。比如已经选出需要交叉的个体数目为 Q,则共有[Q/2](该符号表示对中括号里的式子向上取整)对相互配对的个体组。

b.若染色体的长度为 L,对每一对互相配对的个体,从 1 到(L-1)之间随机设置一个随机数 j。随机数 j 称为交叉点,它表示对需要交叉的一对个体,在二进制符号串中的第 j 位数字之后的所有基因相互交换,显然,共有(L-1)个可能的交叉点位置。

c.对已配对的两个个体相互对应地交换由(j+1)到 L 的所有基因。

C.变异算子

变异是指将个体染色体编码串中的某些基因座上的基因值用该基因座的其他等位基因来替换，从而形成一个新的个体。它是产生新个体的辅助方法，决定了遗传算法的局部搜索能力。变异算子与交叉算子相互配合，可以共同完成对搜索空间的全局搜索和局部搜索，从而使得遗传算法以良好的搜索性能完成最优化问题的寻优过程。目前的主要突变操作见表 5.3。

表 5.3 变异算子比较

名称	特点	适用编码
常规位突变	标准 GA 的成员	符号
有效基因突变	避免有效基因缺失	符号
自适应有效基因突变	最低有效基因个数自适应变化	符号
概率自调整突变	由两个串的相似性确定突变概率	符号
均匀突变	每一个实数元素以相同的概率在域内变动	实数
非均匀突变	使整个矢量在解空间轻微变动	实数
三次高斯近似变换		实数
零突变		实数

其中常规位突变是基本遗传算法操作中的方法,具体执行过程如下:

a.依变异概率 p_m,从单点交叉之后的群体中随机地选出需要进行变异的个体。

b.对每一个将要进行变异的个体,由 1 到 L 之间随机地设置一个随机数 k,该随机数 k 叫做变异点,它表示对二进制编码的符号串中第 k 位数字进行变异,从而产生一个新的个体。

④参数选择

执行遗传算法时,有四个参数需要事先指定,即群体大小 M、交叉概率 p_c、变异概率 p_m和终止代数 T。

a.M 取值较小时,可提高遗传算法的运算速度,但降低了群体的多样性,有可能引起遗传算法的早熟现象;M 较大时,会使遗传算法的运行效率降低。一般选择

20—100。

b.p_c一般应取较大值，因为交叉操作是遗传算法中产生新个体的主要方法，但是如果取值过大，会破坏群体中的优良模式，对进化运算反而产生不利影响，一般取值0.4—1.0。

c.p_m取值较大的话，虽然能够产生较多的新个体，但也有可能破坏很多较好的模式，使遗传算法的性能近似于随机搜索算法的性能；若太小，则产生新个体的能力和抑制早熟现象的能力就会较差。一般选择0.001—0.1。

d.T 是表示遗传算法运行结束条件的一个参数，它表示遗传算法运行到指定的进化代数之后就停止运行，并将当前群体的最佳个体作为所求问题的最优解输出。一般取值100—1000。

（3）基本遗传算法应用举例

此部分是结合以上所讲的内容，以一个例子的形式展现基本遗传算法的流程。

设 $f(x_1,x_2)=x_1^2+x_2^2$，$x_1,x_2\in\{0,1,2,3,4,5,6,7\}$，求 $f(x_1,x_2)$ 的最大值。

解：

①个体编码

遗传算法的运算对象是表示个体的符号串，所以必须把 x_1，x_2编码为一种符号串。x_1，x_2取0到7之间的整数，可以分别用3位无符号二进制整数来表示，把它们连接在一起所组成的六位无符号二进制整数就形成了个体的基因型，表示一个可行解。例如 $x=101110$ 所对应的表现型是 $x=(5,6)$。

②初始群体产生

设群体规模大小 $M=4$，每个个体通过随机方法产生，下表是产生的一个初始群体。

表5.4　初始群体

初始群
011101
101011
011100
111001

③适应度计算

本题目标函数取值非负，可以直接把目标函数作为适应度函数，即 $F(x)=f(x)$。为计算函数的目标值，需要先对个体基因型 x 进行解码。如下表二、三列所示，然后计算各个个体所对应的目标函数值,并求出 $\sum fi=143$,最大值 $f_{max}=50$,平均值 $f=35.75$。

表 5.5 初始群体适应度

初始群体	x_1	x_2	$f(x_1,x_2)$	$fi/\sum fi$	累计概率
011101	3	5	34	0.24	0.24
101011	5	3	34	0.24	0.48
011100	3	4	25	0.17	0.65
111001	7	1	50	0.35	1

④选择操作

根据累计概率,产生 0 到 1 之间的随机数。如产生的随机数是 0.2,0.8,0.4,0.9,则种群 011101 被选中 1 次,101011 被选中 1 次,011100 被选中 0 次即淘汰,111001 被选中两次。

表 5.6 选择操作

选择操作后的群体	配对	交叉点位置	交叉结果
011101	1-2	1-2:2	011001
111001			111101
101011	3-4	3-4:4	101001
111001			111011

⑤交叉操作

取 $p_c=1$,对选择操作之后的群体进行随机配对,1-2,3-4 分别配对,随机产生两个 0 到 5 之间的数作为交叉点位置,分别是 2 和 4。随意在第一对第三位以后互换基因,第二对则在第四位之后互换基因,交叉结果如上表所示。

⑥变异操作

取 $p_m=0.25$,即有一个染色体要进行变异,产生一个 1 到 4 之间的随机数,例如 2,对交叉操作之后的第二个染色体,即 111101 进行变异。随机产生 1 到 6 之间的数,例如 5,即对第五位进行变异,此时 111101 变为 111111。至此,遗传操作的基本步骤进行完毕。得到新的群体如表 5.7 所示:

表 5.7　变异操作后的群体

变异操作后的群体	x_1	x_2	$f(x_1,x_2)$
011001	3	1	10
111111	7	7	98
101001	5	1	26
111011	7	3	58

这是一轮遗传算法的过程,可以算出此时每个个体的适应度函数值 $\sum fi = 192$,最大值 $f_{max} = 98$,平均值 $f = 48$。平均值和适应度函数值之和都大大提高,最大值也提高了。可以看出遗传算法是一个趋于更优解的过程。如果进行多次遗传算法,会对最优解有更好的逼近。其实此时已经得出了该函数的最优解,即 $x_1 = 7, x_2 = 7$。而实际情况中可能要多次执行遗传算法才能得到最优解。

5.4.1.3　模式定理

遗传算法通过对群体中多个个体的迭代搜索来逐步找出问题的最优解。这个搜索过程是通过个体之间的优胜劣汰、交叉重组和突然变异等遗传操作来实现的。在这个搜索过程中有些个体容易被淘汰,由上例中求 $f(x_1,x_2) = x_1^2 + x_2^2$ 的最大值这个例子来看,4 个初始个体经过一代遗传和进化运算之后得到 4 个新的个体(011101,101011,011100,111001)。

通过对上述过程的观察可以看出,新一代个体的编码串组成结构与其父代个体的编码串组成结构之间有一些相似的结构联系,如第 2 代群体中的个体 101001、111011,与其父代个体之一 111001 在编码串的某些部分数码一致、结构相似,并且该父代个体的适应度要高于群体中全部个体的平均适应度。

由此我们可以设想,遗传算法处理了一些具有相似编码结构模板的个体,若把个体作为某些相似模板的具体表示的话,对个体的搜索过程实际上就是对这些相似模板的搜索过程。这样,就需要引入一个描述这种相似模板的新概念——模式。

模式表示一些相似的模块,它描述了在某些位置上具有相似结构特征的个体编码串的一个子集。

以二进制编码的方式为例,个体是由二值字符集 V = {0,1} 中的元素所组成的一个编码串,而模式是由三值字符集 $V_+ = \{0,1,*\}$ 中的元素所组成的一个编码串,其中“ * ”表示通配符,它既可以被当作“1”,也可以被当作“0”。

例如,模式 H = 11 * * 1 描述了长度为 5,且在位置 1、2、5 取值为“1”的所有字符串的集合{11001,11011,11101,11111};模式 H = 00 * * * 描述了由 8 个个体所组成的集合{00000,00001,…,00111};模式 H = 11011 所描述的个体集合是由它自身组成的,即{11011}。由这些例子可以看出,模式的概念使得我们可以简明地描述具有相似结构特点的个体编码字符串。

在进行遗传算法的理论分析时,有时需要估算模式的数量。在一个编码字符串中往往隐含着多个不同的模式,定义在长度为 l 的二进制编码字符串上的模式共有 3^l 个。更为一般地,定义在含有 k 个基本字符的字母表上的长度为 l 的字符串中的模式共有 $(k+1)^l$ 个,在长度为 l、规模为 M 的二进制编码字符串群体中,一般包含 $2^l—M*2^l$ 个模式。另一方面,不同的模式所能匹配的字符串的个数也是不同的。

在引入模式概念之后,遗传算法的本质是对模式所进行的一系列运算,即通过选择操作将当前群体中的优良模式遗传到下一代群体中,通过交叉操作进行模式的重组,通过变异操作进行模式的突变。通过这些遗传运算,一些较差的模式逐渐被淘汰,而一些较好的模式逐步被遗传和进化,最终就可以得到问题的最优解。

为定量地估计模式运算,下面再引入两个概念:模式阶和模式定义长度。

在模式 H 中具有确定编码值的位置数目称为该模式的模式阶,记为 o(H)。

对于二进制编码字符串而言,模式阶就是模式中所含有的 1 和 0 的个数。例如 o(10*0*)=3,o(*******1)=1。当字符串的长度固定时,模式阶越高,能与该模式匹配的字符串(称为样本)数就越少,因而该模式的确定性也就越高。

模式 H 中第一个确定编码值的位置和最后一个确定编码值的位置之间的距离称为该模式的模式定义长度,记为 p(H)。

例如,p(11*0**)=3,p(0***1)=4。而对于 H=****1,H=0*****,H=*******1**之类的模式,由于它们只有一位确定的编码值,这个位置既是第一个确定编码值位置,也是最后一个确定编码值位置,所以规定它们的模式定义长度为 1。

有了上述基本知识,可以引出模式定理。

在引入模式的概念之后,遗传算法的实质可以看作对模式的一种运算。对基本遗传算法而言,也就是某一模式 H 的各个样本经过选择运算、交叉运算、变异运算之后,得到一些新的样本和新的模式。

假设对进化过程中的第 t 代群体,当前群体 P(t) 中能与模式 H 匹配的个体数(样本数)记为 m(H,t),下一代群体 P(t+1) 中能与模式 H 匹配的个体数记为 m(H,t+1),下面对基本遗传算法在选择操作、交叉操作、变异操作的连续作用下,模式 H 的样本数 m(H,t) 的变化情况进行分析。

(1)选择操作的作用

基本遗传算法中的选择运算使用的是比例选择的操作方法。将当前群体中适应度的总和记为 $F(t)=\sum F(Ai)$,在这个操作的作用下,与模式 H 所匹配的各个个体 A_i 能够平均复制 $M*F(A_i)/F(t)$ 个个体到下一代群体中,即:

$$\begin{aligned} m(H,t+1) &= \sum_{Ai \in H \cap P(t)} \frac{M * F(Ai)}{F(t)} \\ &= \sum_{Ai \in H \cap P(t)} \frac{M * f(H,t)}{F(t)} \\ &= m(H,t) * M * f(H,t)/F(t) \\ &= m(H,t) * f(H,t)/\overline{F(t)} \end{aligned} \qquad (5-57)$$

式中,f(H,t)是第 t 代群体中模式 H 所隐含个体的平均适应度;$\overline{F(t)} = F(t)/M$ 是第 t 代群体的平均适应度。若再假设模式 H 的平均适应度总是高出群体平均适应度的 C 倍,则上式可以改写为:

$$m(H,t+1) = m(H,t) * (1+C) \qquad (5-58)$$

由此可见,m(H,t)为一个等比级数,其通项公式为:

$$m(H,t) = m(H,0) * (1+C)^{t} \qquad (5-59)$$

由上式可以得到,若 C>0,则 m(H,t)呈指数级增长;若 C<0,则呈指数级减少。

由此可以得出结论:在选择操作的作用下,对于平均适应度高于群体平均适应度的模式,其样本数将呈指数级增长,而对于平均适应度低于群体平均适应度的模式,其样本数将呈指数级减少。

(2)交叉操作的作用

这里以单点交叉作为例子进行研究。

假设有模式:* * * * *1*0*11* * * * * *,隐含在该模式中的样本与其他个体进行交叉操作时,根据交叉点的位置不同,有可能破坏该模式,也有可能不破坏该模式而使其继续生存到下一代群体中,下面估算该模式生存概率 p_s的下界。

显然,当随机设置的交叉点在模式的定义长度之内时,将有可能破坏模式(当然,根据与之交叉的配对个体所属模式情况也可能不破坏该模式);当随机设置的交叉点在模式的定义长度之外时,不会破坏该模式。再考虑到交叉操作本身是以交叉概率 p_c发生的,所以模式 H 的生存概率下界为:

$$p_s \geqslant 1 - p_c * p(H)/(l-1) \qquad (5-60)$$

这样,经过选择运算和交叉运算作用之后,模式 H 的样本数满足下式:

$$m(H,t+1) \geqslant m(H,t) * (1+C)[1 - p_c * p(H)/(l-1)] \qquad (5-61)$$

由上式可知,在其他值固定的情况下(C>0),p(H)越小,则 m(H,t)越容易呈指数级增长;p(H)越大,则 m(H,t)越不容易呈指数级增长。

(3)变异操作的作用

这里以基本位变异操作为例进行研究。

此时,若某一模式被破坏,则必然是模式描述形式中通配符“*”之处的某一编码值发生了变化,其发生概率为 $1-(1-p_m)^{o(H)}$。

当 $p_m<1$ 时,有 $1-(1-p_m)^{o(H)} \approx o(H) * p_m$。

由此可知,在变异操作作用下,模式 H 的生存概率大约是:

$$ps = 1 - o(H) * p_m \tag{5-62}$$

由上式可知,o(H)越小,模式 H 越易于生存;o(H)越大,模式 H 越易于被破坏。

这样,综合以上几个式子,并忽略一些极小项,则在比例选择操作、单点交叉操作、基本位变异操作的连续作用下,群体中模式 H 的子代样本数为:

$$m(H,t+1) \geqslant m(H,t) * f(H,t) * [1 - p_c * p(H)/(l-1) - o(H) * p_m] / \overline{F(\mathrm{t})} \tag{5-63}$$

由上式就可得到下述定理:遗传算法中,在选择、交叉和变异操作的作用下,具有低阶、短的定义长度,并且平均适应度高于群体平均适应度的模式将按指数级增长。

模式定理阐述了遗传算法的理论基础,它说明了模式的增加规律,同时也给遗传算法的应用提供了指导作用。

5.4.1.4 小结

本小节首先概括地介绍了基本遗传算法,分别阐述了遗传算法的生物学基础、遗传算法的特点;其次介绍了基本遗传算法的运算过程,分别阐述了基本遗传算法的步骤、基本遗传算法的构成要素、基本遗传算法应用;最后介绍了基本遗传算法的模式定理。

第 2 节中讲到粒子滤波器在运动跟踪中不受物体运动特征非高斯、非线性的限制,因而具有广泛的应用范围。但是,粒子滤波器中存在着一种重要的现象,即粒子退化现象。

粒子退化是粒子滤波器中不可避免的现象,在粒子滤波器经过几次迭代之后,很多粒子只有很小甚至接近于零的权值,这些权值在进行粒子的重要度更新时虽然还要计算,但是对整个系统的帮助很小,基本上属于无用的粒子,这就是粒子的退化。

解决粒子退化问题的方法一般有两种:选取合适的重要度函数,以及重采样。合适的重要度函数可以最小化粒子重要度之间的差异,从而限制粒子的退化。有些重要度函数虽然效果甚佳,但是存在着两大缺点,即需要在动力学模型中有取样以及计算的能力。将重要度函数取成前向概率密度函数的方法是现在常用的方法,这种方法可以简化粒子滤波器的设计,大大减少计算量,但是这种方法对外部的影响非常敏感,在没有观测信息时的状态空间的研究效率不高。选取重要度函数虽然能限制粒子的退化,但是粒子的退化仍然是不可避免的,所以,人们又采用了重采样的方法来解决这个问题。重采样的本质是去除重要度低的粒子的路径,使路径全部向重要度高的粒子集中，这样，每个粒子的重要度相差不多，解决了粒子退化的问题。重采样虽然有效解决了粒子的退化问题，却带来了很多理论和实际操作时的问题。从理论角度看，重采样后的路径不再相互统计独立，而且粒子也失去了先前的收敛。从实际操作角度看，尽管在进行重要度采样时粒子之间仍然是并行的，但由于全部的粒子都要集中起来进行重采样，这种并行性也就失去了意义。并且，由于重采样，重要度权值高的粒子被多次选中，这样使得两个不同的粒子代表相同的粒子路径成为很大的可能，使粒子的多样性大大降低。

遗传算法反映了一种进化思想，而粒子滤波器中存在的主要问题是退化问题，用进化思想解决退化问题，本身就具有可行性，从而引出本文采用的分等级遗传优化策略。

5.4.2 分等级遗传优化算法

本研究采用的是分等级遗传优化策略，本节主要介绍这种算法，后面小节将把此算法应用于马尔科夫蒙特卡罗粒子滤波器算法的优化和基于关键帧匹配与双向马尔科夫链蒙特卡罗采样的视频时空体滤波算法的优化，以检测该算法的有效性。

分等级遗传优化算法是以遗传算法为基础的引申。本文提出了一种新的交叉算子——本地交叉算子和变异算子——分等级变异算子，在进行遗传的过程中也和基本遗传算法有一些差别。

5.4.2.1 分等级变异

分等级遗传优化策略是一种树形优化模式，这种模式有三个必要的假设：

(1)位于同一级上的参数是相互独立的；

(2)在同一分支上，高等级参数的分布与低等级参数无关；

(3)同一分支上的各个参数最终有一个同样的观测模型。

对于进行跟踪的视频运动对象(人体)而言，本文中待优化的状态变量参数，若将其分为躯干——大腿——小腿——脚的等级，则该等级划分符合上述三个必要的假设，所以完全可以按照这种方式进行分级。

就像基因突变总是发生在不好的环境一样，分等级变异种的变异概率 p_m 也取决于适应度函数值，全局适应度函数可以用对状态参量一级一级进行优化的方法来确定。假设 u_l 表示 l 级的适应度函数值，那么全局最优可以由 l=1 到 l=末级收敛来求得。在每一级，$p_m = \lambda l * ul$，其中 λl 可以取 0 到 1 之间的数字，不同的取值会有不同的结果，本文取为 1/3。

变异算子可以由这个公式表述：$X^{newA} = X^{A} + \eta$，其中 X 表示一个染色体，A 和 newA 分别是变异之前的染色体和变异之后的染色体的标志，η 是一个标准正态分布。

变异算子有两个作用：一是使遗传算法具有局部的随机搜索能力，当遗传算法通过交叉算子已接近最优解邻域时，利用变异算子的这种局部随机搜索能力可以加速向最优解收敛；二是使遗传算法可维持群体多样性，以防止出现未成熟收敛现象。

如图 5.28 所示，如果跟踪结果和实际结果相差比较大，需要进行大量的变异操作，才能使结果向最优方向进化。图 5.28(a)是交叉之后的结果，结果显示效果并不好，如果在此基础上继续进行交叉，很容易陷入局部收敛，即使花费大量的时间和运算量也难以找到最优解。图 5.28(b)显示了经过变异以后的结果，可以明显看出，结果已经在全局最优解的附近，此时经过交叉可以进一步缩小范围，经过变异可以加速找到最优解。

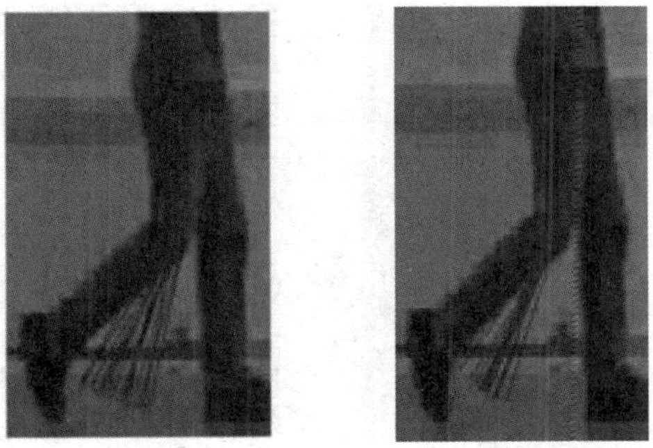

(a)　　　(b)

图 5.28　变异算子示例

5.4.2.2　本地交叉

本地交叉是以基本交叉为基础提出的一种新型的交叉算子。

当分等级遗传优化级数 l_m 达到傅里叶级别的时候，分等级变异已经使粒子达到较高的适应度函数值，增加了找到全局最优解的机会。交叉运算在此时用来找到区域内的最优解。

交叉算子可以由如下式子表示：

$$\begin{aligned} X^{newA} &= [\varepsilon X'^{A} + (1-\varepsilon)X'^{B} \quad (1-\varepsilon)X''^{A} + \varepsilon X''^{B}] \\ X^{newB} &= [(1-\varepsilon)X'^{A} + \varepsilon X'^{B} \quad \varepsilon X''^{A} + (1-\varepsilon)X''^{B}] \end{aligned} \tag{5-64}$$

其中 X 是一个染色体，从一个随机位置把 X 断开，形成两个新的部分染色体，即 X' 、X'' 。A、newA，B、newB 分别是两个不同的染色体在交叉之前和交叉之后的状态标志。所以本地交叉可以简单地这样概括：把两个配对的染色体分别从一个相同的随机位置断开，两个染色体断开后的前面部分和后面部分分别形成新的配对，在这两个新配对的染色体上进行基本的交叉，然后把交叉以后形成的部分染色体进行组合，可以形成两个新的染色体。举例如下：

假设有两个配对的染色体，它们的八位二进制编码分别是 01011100 和 11010111，在 1 到 8 之间产生一个随机数作为断开的位置，假设为 5，那么新形成的两对配对染色体就是 01011、11010 和 100、111，分别对它们进行单点交叉，假设第一对染色体的交叉点是 3，即从第三位以后进行交叉，则结果为 01010 和 11011，假设第二对染色体的交叉点是 1，即从第一位以后进行交叉，则结果为 111，100，现在把两部分进行组合，即得到两个新的染色体 01010111、11011100。

最优解已经局限在某个比较小的范围内了，就需要用大量的交叉和少量的变异来尽快找到最优解。由图 5.29(a) 可以看出，跟踪结果已经非常接近最优解，此时用交叉算法可以得到局部最优解，从而接近全局的最优解，如图 5.29(b) 所示。

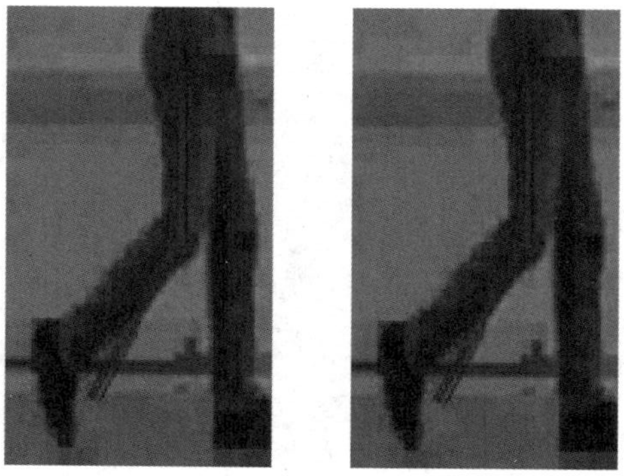

（a）　　（b）

图 5.29　交叉算子示例

5.4.2.3　分等级遗传优化算法步骤

根据上文对交叉算子和变异算子的描述，结合基本遗传算法的步骤可以得到分等级遗传优化算法的步骤，具体描述如下：

（1）选择一个有 N 个个体的种群作为初始种群；

（2）计算种群中每个个体的适应度函数值 u_i，计算该种群全局适应度函数值 u_G，其中 $u_G = \frac{1}{N}\sum_{i=1}^{N} ui$；

（3）如果 $u_G > u_{T2}$（全局优化），选择适应度函数最大的个体（称为最佳个体）进行遗传：

a.计算交叉概率 $p_c = \lambda c * u_G$；

b.根据本地交叉算子进行交叉运算，产生新的染色体及种群。

如果 $u_G < u_{T2}$（分等级优化）：

a.从顶级开始计算个体的适应度函数值 u_l，直到 $u_l > u_{T3}$，让变异等级 l_m = 当前的等级；

b.计算变异概率 $p_m = \lambda m * u_{lm}$；

c.根据变异算子进行变异运算,产生新的染色体及种群。

(4)用新产生的染色体替代不好的染色体,从而形成新的种群；

(5)计算新种群的全局适应度函数值 u_G,如果 $u_G > u_{T1}$,则表示已经获得全局的最优解,停止运算,反之则跳转到3,继续进行运算。

其中 u_{T1}、u_{T2}、u_{T3}是三个重要的阈值,分别表示全局、区域和级的收敛阈值。收敛阈值是由颜色直方图决定的。

5.4.2.4　小结

遗传算法反映了一种进化思想,而粒子滤波器中存在的主要问题是退化问题,用进化思想解决退化问题,本身就具有可行性。

本小节主要介绍了分等级遗传优化算法,提出了一种新的交叉算子——本地交叉算子和变异算子——分等级变异算子,并给出了分等级遗传优化算法的步骤。

5.4.3　基于分等级遗传优化策略的马尔科夫蒙特卡罗粒子滤波器算法(MCMC-GPF)

在上一小节已经对分等级遗传优化算法进行了介绍,并给出了分等级遗传优化算法的步骤。本小节将分等级遗传优化算法应用到马尔科夫蒙特卡罗粒子滤波器算法的优化中。

在本文研究中我们将视频对象的运动轨迹分解为宏观运动和微观运动两个层次,宏观运动描述视频对象的运动轨迹,微观运动表示视频对象的运动细节。在本小节中,我们使用马尔科夫蒙特卡罗粒子滤波器跟踪视频运动对象(人体)的质心位置,即用马尔科夫蒙特卡罗粒子滤波器跟踪图5.3所示的O(t)点,从而得到视频运动对象(人体)运动轨迹。我们在第1帧开始设定好质心O(t)点位置,随着视频播放,连续跟踪60帧,经过实验,得到跟踪结果与实际质心O(t)点的跟踪误差。然后我们用分等级遗传优化算法对马尔科夫蒙特卡罗粒子滤波器算法进行视频运动重定向参数的优化,同样得到跟踪结果与实际质心O(t)点的跟踪误差,并与优化前的马尔科夫蒙特卡罗粒子滤波器的跟踪结果进行了比较,如图5.30所示。

从图5.30的实验跟踪结果来看,分等级遗传优化算法对马尔科夫蒙特卡罗粒子滤波器算法在一定程度上降低了跟踪误差,起到了优化作用,跟踪60帧均值误差由马尔科夫蒙特卡罗粒子滤波器算法的21.9316降低至21.545。

5.4.4　基于分等级遗传优化策略的马尔科夫蒙特卡罗粒子滤波算法的视频运动重定向

基于动画创作理论思想,本文将运动的表示分解为运动轨迹和运动姿态两个要素。在第2节提出了基于关键帧匹配的运动姿态的参数化表示与重定向算法。该算法用基于关键姿态的内插方法来表示运动对象姿态的变化,运动对象的姿态变化可描

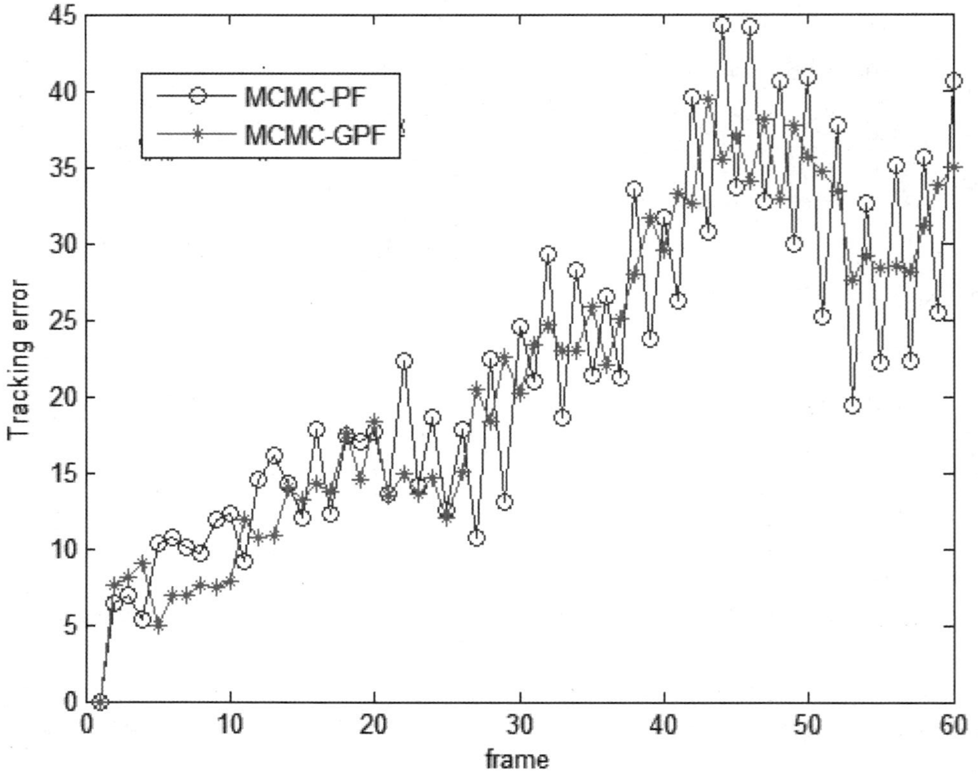

图 5.30　马尔科夫蒙特卡罗粒子滤波器与基于分等级遗传优化策略的马尔科夫蒙特卡罗粒子滤波器算法跟踪误差结果比较

述为：由各关键姿态仿射变形为该运动对象姿态的变换矩阵 A_m，由变形后的关键姿态内插出该运动对象姿态的加权系数 w_m。姿态变化描述参数与轨迹的参数合在一起作为视频运动对象（人体）的运动信息。在本小节中，我们通过基于分等级遗传优化策略的马尔科夫蒙特卡罗粒子滤波器算法跟踪出视频运动对象（人体）的运动轨迹作为动画运动对象（熊猫）的宏观运动信息，结合第 2 节的基于关键帧匹配的运动姿态的参数化表示作为动画运动对象（熊猫）的微观运动信息，通过运动对象姿态的重定向算法和轨迹合成算法，生成动画运动对象（熊猫）的动画。

本小节提出的算法结构如图 5.31 所示。

本文中，以图 5.5 人体运动对象作为视频输入，为验证算法，本文只对运动对象（人体）的躯干、大腿、小腿和脚部进行参数化表示，参数化表示的运动信息见图 5.5。以图 5.6 熊猫运动对象作为动画输出，为验证算法，本文也是只对运动对象（熊猫）的躯干、大腿、小腿和脚部进行参数化表示，参数化表示的运动信息见图 5.6。视频输入运动对象（人体）参数化表示的部分关键帧如图 5.7 所示，输入视频以及参数化表示的视频运动如图 5.8 所示（由于视频在每个时间点只显示一个运动对象，用截图的方式很难看到视频效果，为展示整体效果，该图为从视频序列中抽

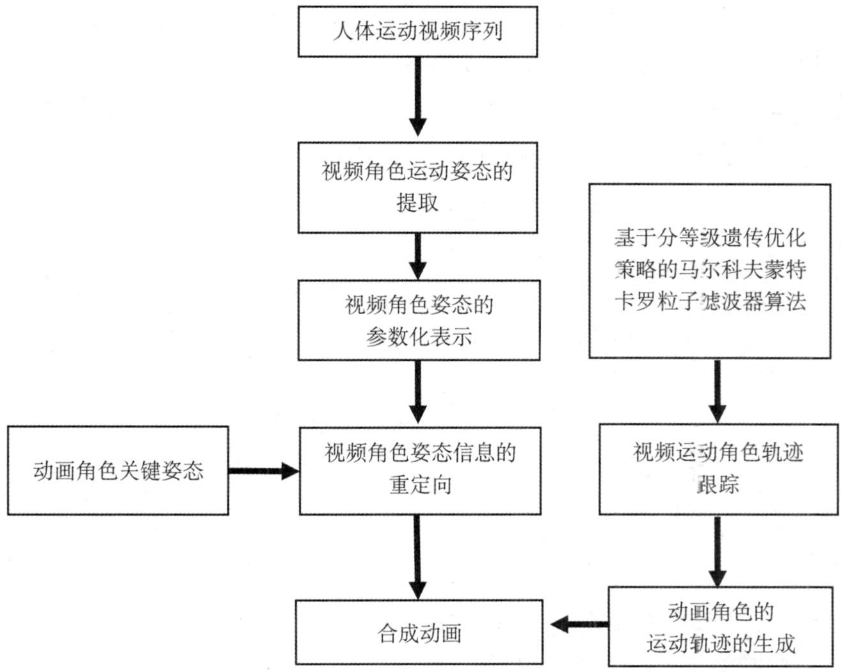

图 5.31　基于分等级遗传优化策略的马尔科夫蒙特卡罗粒子滤波器算法的视频运动重定向算法结构图

取部分帧合成的图像）。我们用基于分等级遗传优化策略的马尔科夫蒙特卡罗粒子滤波器算法跟踪出质心 O(t) 点位置所形成的运动轨迹替换视频每一帧实际质心 O(t) 点位置表示宏观运动信息，保留参数化表示的人体的微观运动信息，形成的视频运动对象（人体）运动效果如图 5.32 所示，由于视频在每个时间点只显示一个运动对象，用截图的方式很难看到视频效果，为展示整体效果，该图为从视频序列中抽取部分帧合成的图像。

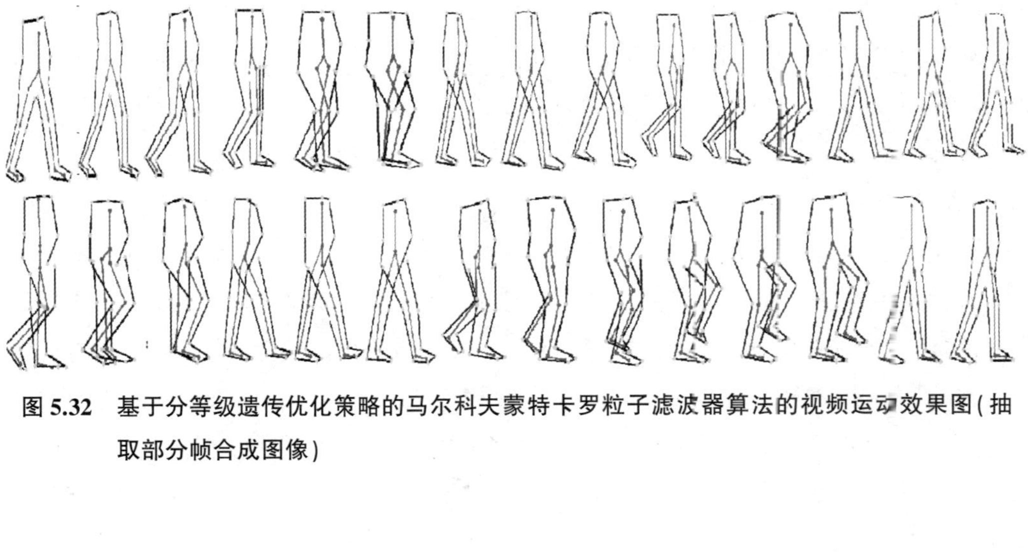

图 5.32　基于分等级遗传优化策略的马尔科夫蒙特卡罗粒子滤波器算法的视频运动效果图（抽取部分帧合成图像）

对于动画输出运动对象(熊猫),基于分等级遗传优化策略的马尔科夫蒙特卡罗粒子滤波器算法的运动重定向算法生成的最终动画效果如图 5.33 所示。由于动画在每个时间点只显示一个运动对象,用截图的方式很难看到动画效果,为展示整体效果,该图为从动画序列中抽取部分帧合成的图像。

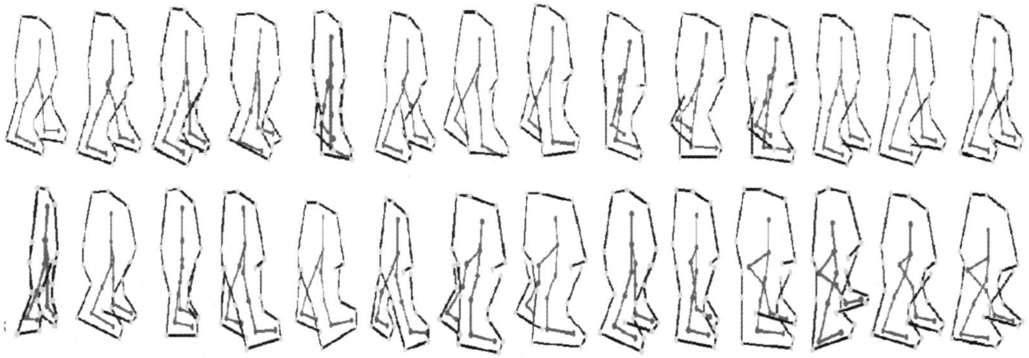

图 5.33　基于分等级遗传优化策略的马尔科夫蒙特卡罗粒子滤波器算法的视频运动重定向算法生成的最终动画(抽取部分帧合成图像)

本文算法在笔记本电脑 IBM X230 上利用 MATLAB R2008a 实现。笔记本的配置是:CPU 为 Intel(R) Core(TM) i5-3210M@ 2.50GHz,内存 6.00GB,显卡为 Intel(R) HD Graphics 4000,系统为 Microsoft Windows 7。

5.4.5　基于分等级遗传优化策略的视频时空体滤波算法

在本文研究中我们将视频对象的运动轨迹分解为宏观运动和微观运动两个层次,宏观运动描述视频对象的运动轨迹,微观运动表示视频对象的运动细节。因此,在本小节中,我们使用基于关键帧匹配与双向马尔科夫链蒙特卡罗采样的视频时空体滤波器(MCMC-PF-KG)跟踪视频运动对象(人体)的质心位置,即用基于关键帧匹配与双向马尔科夫链蒙特卡罗采样的视频时空体滤波器跟踪图 5.3 所示的 O(t)点,从而得到视频运动对象(人体)运动轨迹。我们在第 1 帧开始设定好质心 O(t)点位置,随着视频播放,连续跟踪 60 帧,经过实验,得到跟踪结果与实际质心 O(t)点的跟踪误差。然后我们用分等级遗传优化算法对基于关键帧匹配与双向马尔科夫链蒙特卡罗采样的视频时空体滤波器进行视频运动重定向参数的优化(MCMC-GPF-KG),同样得到跟踪结果与实际质心 O(t)点的跟踪误差,并与优化前的基于关键帧匹配与双向马尔科夫链蒙特卡罗采样的视频时空体滤波器的跟踪结果进行了比较,如图 5.34 所示。

从图 5.34 的实验跟踪结果来看,分等级遗传优化算法对基于关键帧匹配与双向马尔科夫链蒙特卡罗采样的视频时空体滤波器算法在一定程度上降低了跟踪误差,起到了

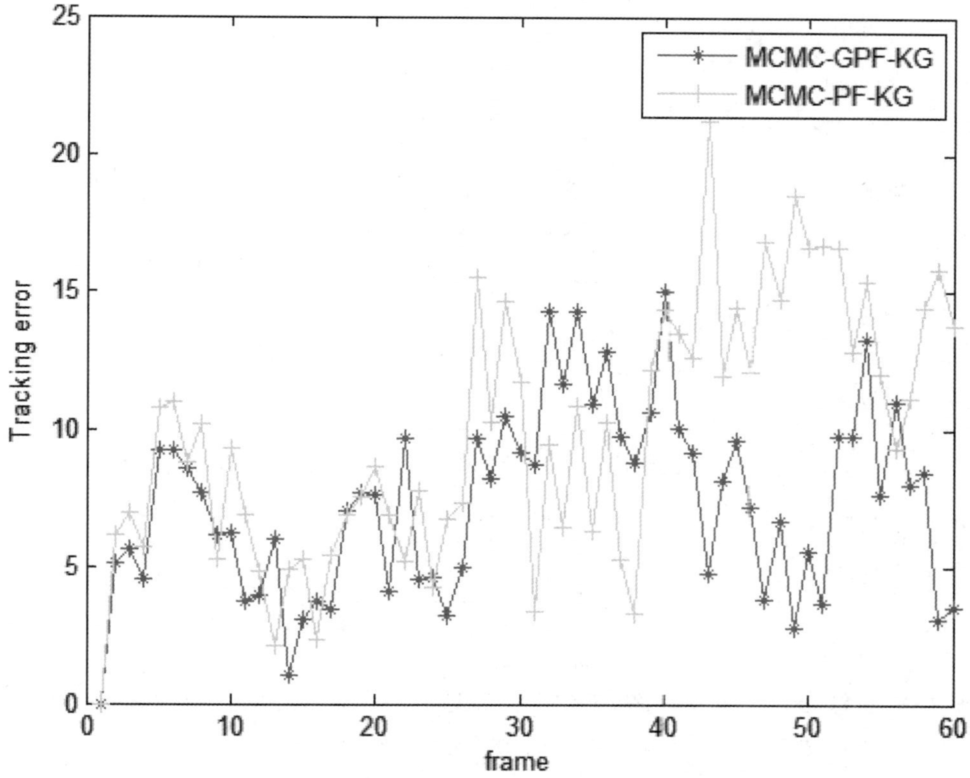

图 5.34　基于关键帧匹配与双向马尔科夫链蒙特卡罗采样的视频时空体滤波器与分等级遗传优化策略下基于关键帧匹配与双向马尔科夫链蒙特卡罗采样的视频时空体滤波算法跟踪误差结果比较

优化作用,跟踪 60 帧均值误差由基于关键帧匹配与双向马尔科夫链蒙特卡罗采样的视频时空体滤波器算法的 9.8773 降低至 7.3663。

5.4.6　基于分等级遗传优化策略的视频时空体滤波算法的视频运动重定向

在本节中,我们通过分等级遗传优化策略下基于关键帧匹配与双向马尔科夫链蒙特卡罗采样的视频时空体滤波算法跟踪出视频运动对象(人体)的运动轨迹作为动画运动对象(熊猫)的宏观运动信息,结合第 2 节的基于关键帧匹配的运动姿态的参数化表示作为动画运动对象(熊猫)的微观运动信息,通过运动对象姿态的重定向算法和轨迹合成算法,生成动画运动对象(熊猫)的动画。

本节提出的算法结构如图 5.35 所示。

本文中,以图 5.5 人体运动对象作为视频输入,为验证算法,本文只对运动对象(人体)的躯干、大腿、小腿和脚部进行参数化表示,参数化表示的运动信息见图 5.5。以图 5.6 熊猫运动对象作为动画输出,为验证算法,本文也是只对运动对象(熊猫)的躯干、大腿、小腿和脚部进行参数化表示,参数化表示的运动信息见图 5.6。视频输入运动对象(人体)参数化表示的部分关键帧如图 5.7 所示,输入视频以及参数化表示的

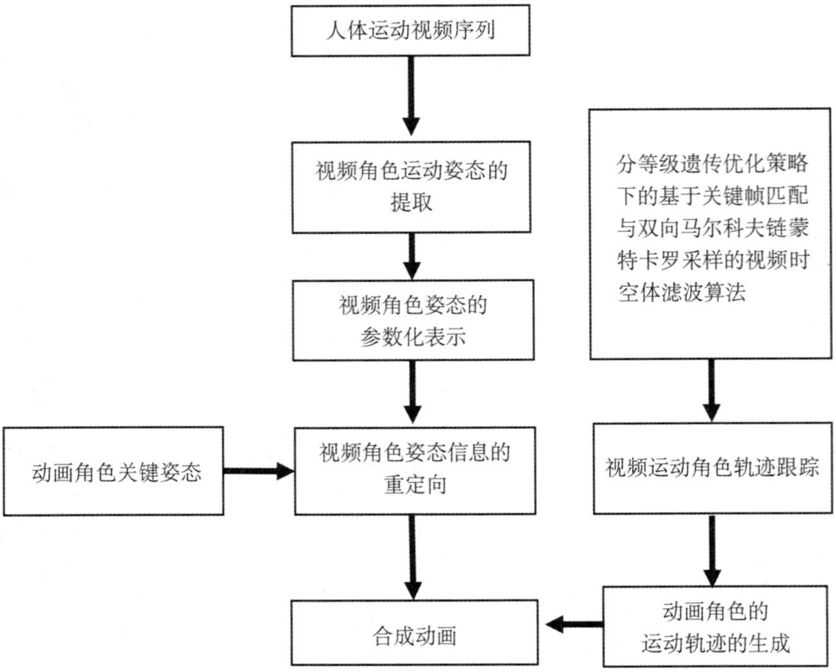

图 5.35　分等级遗传优化策略下基于关键帧匹配与双向马尔科夫链蒙特卡罗采样的视频时空体滤波算法的视频运动重定向算法结构图

视频运动如图 5.8 所示。(由于视频在每个时间点只显示一个运动对象,用截图的方式很难看到视频效果,为展示整体效果,该图为从视频序列中抽取部分帧合成的图像。)我们用分等级遗传优化策略下基于关键帧匹配与双向马尔科夫链蒙特卡罗采样的视频时空体滤波算法跟踪出质心 O(t)点位置所形成的运动轨迹替换视频每一帧实际质心 O(t)点位置表示宏观运动信息,保留参数化表示的人体的微观运动信息,形成的视频运动对象(人体)运动效果如图 5.36 所示,由于视频在每个时间点只显示一个运动对象,用截图的方式很难看到视频效果,为展示整体效果,该图为从视频序列中抽取部分帧合成的图像。

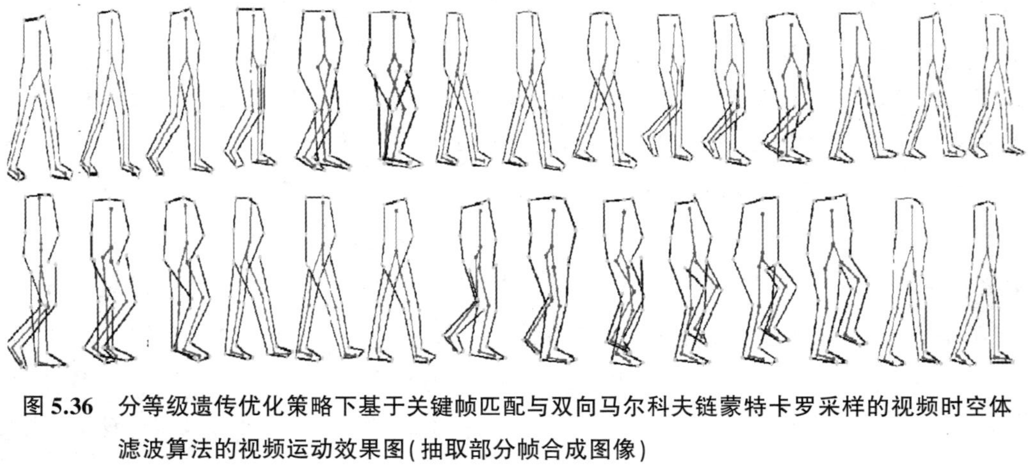

图 5.36　分等级遗传优化策略下基于关键帧匹配与双向马尔科夫链蒙特卡罗采样的视频时空体滤波算法的视频运动效果图(抽取部分帧合成图像)

对于动画输出运动对象(熊猫),分等级遗传优化策略下基于关键帧匹配与双向马尔科夫链蒙特卡罗采样的视频时空体滤波算法的运动重定向算法生成的最终动画效果如图 5.37 所示。由于动画在每个时间点只显示一个运动对象,用截图的方式很难看到动画效果,为展示整体效果,该图为从动画序列中抽取部分帧合成的图像。

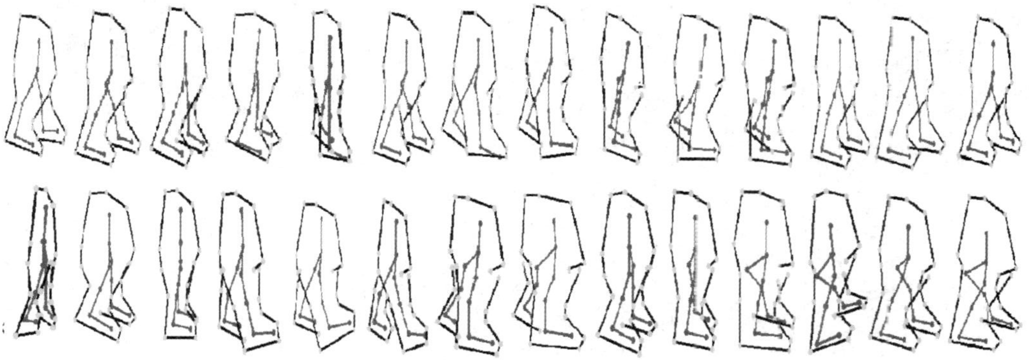

图 5.37 分等级遗传优化策略下基于关键帧匹配与双向马尔科夫链蒙特卡罗采样的视频时空体滤波算法的视频运动重定向算法生成的最终动画(抽取部分帧合成图像)

本文算法在笔记本电脑 IBM X230 上利用 MATLAB R2008a 实现。笔记本的配置是:CPU 为 Intel(R) Core(TM) i5-3210M@ 2.50GHz,内存 6.00GB,显卡为 Intel(R) HD Graphics 4000,系统为 Microsoft Windows 7。

5.4.7 小结

本节提出了基于分等级遗传优化策略的视频重定向参数优化算法,并编程实现了该算法,将该优化算法分别应用到马尔科夫蒙特卡罗粒子滤波器算法的优化和基于关键帧匹配与双向马尔科夫链蒙特卡罗采样的视频时空体滤波算法的优化,同时通过实验给出了基于分等级遗传优化策略的视频重定向参数优化算法与马尔科夫蒙特卡罗粒子滤波器算法和基于关键帧匹配与双向马尔科夫链蒙特卡罗采样的视频时空体滤波算法的性能指标的对比。

粒子滤波器中存在粒子退化现象。解决粒子退化问题的方法一般有两种:选取合适的重要度函数以及重采样。合适的重要度函数可以最小化粒子重要度之间的差异,从而限制粒子的退化。不过,选取重要度函数虽然能限制粒子的退化,但是粒子的退化仍然是不可避免的,所以,人们又采用了重采样的方法来解决这个问题。同样地,重采样虽然有效解决了粒子的退化问题,却带来了很多理论和实际操作时的问题。

遗传算法反映了一种进化思想,而粒子滤波器中存在的主要问题是退化问题,用进化思想解决退化问题,本身就具有可行性。

从实验跟踪结果来看,分等级遗传优化算法对马尔科夫蒙特卡罗粒子滤波器算法在一定程度上降低了跟踪误差,起到了优化作用,跟踪 60 帧均值误差由马尔科夫蒙特卡罗粒子滤波器算法的 21.9316 降低至 21.545。

分等级遗传优化算法对基于关键帧匹配与双向马尔科夫链蒙特卡罗采样的视频时空体滤波器算法在一定程度上降低了跟踪误差，起到了优化作用，跟踪 60 帧均值误差由基于关键帧匹配与双向马尔科夫链蒙特卡罗采样的视频时空体滤波器算法的 9.8773降低至 7.3663。

最后结合第 2 节的基于关键帧匹配的运动姿态的参数化表示与重定向算法，分别实现了基于分等级遗传优化策略的马尔科夫蒙特卡罗粒子滤波器算法的运动重定向以及分等级遗传优化策略下基于关键帧匹配与双向马尔科夫链蒙特卡罗采样的视频时空体滤波算法的运动重定向并给出了实验结果。

5.5 总结

本文提出了一种基于关键帧匹配与双向马尔科夫链蒙特卡罗采样的视频运动重定向方法。首先，提出了基于关键帧匹配的运动姿态的参数化表示与重定向算法，将视频运动重定向的运动分解为微观运动信息即运动姿态和宏观运动信息即运动轨迹，实现了运动对象姿态重定向算法和轨迹合成算法，从而生成动画，使得输出动画有效保留了视频的运动信息。其次，在每个时空体内部，基于所形成观测模型的双向马尔科夫性，提出一种新型的双向马尔科夫链蒙特卡罗采样粒子滤波器结构，通过充分利用参数状态与观测模型的前后帧关系，提出了基于关键帧匹配与双向马尔科夫链蒙特卡罗采样的视频时空体滤波算法，提高了运动重定向的准确性。同时，针对高维采样的效率问题，提出了基于分等级遗传优化策略的视频重定向参数优化算法，对视频时空体滤波算法跟踪结果进行优化，以有效提高算法效率。遗传算法反映了一种进化思想，而粒子滤波器中存在的主要问题是退化问题，用进化思想解决退化问题，本身就具有可行性。通过本文的研究，产生了一种新的视频运动重定向方法，对视频动画化的发展具有重要意义。

本文研究工作主要体现在以下三个方面：

第一，基于关键帧匹配的运动姿态的参数化表示与重定向。基于动画创作理论思想，本文将运动的表示分解为运动轨迹和运动姿态两个要素。提出了基于关键帧匹配的运动姿态的参数化表示与重定向算法。该算法用基于关键姿态的内插方法来表示运动对象姿态的变化，运动对象的姿态变化可描述为：由各关键姿态仿射变形为该运动对象姿态的变换矩阵 A_m，由变形后的关键姿态内插出该运动对象姿态的加权系数 w_m。姿态变化描述参数与轨迹的参数合在一起作为视频运动对象（人体）的运动信息。通过运动对象姿态的重定向算法和轨迹合成算法，生成动画运动对象（熊猫）的动画。由实验结果可见，视频和动画运动对象（熊猫）外观由用户依照场景需要输入，输出动画保留了视频的运动信息,包括运动轨迹细节、姿态变化和时间掌握。

第二,基于关键帧匹配与双向马尔科夫链蒙特卡罗采样的视频时空体滤波。本文在粒子滤波理论的基础上,提出了基于关键帧匹配与双向马尔科夫链蒙特卡罗采样的视频时空体滤波算法,并编程实现了该算法,同时通过实验给出了该算法与基本粒子滤波算法、马尔科夫蒙特卡罗粒子滤波器算法的性能指标的对比。从实验跟踪结果来看,马尔科夫蒙特卡罗粒子滤波器算法大大降低了基本粒子滤波器的跟踪误差,跟踪60帧均值误差由基本粒子滤波器的56.7069降低至21.9316,跟踪性能提高了61.32%。基于关键帧匹配与双向马尔科夫链蒙特卡罗采样的视频时空体滤波器算法显著降低了马尔科夫蒙特卡罗粒子滤波器的跟踪误差,跟踪60帧均值误差由马尔科夫蒙特卡罗粒子滤波器的21.9316降低至9.8773,跟踪性能提高了54.96%。同时,结合基于关键帧匹配的运动姿态的参数化表示与重定向算法,分别实现了基于基本粒子滤波的视频运动重定向、基于马尔科夫蒙特卡罗粒子滤波器的视频运动重定向以及基于关键帧匹配与双向马尔科夫链蒙特卡罗采样的视频时空体滤波器的视频运动重定向并给出了实验结果。

第三,基于分等级遗传优化策略的视频重定向参数优化。本文在基本遗传算法理论的基础上,提出了基于分等级遗传优化策略的视频重定向参数优化算法,并编程实现了该算法,将该优化算法分别应用到马尔科夫蒙特卡罗粒子滤波器算法的优化和基于关键帧匹配与双向马尔科夫链蒙特卡罗采样的视频时空体滤波算法的优化,同时通过实验给出了基于分等级遗传优化策略的视频重定向参数优化算法与马尔科夫蒙特卡罗粒子滤波器算法和基于关键帧匹配与双向马尔科夫链蒙特卡罗采样的视频时空体滤波算法的性能指标的对比。从实验跟踪结果来看,分等级遗传优化算法对马尔科夫蒙特卡罗粒子滤波器算法在一定程度上降低了跟踪误差,起到了优化作用,跟踪60帧均值误差由马尔科夫蒙特卡罗粒子滤波器算法的21.9316降低至21.545。分等级遗传优化算法对基于关键帧匹配与双向马尔科夫链蒙特卡罗采样的视频时空体滤波器算法在一定程度上降低了跟踪误差,起到了优化作用,跟踪60帧均值误差由基于关键帧匹配与双向马尔科夫链蒙特卡罗采样的视频时空体滤波器算法的9.8773降低至7.3663。同时结合基于关键帧匹配的运动姿态的参数化表示与重定向算法,分别实现了基于分等级遗传优化策略的马尔科夫蒙特卡罗粒子滤波器算法的视频运动重定向以及分等级遗传优化策略下基于关键帧匹配与双向马尔科夫链蒙特卡罗采样的视频时空体滤波算法的视频运动重定向并给出了实验结果。

动画是一门艺术,也是个相当有吸引力的研究课题,涉及的领域很广泛。本文将传统的视频运动重定向制作动画和粒子滤波器的运动跟踪两者合二为一,改变了传统的视频运动重定向制作动画方式,为动画制作提供了新的思路,但是动画生成效果的艺术性、系统的交互性还有待提高。可以从以下几个方面对本文的工作进行改进和扩展：

（1）本文提出的基于关键帧匹配的运动姿态的参数化表示与重定向算法，利用了骨架点和轮廓点，而骨架点和轮廓点之间可能存在一定的相关性，这种相关性可能会提高动画制作的效率和艺术性，值得进一步研究。

（2）本文提出的基于关键帧匹配与双向马尔科夫链蒙特卡罗采样的视频时空体滤波算法，只跟踪了视频运动对象质心的运动，如何将跟踪参数扩展为轮廓、骨架和形态学参数，值得进一步深入研究。

（3）如何使新生成的动画运动节奏与背景音乐的节奏同步，如何通过学习的方法得到速度曲线与音乐节奏的对应关系，依据背景音乐节奏调整输出动画的速度曲线，实现运动节奏与音乐节奏的匹配，都值得进一步深入研究。

5.6 参考文献

[1] JINBAO S, JINLIANG W, LONG Y, et al. Key frame matching and dual direction monte carlo particle filter based video tooning[C]. The 2013 international conference on control engineering and information technology, 2013(8): 627-630.

[2] JINBAO S, LONG Y, QIN Z. Video time-space body filtering based on dual-directional markov chain monte carlo particle filter[J]. Applied mechanics and materials, 2014, 596(3): 379-383.

[3] JINBAO S, LONG Y, QIN Z, et al. Video redirection parameters optimization based on hierarchical genetic optimization strategy[J]. Applied mechanics and materials, 2014(9): 1152-1156.

[4] WEIDONG G. The algorithms and principles of non-photorealistic graphics[M]. Zhejiang: Springer Press Jointly published with Zhejiang University Press, 2010.

[5] LITWINOWICZ P. Processing images and video for an impressionist effect[J]. Proceedings of SIGGRAPH, 1997(97): 1112-1123.

[6] COHEN M F. Everything by example[C]. Keynote talk at Chinagraphics 2000, 2000.

[7] JUE W, YINGQING X, HEUNG-YEUNG S, et al. Video tooning[J]. ACM transaction on graphics, 2004, 23(3): 574-583.

[8] 宋金宝. 基于模型的行为驱动算法研究[J]. 中国传媒大学学报（自然科学版），2012(4): 41-45.

[9] JINHUI Y, John P, JING L. Modeling the interaction between objects and cartoon water[J]. Computer animation and virtual worlds, 2008, 19(3/4): 375-385.

[10]SELLE A,MOHR A,CHENNEY S. Cartoon rendering of smoke animations[J]. Proceedings of the 3rd international symposium on Non-photorealistic animation and rendering,2004:57-60.

[11]ZHANG S, CHEN T, ZHANG Y, et al. Video-based running water animation in Chinese painting style [J]. Science in China series F: information sciences, 2009(52):162-171.

[12]JINHUI Y, XINAN J, HAIYING C, et al. Real-time cartoon water animation [J]. The journal of computer animation and social agent, 2007(18):405-414.

[13] Gleicher M. Retargeting motion to new character [J]. ACM SIGGRAPH, 1998:33-42.

[14]MONZANI J S, BAERLOCHER P, BOULIC R, et al. Using an intermediate skeleton and inverse kinematics for motion retargeting[J]. Computer graphics forum, 2000, 19(3):11-19.

[15]HECKER C, RAABE B,ENSLOW R W, et al. Real-time motion retargeting to highly varied user-created morphologies [M].New York:ACM Press, 2008:1-11.

[16]罗忠祥, 庄越挺, 刘忠,等. 基于时空约束的运动编辑和运动重定向[J].计算机辅助设计与图形学学报, 2002, 14(12):1146-1151.

[17]李琳,郑利平,王玉培,等. 基于关键姿态映射的运动重定向[J]. 系统仿真学报, 2012,24(1):127-131.

[18]HAIYAN L,QINGJIE S, XIAODAN L. Example-based Stylized Trajectory Synthesis of Falling Leaf[C]. 2010 International Conference on Computer Engineering and Technology, Chengdu,China,2010.

[19]HAIYAN L,QINGJIE S, HUI Z, et al. Example-based motion generation of falling leaf[C]. 2010 International Conference on Computer Design and Applications , Qinhuangdao, China,2010.

[20]李杰.原画[M].北京:机械工业出版社,2004.

[21]WILLIAMS R. The animator's survival kit—revised edition:a manual of methods, principles and formulas for classical, computer, games, stop motion and internet animators [M]. London:Faber & Faber Press, 2002.

[22]JOHNSTON O, THOMAS F. The illusion of life:disney animation[M]. California:Disney Editions, 1995.

[23]李海燕. 风格化落叶运动生成的算法研究[D].北京:中国传媒大学,2010.

[24]COLLOMOSSE J P,ROWNTREE D,HALL P M. Cartoon-style rendering of motion from video[J].Video,vision and graphics(VVG), 2003(7):117-124.

[25]COLLOMOSSE J P, ROWNTREE D, HALL P M. Stroke surfaces:temporally coherent artistic animations from video [J]. IEEE trans on visualization and computer graphics,2005,11(5):540-549.

[26]JUE W, DRUCKER S, AGRAWALA M, et al. The cartoon animation filter[J]. ACM transactions on graphics,2006:7.

[27]JUE W,YINGQING X,HEUNG-YEUNG S,et al. Video tooning[J].Proeeedings of ACM SIGGRAPH,2004:574-583.

[28]SUMI F,NAKAJIMA M. A production method of reusing existing 2D animation sequences[J].Proceedings of Computer Graphics International, 2003:282-287.

[29]PIGHIN F, HECKER J, LISCHINSKI D, et al. Synthesizing realistic facial expressions from photographs[J].ACM SIGGRAPH, 1998:75-84.

[30]PARKE F. Computer generated animation of faces[J]. ACM National Conferences, 1972:451-457.

[31]BUCK I, FINKELSTEIN A, JACOBS C, et al. Performance-driven hand-drawn animation[C]. The First International Symposium on Non-Photorealistic Animation and Rendering, 2000:101-108.

[32]BREGLER C,LOEB L,CHUANG E,et al. Turning to the masters:motion capturing cartoons[J]. ACM transactions on graphics,2002,21(3):399-407.

[33]RASTEGARI M,GHEISSARI N. Multi-scale cartoon motion capture and retargeting without shape matching[J].Digital Image Computing:Techniques and Applications (DICTA),2008:320-326.

[34]RASTEGARI M, ROUHANI M, GHEISSARI N, et al. Cartoon motion capturing and retargeting by rigid shape manipulation[J]. Digital Image Computing:Techniques and Applications(DICTA), 2009:498-504.

[35]DARRELL T, PENTLAND A P. Recognition of space-time gestures using a distributed representation[J].MIT media laboratory perceptual computing group TR-197, 1994:1287-1293.

[36]KOVAR L,GLEICHER M. Automated extraction and parameterization of motions in large data sets [M].New York:ACM Press, 2004:559-568.

[37]ZELNIK-MANOR L, IRANI M. Event-based video analysis [C].Proceedings of International Conference on Computer Vision and Pattern Recognition, 2001:123-130.

[38]LIU F, ZHUANG Y, WU F,et al. 3D motion retrieval with motion index tree [J]. Computer vision and image understanding, 2003,92(2/3):265-284.

[39]FRALEY C, RAFTERY A E. How many clusters? which clusteringmethod? an-

swers via model-based cluster analysis [J]. The computer journal, 2002, 41(8): 578-588.

[40] LOY G, SULLIVAN J, CARLSSON S. Pose-based clustering in action sequences [C]. Proceedings of IEEE International Workshop on Higher-Level Knowledge in 3D Modeling and Motion Analysis, 2003:66-72.

[41] BERKHIN P. Survey of clustering data mining techniques [R]. Technical Report, San Jose, CA, USA:Accrue Software, 2002.

[42] PARK M J, SHIN S Y. Example-based motion cloning [J]. Computer animation and virtual worlds, 2004(15):245-257.

[43] RASTEGARI M, GHEISSARI N. Multi-scale cartoon motion capture and retargeting without shape matching[C].Proceedings of the 2008 Digital Image Computing:Techniques and Applications (DICTA),2008:320-326.

[44] WANG H, LI H. Cartoon motion capture by shape matching[C].Proceedings of the 10th Pacific Conference on Computer Graphics and Applications, 2002.

[45] HONGBIN W, HUA L. Cartoon motion capture by shape matching[J]. Journal of computer-aided design & computer graphics, 2003,15(19):1121-1128.

[46] RASTEGARI M, ROUHANI M, GHEISSARI N, et al. Cartoon motion capturing and retargeting by rigid shape manipulation[J].Digital image computing:techniques and applications, 2009:498-504.

[47] BREGLER C, LOEB L, CHUANG E, et al. Turning to the masters:motion capturing cartoons[J]. ACM transactions on graphics,2002,21(3):399-407 .

[48] WHITAKER H, HALAS J. Timing for animation[M].2nd ed..Washington:Focal Press,2002.

[49] 龚纯,王正林.精通 MATLAB 最优化计算[M].北京:电子工业出版社,2011.

[50] GILL P, MURRAY W, WRIGHT M. Practical optimization[M]. London:Academic Press,1981.

[51] GORDON N, SALMOND D. Novel approach to non-linear and non-gaussian Bayesian state estimation[C]. Proceedings of Institute Electric Engineering,1993, 140: 107-113.

[52] MACCORMICK J, BLACKE A. A probabilistic exclusion principle for tracking multiple objects [C]. Proceedings of the Seventh IEEE International Conference on Computer Vision, 1999:572-578.

[53] CARPENTER J, CLIFFORD P. Improved particle filter for nonlinear problems [C]. IEEE Proceedings of Radar, Sonar and Navigation,1999:2-7.

[54]DOUCET A,GORDON N J.Sequential monte carlo methods in practice[M].New York:Springer-Verlag,2001.

[55]CRISAN D,DEL P. Non-linear filtering using branching and interacting particle systems[J]. Markov processes related fields,1999(5):293-319.

[56]HAMMERSLEY J M,MORTON K W. Poor man's Monte Carlo[J].Journal of the royal statistical society B,1954(16):23-38.

[57]HANDSCHIN J E. Monte Carlo techniques for prediction and filtering of non-linear stochastic process[J].Automatica,1970(6):555-563.

[58]HANDSCHIN J E. Monte Carlo techniques to estimate the conditional expectation in multi-stage non-linear filtering[J].International journal of control,1969(9):547-559.

[59]ARULAMPALAM S,RISTIC B. Comparison of the particle filter with range parameterized and modified polar EKF's for angle-only tracking[J].Proceedings of SPIE, 2000(4048):288-299.

[60]FARINAA,RISTIC B. Tracking a ballistic target:comparison of several nonlinear filters[J].IEEE transaction on AES,2002(38):854-867.

[61]DOUCET A, DAVY M. Particle filtering for multi-target tracking and sensor management[J].The international conference on information fusion,2002:474-481.

[62]GUSTAFSSON F, BERGMAN N. Particle filters for position, navigation and tracking[J].IEEE transactions on signal processing,2002(50):425-437.

[63]MIODRAG M,HONG S J,PETER M. Performance and complexity analysis of adaptive particle filtering for tracking applications[J].International record of the thirty-sixth asilomar conference on signals,systems and computers,2002(1):853-857.

[64]HUE C,CADRE J,PEREZ P. Sequential Monte Carlo methods for multiple target tracking and data fusion[J].IEEE transactions on signal processing,2002(50):309-325.

[65]STORVIK G. Particle filters for state-space models with the presence of unknown static parameters[J].IEEE transactions on signal processing,2002(50):281-289.

[66]HERK A P,EDWIN A. Tracking multiple maneuvering targets by joint combinations of IMM and PDA[J].Processings 42nd IEEE conference on decision and control, 2003:1-6.

[67]HUE C,CADRE J, PEREZ P. Tracking multiple objects with particle filtering [J].IEEE transactions on AES,2002(38):791-812.

[68]ISARD M, BLAKE A. Condensation-conditional density propagation for visual tracking[J].Journal of computer vision,1998(29):5-28.

[69]ISARD M, BLAKE A. Condensation:unifying low-level and high-level tracking

in a stochastic framework[C].Proceedings of the Fifth European Conference on Computer Vision, 1998:893-908.

[70]MACCORMICK J, ISARD M. Partitioned sampling, articulated objects and interface-quality hand tracking[C]. Proceedings of the Six European Conference on Computer Vision,2000:3-19.

[71]SULLIVAN J,BLAKE A. Object localization by Bayesian correlation[C].Proceeding of Seventh International Conference on Computer Vision,1999:1068-1075.

[72]LI P,ZHANG T,PECE A. Visual contour tracking based on particle filters[J]. Image and vision computing,2003(21):111-123.

[73]JEPSON D,FLEET D J,MARAGHI T F. Robust online appearance models for visual tracking[J].IEEE transactions on pattern analysis and machine intelligence,2003(25):1296-1311.

[74]ZHOU S H,MOGHADDAM B. Visual tracking and recognition using appearance-based modeling in particle filters[R].Technical report, department of electrical and computer engineering, University of Maryland,USA,2003:1-28.

[75]ZENG Z H,MA S D.Head tracking by active particle filtering[C].Proceedings of the Fifth IEEE International Conference on Automatic Face and Gesture Recognition, 2002:1-6.

[76]MACCORMICK J, MACCORMICK F. Stochastic algorithms for visual tracking [M].New York:Telos Press,2003.

[77]YONG R,YUNQIANG C. Better proposal distributions:object tracking using unscented particle filter[J]. Microsoft research, 2000:335-341.

[78]GRABNER H, BISCHOF H. On-line boosting and vision, computer vision and pattern recognition[J]. 2006 IEEE Computer Society Conference, 2006:260-267.

[79]LI Y, AI H, YAMASHITA T, et al. Tracking in low frame rate video:a cascade particle filter with discriminative observers of different lifespans[J]. Computer Vision and Pattern Recognition, 2007:1-8.

[80]JIANYU W, XILIN C, WEN G, et al. Online selecting discriminative tracking features using particle filter[J]. Computer vision and pattern recognition, 2005(2):1037-1042.

[81]ISARD M. BraMBLe:a bayesian multiple-blob tracker[J]. Computer vision, 2001(8):1-14.

[82]KHAN Z, BALCH T, DELLAERT F. Multitarget tracking with split and merged measurements[J]. CVPR,2005(1):605-610.

[83]COLLINS R T, LIU Y, LEORDEANU M. Online selection of discriminative tracking features[C]. Proceedings of the International Conference on Computer Vision, 2003:1631-1643.

[84]AVIDAN S . Ensemble tracking[C]. Proceedings of the 2005 IEEE Computer Society Conference on Computer Vision and Pattern Recognition,2005:494-501.

[85]叶龙,王京玲,张勤.遗传重采样粒子滤波器[J].自动化学报,2007,33(8):8.

[86]LONG Y, QIN Z, LING G. Use hierarchical genetic particle filter to figure articulated human tracking[C]. Proceedings of ICME,2008:1561-1564.

[87]Haykin S. Kalman Filtering and Neural Networks[M].New York:John Wiley & Sons,2001.

[88]胡士强,敬忠良.粒子滤波原理及其应用[M].北京:科学出版社,2010.

[89]徐治非.视频监控中运动目标检测与跟踪方法研究[D].上海:上海交通大学,2009.

[90]胡昭华.基于粒子滤波的视频目标跟踪技术研究[D].南京:南京理工大学,2008.

[91]江艳霞.视频人脸跟踪识别算法研究[D].上海:上海交通大学,2007.

[92]BOLVIKEN E, ACKLAM P J. Monte Carlo filters for non-linear state estimation [J].Automatic,2001(37):177-183.

[93]CARPENTER J, CLIFFORD P. Improved particle filter for nonlinear problems [J].IEEE Proc-Radar, Sonar Navigation,1999(146):2-7.

[94]周昱.智能交通系统中运动目标的自动分析技术研究[D].武汉:华中科技大学,2012.

[95]KONG A, LIU J S. Sequentialimputations and Bayesian missing data problems [J]. Journal of the American statistical association,1994(89):278-288.

[96]DOUCET A, GODSILL S. On sequential Monte Carlo sampling methods for Bayesian filtering[R]. Technical Report, Department of Engineering University of Cambridge, UK,1998:1-36.

[97]LIU J S, CHEN R. Blind deconvolution via sequential imputation[J]. Journal of the American statistical association, 1995(90):567-576.

[98]LIU J S, CHEN R. Sequential Monte Carlo methods for dynamical systems[J]. Journal of the American statistical association, 1998(93):1032-1044.

[99]KITAGAWA G. Monte Carlo filter and smoother for non-gaussian nonlinear state space models[J]. Journal of computational and graphical statistics,1996(5):1-25.

[100]王鑫.复杂背景下红外目标检测与跟踪算法研究[D].南京:南京理工大

学,2010.

[101]李鹏.交会对接中的滤波问题研究[D].哈尔滨:哈尔滨工业大学,2010.

[102]云庆夏.进化算法[M].北京:冶金工业出版社,2000.

[103]张文修,梁怡.遗传算法的数学基础[M].西安:西安交通大学出版社,2000.

[104]王京玲,叶龙,张勤.基于遗传算法的粒子滤波器在目标跟踪中的应用[J].北京广播学院学报(自然科学版),2005,12(2):23-29.

[105]王宏杰,魏先峰,薛周建,等.遗传算法综述[J].科技经济市场,2008(6):14.

[106]杨尚达,李世平.遗传算法研究[J].网络与信息技术,2008,27(9):60-62.

5.7 论文发表简介

[1]JINBAO S, MA Y M. Time-space body filtering based video motion redirection [J]. Basic, clinical pharmacology & toxicology,2018(9):92-93.

[2]JINBAO S, JINLIANG W, LONG Y, et al. Key frame matching and dual direction Monte Carlo particle filter based video tooning[J]. Control engineering and information systems—proceedings of the international conference on control engineering and information system,2015(8):263-266.

[3]JINBAO S, LONG Y, QIN Z, et al. Video redirection parameters optimization based on hierarchical genetic optimization strategy[J]. Applied mechanics and materials, 2014(668-669):1152-1156.

[4]JINBAO S, LONG Y, QIN Z. A behavior retargeting algorithm based on the model [C]. Mechanical Components and Control Engineering III. The 3rd Asian Pacific Conference on Mechanical Components and Control Engineering, 2014:1021-1024.

[5]JINBAO S, LONG Y, QIN Z. Video time-space body filtering based on dual-directional markov chain monte carlo particle filter[C]. Mechatronics and industrial informatics Ⅱ.2014 2nd international conference on mechatronics and industrial informatics,2014:379-383.

[6]JINBAO S, LONG Y, QIN Z, et al. Motion redirection based on markov chain monte carlo particle filter[J]. Applied mechanics and materials, 2014,668/669:1086-1089.

6 基于人工智能技术的线上线下媒体融合的探索

本文针对博物馆、艺术馆、私人影院等文化综合体面临的内容短缺问题，分析了根源，提出了一种基于人工智能技术的线上线下媒体融合的新思路。利用视频理解技术对网上视频进行再加工，使用超分辨率技术提高视频的质量，满足文化综合体的需求，形成文化综合体大众参与、技术创新、降本增效、高质量发展的新局面。

6.1 绪论

当物质生活基本得到满足后，人们对于精神生活的需求就会越来越大，并且不管对文化产品内容与形式还是对文化产品消费方式，都会越来越多元化、多样化、个性化、时尚化、精致化。因此，艺术馆、博物馆、科技馆、私人影院、IP 梦之屋、市民中心等这些文化综合体就必须与时俱进。以私人影院为例，私人影院应为消费者提供差异化精细化服务，而有别于传统影院提供的大众化粗放式服务，应从线下单向观看转向线下线上双向互动体验，影片形式可趋向于轻型化，比如艺术片、音乐片、风光片、纪录片、科教片、科普片、科幻片、动画片等轻型影片，影片内容可趋向于小众化、个性化，并且应不断更新。

此外，新科技历来是推动文化产业转型升级的重要引擎，应用新技术可创新文化产品载体，提升文化产品质量。以私人影院为例，随着以 Micro LED 为代表的先进显示技术的出现与成熟，屏幕可实现任意尺寸无缝拼接，屏幕分辨率甚至能够达到 16K、32K。并且 Micro LED 等不仅限于清晰度上的提升，由高分辨率、高帧率、高色深、宽色域、色彩准确度、亮度、对比度、HDR、响应时间、全屏色彩亮度一致性、稳定性、持久性等共同决定的画质增强技术也日新月异。画质增强技术能使屏幕显示画面清晰度和流畅度更高，画质更细腻，画面色彩更加丰富、精确，亮度控制更加精准，进而使图像还原和重现能力更强，影像显示更具层次感、立体感、通透感、沉浸融入感和临场感。与视频对应的音频播放技术和专业级别的超优质视听环境技术同样也越来越先进，并且还在不断发展中。

但是问题来了，人们对于高质量精神文化生活的需求已现端倪，并且上述文化综合体已具备不比 IMAX 影院音视频效果差的硬件条件，而对应于此的优质内容产品能够跟得上吗？且不说期望中的具有高技术含量的文化综合体，就是现已建成的技术装备水平还不算太高的文化综合体都一直存在着文化产品制作水平不高、产品缺少特色、同质化严重、产品长期不能更新这些问题，许多文化场馆甚至变成了“僵尸”场馆。

6.2 文化综合体内容短缺的原因

文化综合体的文化产品有这么几个特点：多元化、多样化、个性化、时效化、表演成分不高、内容短而精致。对于大型媒体制作公司而言，生产这样的总要花样翻新且数量众多的小作品，在投入产出比上极不划算；而对于中小型媒体制作公司来说，从创意到拍摄到最后制作完成，其整个流程的花费不管在人力上还是在物力上都是相当可观的。仅就文化产品生产过程中最关键的创意环节来说，由于这类文化产品的特点，制作公司必须不断推陈出新，但是创作人员不可能总有新想法新创意，而公司要雇更多的创意人才来解决这一问题，必然又抬高公司成本，而文化综合体及它的服务对象又承受不起这么高昂的产品价格。

总之，文化综合体不能很好地满足人们对优质文化生活的需求，与文化综合体的产品质量欠佳、产品缺乏新意、产品更新不可持续有关，而后者又与文化产品供给因素有关。

6.3 基于人工智能技术的解决方案探索

众所周知，“抖音”等网络音视频平台中不乏在内容和形式上都很新颖很有创意的节目。这是由于，数字化技术重构了文化创作的生产要素和生产方式，降低了文化创作的门槛，缩小了专业与非专业的鸿沟，激发了亿万民众巨大的创新潜力，为优质文化产品的生产聚集了广大的生力军，为网民提供了源源不断的文化产品。为了破解文化综合体优质文化产品供给不足、文化消费体验不理想，及“超分辨率”技术无用武之地的问题，我们可否利用网上节目海量化、多样化、个性化的特点，通过相关技术手段把网上音视频节目“再加工”成线下可播放的、信号无损的超高清音视频节目，观赏体验要达到这样的效果，屏幕要足够大（比如一面墙），画质要足够好（比如技术指标为 16K、120fps、10 比特、HDR），要让用户完全沉浸在画面之中，让他们观察不到图像的像素点和任何闪屏卡顿现象，但可以看到完全的明暗和色彩，以至于使人眼基本上不能把画面与真实场景相区别。所以，仅就画质处理而言，把网上音视频节目移到线下文化综合体的“再加工”，绝不是把网上产品直接搬到线下，或在画面上插些点提高显示分辨率那么简单，而应根据应用场所的功能属性、艺术需求和审美需要、场地环境、观赏舒适度和安全性等,结合大屏幕显示在超大画面画质上的特点,对影像的分辨率、帧率、色深、色域、亮度、对比度等技术指标进行整体优化升级,凸显画面的层次感、立体感、通透感、沉浸融入感和临场感,使技术与艺术达到完美的融合。对音频也要“再加工”,比如提高到数十个通道输出等。

如上所述,那些中小型媒体制作公司按传统方式很难独立地、完整地、持续地推出文化综合体所需产品,而从网上筛选音视频节目(包括公司在网上招标、预订节目,也包括网上拍客主动向公司自荐节目)再加工,反而可能会成为这些公司的一种新运营模式,这种模式既可类似于图书出版模式(即网上拍客类似于作家,公司类似于出版社,他们“协同合作”推出“作品”,或为客户定制“作品”),也可类似于网络文学衍生出网络视频模式,公司借助于网上原创进行再创作,包括画质音质的升级改造。

这种媒体制作公司对网上碎片化节目在内容及形式上进行整合或再创作、在画质及音质上进行增强和优化的新运营模式,降低了服务文化综合体的成本,为公司垂直细分、专注深耕、提质增效、健康发展创造了条件,同时也为文化综合体提高产品质量和内容更新率,降低更新成本,迈向可持续发展创造了条件,还为广大群众参与国家文化建设开辟了新渠道。而要把这一新运营模式从可能变为现实,我们认为主要取决于技术赋能的水平。下面就此问题进行探讨。

6.3.1 人工智能“视频再加工”的流程

人工智能是一个非常广泛的领域。借助于计算机运算能力的提升和数据存储容量的增大,人工智能在近几年掀起了新的讨论及研究热潮。

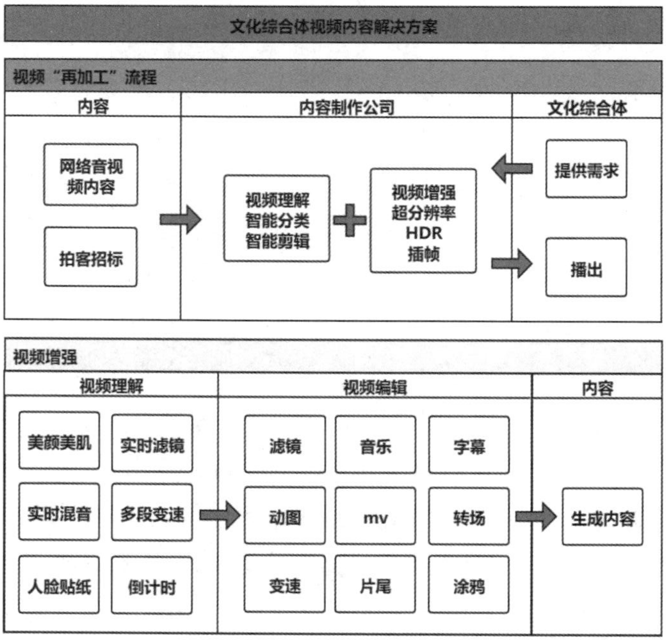

图 6.1 视频再加工的流程

视频行业中可能会用到的 AI 技术,大致包含图像、视频、声音、文本处理及大数据分析等几个方向:

(1)在视频采集阶段:主体识别与跟随拍摄、AI 防抖等功能均得益于视频识别及处理技术的发展。

(2)制作阶段:内容及语音识别促进了 AI 剪辑、智能字幕、实时翻译等应用的逐渐出现。

(3)分发播放阶段:内容识别等技术协助视频审核、分类与编目;基于用户、客户、视频等海量数据的分析更是促进了推荐系统的诞生。

(4)体验阶段:视频内容、主体识别等技术催生了如弹幕防挡、实时视频人物识别等一系列应用。

(5)人工智能下半场,AI 势必会加速向各个行业的融入。视频行业的下半场,大概也是如此。而 AI+视频,两个积累了数年沉淀的行业,很有可能会碰撞出新的火花。

为什么人工智能技术在视频制作领域能够大放异彩?因为视频制作领域的生产和分配部分能够很容易让深度学习模型处理。AI 和采集生产环节结合,是能够有效提高视频生产制作的效率的。传统的编辑是人来做的,当 AI 和视频采集生产环节结合,我们可以引入智能编辑技术,快速生产视频。天下武功,唯快不破,应用在视频领域也是一样的。设想我们很快地生产视频,第一时间提供给文化综合体,文化综合体就能时刻唤起游客的新鲜感,达到可持续发展的效果。

纵观整个视频生命周期,包括视频采集、视频的生产制作、视频播出和被广大用户体验这几个环节。实际上在这个过程中,整个视频行业发生了很大的变化,在每一个阶段都从专业者的参与转向大众普适的参与。

从采集阶段,最开始用专业的摄像机、录像机进行视频采集,转向如今的每个人都是自媒体产生者,用手机来拍摄。

所谓三分拍七分剪,拍摄完毕后的视频剪辑制作也是关键的一步。

然而传统的视频制作过程往往较为繁琐,一个高质量视频的制作,往往需要在如 PS、PR、AE 等诸多重量级视频编辑软件间反复切换,视频的修剪、调色、配音和渲染更是要花费大量时间。

而如今几乎每个人的手机里都有系统自带的视频编辑工具,从重量级的非线性编辑软件,到现在短视频 APP 都标配的特效、滤镜、美颜,都能够在手机端进行基本的视频制作。

视频生产制作中可以利用的 AI 技术特别多。云端视频剪辑能力,就可以做出很多有想象空间的事情。比如将人物出现的时间线连接起来,自动生成人物集锦;再比如经典的体育赛事精彩瞬间,前期的素材整理的工作可以通过 AI 来自动处理;还有专题制作这个领域应用也十分广泛,比如下了一次大雪,广电媒体从业者希望能快速地从素材库中找到与雪景相关的视频来生成一个专题视频，利用 AI 能力，其实就可以根据场景的识别，提取雪景在各个视频当中的位置片段，搭配云端剪辑能力，比较轻松地将视频制作出来。同时，影视剧剧集的片花也可以利用智能摘要、智能 GIF 来形成，一些视频片段可以基于指纹和多模态技术去实现。

我们可以看出，从整个视频生命周期中，参与者发生了巨大的变化，本项目就是对视频制作的“群众路线”进行技术探索。

6.3.2 视频理解在本项目中的应用——视频智能生产

AI 在互联网视频行业的成功应用，主要依赖以下几方面的核心要素：

(1)可供训练的大数据。

(2)精准算法，如正在进行的视频分析识别与语义理解等算法。

(3)计算芯片，需要非常强大的计算力。

(4)好的落地场景，更便捷的服务。

在视频内容理解这个阶段，人工智能的主要作用体现在以下几个方面：

(1) 视频分类(video classification)

通过视频多模态特征分析，自动对视频进行类目分类，提高视频分发、管理的效率。

(2)视频标签(video labeling)

分析视频中图像、文字、语音、人脸、物体、行为等多模态信息，自动为视频打多维度标签。且支持类目定制，结合文化综合体的需求，定制不同的封面图生成模型。同时，视频编辑功能具有高精准度，利用多项 AI 技术，对视频进行全方位理解后，甄别出最优、最高精准度的画面或片段。

(3)时序动作定位(temporal action localization)

在一段未剪辑的视频中找到动作开始和结束的时间，并对动作进行分类。

(4)异常检测(anomaly detection)

通常用于判断监控视频中出现的异常事件。

(5)视频摘要与视频浓缩(video abstract and video synopsis)

视频摘要是从原始视频中提取有代表性的关键帧，而视频浓缩是将多帧视频合并成一帧。

(6)“看视频说话”(video captioning)

基本思路和看图说话一致，用编码网络提取视频信息，用解码网络生成文字描述。

(7)视频生成(next frame generation)

利用生成式模型对视频进行生成。

6.3.2.1 视频智能生产的应用现状

(1)百度智能视频合成平台 VidPress

百度研究院的业界首个支撑通用型、大规模生产的智能视频合成平台 VidPress，用户仅需一键输入新闻图文内容链接，其余全部工作则交由平台自动化完成，视频素材智能化聚合、解说词生成、语音合成、音视频对齐和渲染导出整套制作流程在 9 分钟以内能够高效完成，生产效率和质量得到大幅提升，完美解决视频生产过程中人力成本、技术难度、素材有限、无法大规模生产等诸多难题。智能视频合成平台 VidPress 的高效率和高质量得到了实际验证，早已在各视频平台“遍地开花”。百度研发了分布式视频生成系统和对外服务的 REST API，为“好看视频”大规模生产提供服务。根据“好看视频”使用数据，目前生成一个时长 2 分钟左右的 720p 视频，所需时长的中位数仅为 2.5 分钟；平台每天可以生产 500 到 1000 条视频，整个过程从热点发现到最终的视频生成完全无人化、自动化。此外，VidPress 所生成的视频播放完成率比“好看视频”的大盘高出 15 个百分点，一些热门视频已经有了 85 万的播放量，足见 AI 新闻视频深受观众喜爱。

(2)二十世纪福克斯利用 AI 制作电影预告片

二十世纪福克斯用沃森为科幻影片《摩根》制作了一部预告片。完成这项工作后，沃森也成为第一台用来制作电影预告片的 AI 设备。在为这项任务做准备时，IBM 的研究员为沃森提供了 100 多部恐怖影片预告片的分离片段和场景。沃森对这些素材进行了一系列视觉、声音和构成分析，以掌握制作预告片的要点。沃森完成对《摩根》的处理后，它提取出总计 6 分钟的 10 段场景。虽然还需要人工编辑将这些场景串接在一起，但是沃森已经将预告片的整个制作过程缩短到 24 小时。与以前相比，这已是很大的进步了。以前制作一部影片预告片通常需要 10 到 30 天的时间。

(3)智能化视频剪裁的开源框架 AutoFlip

智能化视频剪裁的开源框架：AutoFlip。基于 MediaPipe 框架，该框架支持开发用于处理时间序列多模态数据的管道。把一个视频文件(业余级拍摄或专业级剪辑)和一个目标比例(横向、正方形、人像等)作为输入，AutoFlip 会分析视频内容，逐步得出最佳的追踪和剪裁策略，然后输出一个同样时长但剪裁至目标画面比例的视频文件。

6.3.2.2 智能剪辑的流程

影视剪辑不仅重要，而且比较程式化，非常耗时。而 AI 的加持无疑有利于提升剪辑视频的效率。

AI 剪辑大体按照以下三步运行轨迹发展：

第一步：画面识别，缩短素材收集时间

这是 AI 对视频最基础的认知，这里的 AI 识别的主要是辨认视频画面中的对象。

以世界杯为例,主要就是对高速运动下的球星人脸实时定位与检测,如一段视频几秒至几秒出现的球星是梅西,另一时段是阿圭罗等,并能将他们的视频提取出来。

另外,有数据显示,2025 年全球数据量将达到 163ZB,这对人来说整理视频数据将越来越麻烦,但对 AI 来说,已经能够轻松做到从全网提取出包含特定关键词内容的视频片段,并截取出来统一进行分类整理,这一步的 AI 类似于一个小秘书。

第二步:理解镜头语言,学习人类的镜头剪辑

AI 需要对视频的理解深入镜头的内容及镜头语言的运用,学习剪辑规则,通过深度学习模仿人类的剪辑技巧,实现基本的剪辑。如在世界杯中,它需要准确识别进球、射门、角球、红牌、黄牌、庆祝等多种动作,模仿人自动剪辑出进球、射门、犯规、过人等精彩片段。

以我们常常吐槽的制作粗糙的网络剧为例,素材和成片比例大概是 10:1,剪辑师剪辑起来可能不那么耗费精力。但是真人秀节目就不同了,素材与成本的比例非常惊人,例如《爸爸去哪儿》摄制组共有 40 多个机位,大全景、大特写、小全景等多个景别同时开拍,每集 90 分钟的节目都有 1000 多小时的素材。如何从前期几十台机位的素材中快速找到最终剪辑需要的镜头,是相当费时费力的过程,而 AI 的使用可以辅助人筛选,最终简化这一流程。

第三步:在某种程度上替代人,完成一些具有创造性的工作

这要求 AI 能自行理清素材间的联系,根据学习的镜头组接规则,面向特定目标自动进行视频的剪辑。经典好莱坞电影拍摄手法,一般是拍摄一个远景作为主镜头,然后分别拍摄特写镜头、反应镜头、切入镜头和切离镜头,最后剪辑师依据需求进行剪辑。

一个来自斯坦福大学和 Adobe 公司的 AI 便能够自行同步相同场景的录像。然后自动识别和分析演员所体现出的人物形象,最后根据导演对风格的要求,AI 依据数据库里较为成熟的剪辑风格和镜头语言对录像进行自动选择和组装。它仅仅 3 秒钟就剪出了一个 71 秒的视频,而一个经验丰富的剪辑师可能需要好几个小时。

目前常见的利用人工智能来进行剪辑的软件和服务有以下几个:Gliacloud,Rawshorts,Jumptvs,Premiere,Magisto。

利用人工智能辅助制作视频的应用有 Naive,这个应用程序使用 AI 来分析一个项目中的所有镜头,然后分离出不好的片段(可能是抖动的或者曝光过度的),并自动在 Premiere Pro 中创建一个序列。它还可以同步视频和音频(类似于 Pluraleyes)并创建代理文件。对有些工作项目类型(比如活动、旅行和婚礼视频)来说,这可能是一个很好的提高效率的工具。

目前市面上的视频理解落地应用,是基于“视频理解”领域的论文成果,随着对此领域的不断探索,更先进更轻量的技术可以应用到我们的项目中。

6.3.3 视频增强在本项目中的应用展望

视频增强最主要的技术是超分辨率(Super-Resolution),是指通过硬件或软件方法提高原有图像的分辨率,通过一幅或者多幅低分辨率的图像得到一幅高分辨率的图像过程就是超分辨率重建,可以通过人工智能深度学习将低分辨率视频重建成高分辨率视频图像,视频瞬间变高清,为移动端用户带来极致视频体验。

目前视频增强落地的典型应用如下:

爱奇艺 zoomAI 超分辨率技术:通过深度学习把低分辨的视频恢复成高分辨的视频。同时还可以修复画面破损,图像有划痕、抖动,可以利用多帧图片的信息,通过多帧预测当前帧的图片,最后做一个融合,修复画面,优化视频的纹理和边缘细节。

Topaz Video Enhance AI(TVE AI):是一款基于人工智能技术的视频放大工具,它通过机器学习,对数以千计的视频进行训练,并结合来自多个输入视频帧的信息,可以将视频素材放大至 8K,并且尽可能保留视频细节。这可以帮助我们在视频编辑中实现更多的可能性,我们可以对某块区域如文字、数字进行放大、剪切,同时保持分辨率。这款软件 2G 左右,没有 GPU 的电脑也能支持运行。

网易云信 AI 视频黑科技"超分":网易云信提供了点播直播和实时音视频等技术。支持的终端包括 Windows PC、MAC、iPhone、iPad、Android 手机、机顶盒以及智能手表等可穿戴设备。其中可穿戴设备、机顶盒等终端的成本控制比较严格,通常 CPU 处理能力相对较弱,无法支持高清甚至标清的视频规格,但是作为这些终端的使用者,人们依然希望看到高清或标清的视频,接收的终端可能是 PC 或者性能较好的手机、平板电脑等设备,他们自己可能有能力提供优秀的计算资源。在这种场景下,网易云信可以在接收的终端上通过超分辨率技术恢复视频质量,极大地提升了移动端用户的体验。如果接收的终端本身运算能力不足以支撑深度学习,但是有能力处理高清视频的解码,网易云信依然可以在云端对低分辨率的视频进行处理,采用包括超分在内的技术对质量恢复后,将高质量的视频提供到接收终端。

此类应用大多基于以下的开源算法:

Waifu2X:将低分辨率的二次元插画、动漫截图甚至真实照片视频使用深度卷积神经网络进行缩放,以取得比通常缩放算法更优的效果,并对图片视频进行降噪处理,可以在本地部署实现,类似开源项目还有 Video2X、Anime4K 等,都可以直接借鉴到本项目中。

Frames Per Second Boosting AI:这个工具的官方名称是 Depth-Aware Video Frame Interpolation(DAIN),中文为"深度感知视频帧内插",由计算机科学家 Wenbo Bao 发明。它所做的就是分析一个电影片段,在帧间创造并插入新的帧,实现视频的超帧。它可以让动作大的视频更清晰流畅,有很多视频很可能拍摄于 24 或 48 帧率,但人工智能已经把它变成了一个平滑的 60 FPS 的视频。你也可以将一般帧率的素材转换成高质量的慢动作视频。如果直接对某个正常帧率视频放慢,效果会卡顿。如果使用专门的相机,可以捕捉慢动作(60,120,240 FPS),但又会提高成本。这个人工智能工具降低了慢动作拍摄的门槛,并且允许你在编辑过程中灵活地运用慢动作,即使你没有使用慢动作摄像机。目前没有商业落地的超帧服务应用。

基于深度学习的超分技术能较好地恢复图像细节。视频发送源可能因为种种客观限制,无法提供高分辨率的视频,比如摄像头采集能力不足、网络带宽不足、源端处理能力不足等,在这些情形下,如果云端或者接收端的处理能力满足要求,可以借助超分技术,对视频质量做恢复,呈现给用户高质量的视频,所以超分技术为在恶劣的客观条件下的视频应用提供了高质量呈现的可能,是传统的应用借助人工智能技术提升使用体验的一种典型落地场景。

6.4 总结

本项目的实现形式可以采用以下三种:

公有云部署:将服务部署在云端,用户通过上传视频,在云端进行加工处理再下载返回。

私有服务器部署:部署在本地企业服务器上,局域网内部调用,速度快,无须支付带宽费用。

通用设备端 SDK 或应用程序:直接将视频理解和视频增强功能整合在一个软件内,供用户下载安装使用。

针对本文开始提出的需求,经过分析市面和学界已有的技术,可知此需求可以在合理成本下通过纯软件实现,具有实用前景。为节目制作机构对网上碎片化节目在内容及形式上进行整合或再创作、在画质及音质上进行增强和优化创造了条件,进而为这些机构垂直细分、专注深耕、降本增效、健康发展创造了条件,同时这也为文化综合体提高内容更新率、降低更新成本、迈向高质量可持续发展创造了条件,而且还为广大群众参与国家文化建设开辟了新渠道。

6.5 参考文献

[1]XIANGPING M, YAN G. Electric systems analysis [M]. Beijing: Higher Education Press, 2019:3-21.

[2]YU L,JINGSEN L. Mechanism and improvement of direct anonymous attestation scheme[J]. Journal of Henan University, 2017, 37(2):195-197.

[3]李煜,刘景森.智能视频监管在安防的应用[J]. 河南大学学报,2017,37(2):195-197.

6.6 论文发表简介

JINBAO S, JUNLI D, XIN X, et al. Exploration of online and offline media convergence based on artificial intelligence technology[C]. The 2nd International Workshop on Smart Media Theory and Application(SMTA2021),2021:101-106.

7 广播电视舆情分析研究

本文首先介绍了广播电视舆情分析研究的必要性和意义,然后分别从播出和收视两个方面论述了广播电视舆情分析研究的内容和方法。

7.1 绪论

报纸、广播、电视、网络是反映社会舆情的主要渠道。广播电视与报纸、网络相比具有以下特点:(1)权威性。广播电视是党的喉舌,报道国内外大事,宣传党和政府的各项政策。(2)普及性。广播覆盖率98%,电视覆盖率92%,是广大老百姓获取信息最直接的来源。(3)及时性。通过有线、卫星、地面等传输方式迅速覆盖全国。

随着全国广播电视事业的蓬勃发展,广播电视舆情分析越来越被重视,成为重要的、热点的研究课题。广播电视作为主流的、具有权威的媒体,由于单向传输的制约,没有开展舆情分析方面的研究,缺乏对电视播出和收视情况的有效分析和统计,制约了广播电视行业的进一步发展,可以说该领域的研究还是个空白。研究这一课题可以在信息社会和全媒体的背景下,准确把脉广播电视在全国的影响力和认可度,促进广播电视事业健康、有序、和谐地发展。

广播电视舆情分析关键技术的研究会大力带动广播电视领域的学科建设。广播电视舆情分析涉及信号处理、编解码技术、信道传输、图像/声音匹配搜索、水印版权,以及数据库、数据挖掘等技术,学科覆盖面广,几乎涉及信息与通信工程所有学科。通过广播电视舆情分析关键技术的研究,可以搭建高水平的广电研究平台,最终建设成全国第一个广播电视舆情分析系统,从而填补国内在该领域研究的空白。

众所周知,广播电视由电视台播出和用户收听收看两大部分组成,因此,要想对广播电视进行全面的舆情分析就应该涵盖播出和收视两大部分,这样的广播电视舆情分析才是真正意义上的舆情分析。下文将从广播电视舆情分析的两大核心部分分别展开论述。

7.2 广播电视播出舆情分析

7.2.1 广播电视播出舆情分析系统总体架构

在检测端,第一步从各城市节目中获得节目源。节目源有两种类型,类型Ⅰ经过水印叠加再行播出,类型Ⅱ未经处理直接播出。第二步,利用抽帧器从有线电视网中抽取节目图片,每个节目每3秒抽取一次,保证所有节目和广告都能被抽取。将图片存储在硬盘上,利用互联网在夜间网络负荷较小时向中心加密回传。

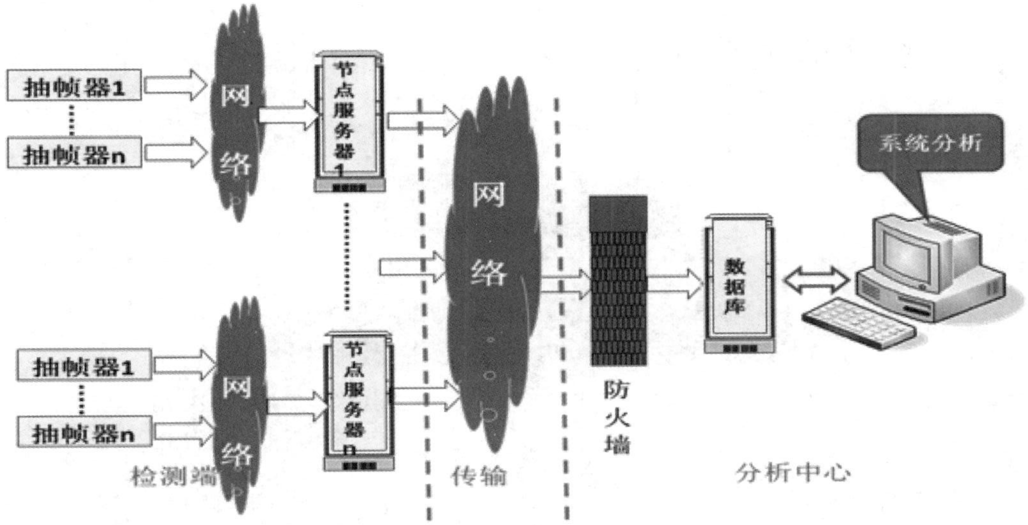

图 7.1 广播电视播出舆情分析系统总体架构

在中心端,所有信息数据根据抽帧器调度机制,经过互联网,通过数据解密进入存储结构;在存储结构中,对类型Ⅰ进行解水印处理,对类型Ⅱ进行图像比对检索,生成实际的广播电视节目播出条目,处理后的信息进入管理端系统。在管理系统中通过广播电视内容监播分析软件进行数据挖掘,统计分析各种内容监播分析数据。

7.2.2 广播电视播出舆情分析具体模块及其功能

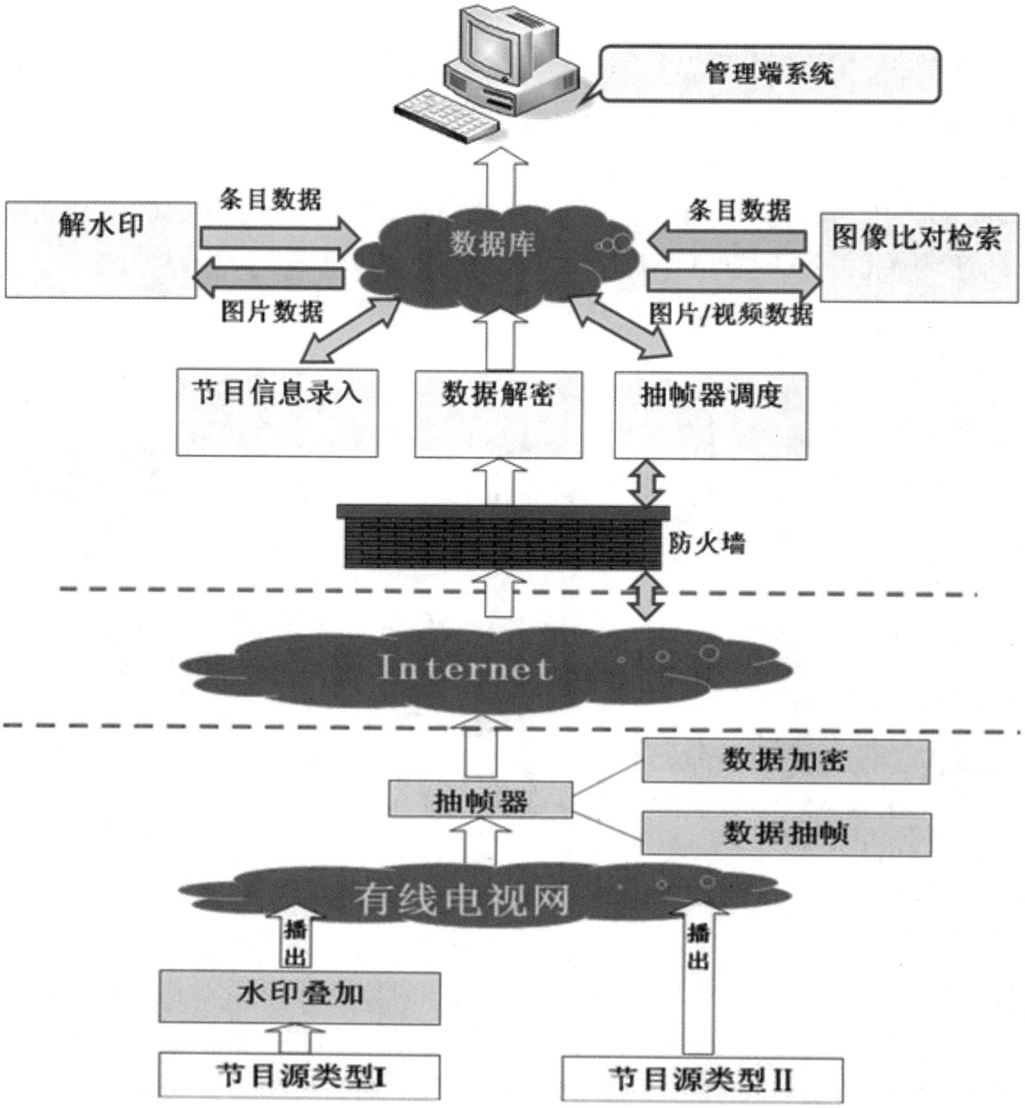

图 7.2 广播电视播出舆情分析具体模块框图

7.2.2.1 广播电视图像抽帧采集模块

这一模块配置于有线电视用户端,节目播出后循环换台抽取图像信号。任一频道抽奇偶场组成一帧,按 CIF 格式/JPEG 压缩,分文件存储。在 JPEG 文件中额外加入城市代码、频道序号、年月日时分秒(毫秒级)。抽取的每帧画面必须清晰有效无干扰,保证后期的水印或图像识别。每秒换台抽帧不低于 25 个,满足 80 套节目能在 3 秒内循环一遍。具备数据安全与加密功能。

7.2.2.2　抽帧器调度模块

此模块配置于数据分析前端，负责提取汇集分布于各地的节点服务器上的条目信息，必要时提取分布于各地的某个抽帧器硬盘上的 JPEG 图片。在有效的带宽内保证最大量的数据传输和数据的可靠性。根据抽帧器所在用户的使用习惯、接入网速、干线网速灵活配置回传机制，对抽帧器远程设置各种功能。

7.2.2.3　广播电视内容水印叠加与识别模块

此模块对未压缩节目源逐帧叠加水印，嵌入水印信息为节目的版权号，嵌入水印要求具有不可见性，水印算法抗有损压缩，可盲检测，抗叠加、格式转换、几何变换等攻击，水印算法+纠错编码，可实现误码率接近 0 的正确提取。

7.2.2.4　图像比对与识别模块

此模块按照前端抽帧器的抽帧间隔，对用户提供的原始节目素材进行抽帧，得到原始节目帧样本。对原始节目帧样本进行特征（包括颜色特征、形状特征、纹理特征等）提取。对前端抽帧器提供的播出节目帧样本进行特征（包括颜色特征、形状特征、纹理特征等）提取。利用图像比对技术，对原始节目帧样本和播出节目帧样本进行特征匹配。根据匹配情况判断原始节目和播出节目是否相同。根据判断结果生成条目数据，存入条目数据库。

7.2.2.5　节目背景资料库模块

此模块录入水印提供商提供的水印资料和非水印提供商提供的节目背景资料

7.2.2.6　数据库存储结构模块

此模块主要负责视频样本库、图片数据库、条目数据库和节目背景库，实现与各相关模块的交互。

7.2.2.7　广播电视播出舆情分析软件模块

此模块依托于条目数据库和背景信息库，对信息数据进行深度挖掘、搜索聚合，提供客户需要的：(1)各种数据报表、指标对比信息等，并按客户要求以表格、柱状图、饼图、曲线图、报表等形式呈现；(2)客户端权限管理功能；(3)日志管理功能；(4)抽帧器调度功能；(5)搜索查询功能。服务对象包括：(1)广告业主；(2)广告制作公司；(3)节目制作公司；(4)电视台；(5)上星卫视台；(6)政府职能部门。

7.2.3　广播电视播出舆情分析内容

针对广播电视播出的特点，我们将广播电视播出舆情分析内容分为广告类、节目类、卫视类、公益类四大门类。

7.2.3.1　广告类

广告类舆情分析的服务对象是广告公司和广告业主。我们知道，广告业主（厂商）委托广告公司制作广告在电视台播出，广告费的高低与五大因素有关。第一，播出频道。中央台的广告费和北京台的广告费显然是有差别的。电视台的广告费与该电视台的收视率息息相关。第二，播出时段。黄金时段的广告费和非黄金时段的广告费是有很大差价的。第三，播出时长。15 秒的广告和 9 秒的广告费用自然不同。第四，播出次数。播一次和播三次的广告费肯定有区别。第五，播出顺序。这也是最容易被忽视的舆情分析因素，例如两集电视剧之间的第一个播出的广告和第三个播出的广告费用也会不同，因为播第三个广告的时候观众可能已经换到其他频道了。还有一种情况就是蒙牛的广告后紧跟播出伊利的广告，显然会对广告效果有影响，因此需要将广告播出顺序亦纳入舆情分析范围。我们将所有电视台涉及广告费的五大要素统计出来提供给广告业主，凡是涉及广告业主与电视台之间广告费的纠纷皆可以此为据。

另外，广告类的舆情分析还应包括各种排行榜的统计和同类产品广告的对比统计。目的是服务广告公司和广告业主。对于广告公司，可以通过排行榜了解自己的广告公司在广告界所处的位置，同时也可以从排行榜中了解本广告公司不同制作部门的业绩位置，对于业绩较差的部门该调整的调整，该淘汰的淘汰，为广告公司的决策者提供一份公司调整发展的有利依据。对于广告业主来说，通过排行榜统计和同类产品对比统计，其一可以选择有实力的广告公司为自己制作广告。其二可以了解自己产品在同类产品里所处的位置。其三可以了解本公司产品在全国不同地区的销量与在不同地区投放广告的关系，及时调整本公司的广告投放战略。

此外，广告舆情分析还包括广告播出串播单（包括名称、前广告、后广告、播出段位置）、品牌广告播出清单（指定频道、指定广告的播出清单）、电视剧广告插播情况表（估计费用、播出时长、播出次数）、插播情况分析表（在不同类型的节目中，广告插播的次数比重）、各频道广告投放分析表（各频道新出现的广告、比重、次数、广告主）、黄金时段广告播出量统计表、电视媒体每日广告播出量统计表、类别广告分析表（统计某一类广告在各个频道的播出情况）、用户自定义查询表等。

7.2.3.2　节目类

众所周知，现在电视台都已经是制播分离，节目制作公司制作节目拿到电视台播出，电视台支付节目制作公司一定的费用。而现实中很多电视台特别是县一级的小台，都是采用录播的方式录制省台或者央视的节目在自己县的范围内播出，为此节目制作公司版权费损失严重，有苦难言，因此有必要开展节目类的舆情分析。

节目类的舆情分析主要包括：第一，播出频道统计。将播出某个节目的所有频道列表统计出来，节目制作公司可以从中了解哪些频道是支付版权费的，哪些是没有付费的，以此为据追究责任和挽回经济损失。第二，各种排行榜统计。目的是服务节目制作公司和电视台。对于节目制作公司，可以通过排行榜了解自己公司在节目制作界所处的位置，同时也可以从排行榜中了解本节目制作公司不同制作部门的业绩位置，对于业绩较差的部门该调整的调整，该淘汰的淘汰，为节目公司的决策者提供一份公司调整发展的有利依据。对于电视台来说，通过排行榜统计，其一可以选择有实力的节目制作公司为自己制作节目。其二选择老百姓喜闻乐见的节目播出，以提高自己的收视率，从而赢得丰厚的广告费回报。

7.2.3.3　卫视类

上星卫视台在某地落地播出是要向当地网络公司交纳一定落地费的。另外，卫视台在某地落地后，节目正常播出广告时段经常会被当地电视台切换成本地的广告，这样当地电视台一边收取落地费，一边还赚取一笔不菲的广告费，而对于卫视台来说则损失惨重，这种现象在县级台尤为严重。为了掌握卫视台落地后的播出效果，我们有必要开展卫视类的舆情分析研究。

7.2.3.4　公益类

统计出各种公益性数据，为政府职能部门服务。主要包括：(1)政治问题类：重大政治事件转播统计，包括事件内容、转播时间、转播时长、转播频道；国家禁止的政治事件转播统计，包括事件内容、转播时间、转播时长、转播频道；(2)导向问题类，主要发生在各类节目中，如政治导向、思想导向、政策导向、行为导向、知识导向、价值导向、审美导向等的统计；(3)格调问题类，一些节目特别是广播电视文艺娱乐类节目存在媚俗化倾向，对此类敏感格调类节目的统计；(4)高收视率节目统计，对于收视率较高的一些节目，统计其节目内容，以便于职能部门了解社会民众最关心哪些问题；(5)广告播出情况统计，包括广告内容、播出电视台、播出时间、播出数量、播出次数、播出时长，便于政府职能部门了解是否有违规广告播出，是否超过总局规定的每个电视台允许播广告的数量，是否在不允许的时间播广告，播广告的时长是否超过总局规定的时限等；(6)国际节目类统计，总局规定省级以下电视台不宜开设国际新闻专题节目，经过批准在自办新闻节目中插播少量国际新闻的，应一律使用中国国际广播电台、中央电视台或新华社统一提供的国际新闻电讯稿，不得使用从境外卫星电视收录的国际新闻和专题报道，不得将新华社国际新闻电讯稿配以境外卫星电视的图像播出，也不得使用从国际互联网下载的文字、图片和音像制作电视国际新闻和专题节目播出。有些国际新闻的背景复杂，市县电视台难以把握，一旦播出，可能会造成不良后果。针对这种情况，我们统计出国际类节目的各种有用指标，提供给政府职能部门；(7)境外节目类，主要是统计各地是否有国家不允许的国外、境外电视台的节目在当地播出。

7.3　广播电视收视舆情分析

针对广播电视另一大部分受众收视行为的舆情分析实际上就是我们所谓的收视

率调查,但是又有别于传统意义上简单的收视率调查,广播电视收视舆情分析还包括用户收视习惯统计、满意度调查以及用户背景信息统计等。

在获得收视数据的基础上,我们可以按照 GGTAM(全球电视受众测量指南:Global Guidelines for Television Audience Measurement)对各项收视指标的定义来计算各项指标。

应用于收视率分析的指标很多,有原生指标,如到达率和人均收视时间;有基础指标,如收视率、占有率和观众构成;也有更多的派生指标,如时段贡献、观众重叠、观众忠实度以及目标观众集中度等。在常规的收视率分析中,以下八项指标最为基本和常用。

(1)收视率[Rtg%或 Rtg(000)]。以目标市场的所有电视人口为总体,考察在某一时段收看某频道/节目的观众平均人数或比率,暗含着观众规模(人数)和人均收视时间两个维度。这是我们在收视率分析中最常用的指标。

(2)到达率[Rch%或 Rch(000)]。考察某一时段某频道/节目的观众规模。强调“接触”,而不强调“从始至终”,是一个累计指标,只要达到“接触”条件(比如看过 1 分钟)就计算在内,因而,它可以用于考察频道/节目的最大观众规模。

(3)市场占有率(Shr%)。直观了解频道/节目对现实观众的占有情况,反映了频道/节目在收视市场中的竞争力。

(4)人均收视时间(Min)。在频道/节目上消费的时间长短,直接反映了观众对频道/节目收视量的大小,也反映了观众对频道/节目忠实程度的高低。

(5)观众重叠率[Duplication%或 Duplication(000)]。反映了两个节目/时段之间观众群的相似程度,重叠率越高,相似度越大。它也从另一个角度反映观众对两个节目/时段的忠实程度。

(6)观众忠实度(Fid)。通过比较“接触”过节目/时段的观众在该节目/时段停留的时间长短来考察观众对该节目/时段的忠实程度。

(7)观众集中度(TgAfin%)。表现的是目标观众相对于参照观众的收视集中程度,以此来反映目标观众对特定频道/节目的收视倾向,回答“谁更爱看这个频道/节目”的问题。

(8)时段贡献(Cchn%)。节目在市场的横向竞争力,我们通常可以用市场占有率来表征,而节目在本频道的收视地位,则可以用时段贡献这一指标来表示。时段贡献通过比较某一时段/节目对观众在本频道整体的消费时间中贡献率的大小来判断该时段/节目在本频道的地位和重要性。

观众、时段、频道和满意度是我们获取的四大基本收视数据,四大要素之间互相影响、互相制约,由此形成各种错综复杂的关系。但仔细分析,以下几种关系是其中最基本的,也是收视率分析必须研究的。

其一,频道/节目与观众的关系。这一关系强调的是节目的定位与观众特征之间的吻合,也就是节目的观众定位问题。什么样的观众喜欢看什么样的节目,研究不同类型观众的需求特征,根据目标观众的特点制作和播出相应的节目,是获得收视率的关键。

其二,频道/节目与时段的关系。研究这一关系实际上是研究节目的时段编排。适合目标观众的节目必须安排在目标观众可能收看的时段播出,因此,根据收视率数据,把握观众的收视习惯,分析研究同时段各频道节目安排特点,是优化节目时段编排必不可少的环节。

其三,观众与时段的关系。一天中,电视观众量的大小并不是按时段均匀分布的,电视观众在时段上的分布存在以下两种基本状态:一是开机/关机,即选择看电视或不看电视;二是在各个频道间不断流动。因此,研究观众与时段的关系,一是要研究观众在哪些时段有收视行为,哪些时段没有收视行为,什么样的观众在什么样的时段有收视行为;二是要研究有收视行为的观众流的流向。

其四,节目与节目的关系。同一频道的上节目与下节目之间的关系,希望达成的是观众的"顺流",即收看上一个节目的观众能继续收看下一个节目。分析频道基本的观众流量,了解节目之间的观众流、存量,是收视率分析的一项重要内容。

其五,频道与频道的关系。不同频道在同一时段的关系是一种竞争的关系,或通过不同的节目定位和差异化编排,分流观众,或干脆同质化定位、同质化编排,直接争夺同一观众群体。频道是节目的载体,频道与频道之间的关系往往反映了电视台在市场的基本经营思路和模式,因此,研究频道与频道之间的竞合关系,也是收视率分析不可缺少的内容。

其六,观众与满意度的关系。这一关系强调的是观众与满意度之间的关系。满意度受到观众背景因素的影响。满意度受观众年龄、性别和社会阶层的影响。分析观众与满意度之间的关系,有助于我们区别对待观众群,在栏目制作和市场定位上更加细化、专业化,更具针对性。

其七,频道/节目与满意度的关系。这一关系强调的是频道/节目与满意度之间的关系。从频道/节目与满意度之间的关系可直接看出观众收视的内在原因,即对电视节目品质的欣赏程度。分析频道/节目与满意度之间的关系,有助于我们直接获得频道/节目在受众中的认可程度,直接指导节目的制作情况和对广告投放效益的估计。

7.4 总结

广播电视舆情分析在我国是新生事物,在这一领域的研究尚属空白,没有现成理论可循,其理论体系和研究系统都需自己构建和探索,希望广大电视工作者发挥聪明才智，共同将我国的广播电视舆情分析事业发展壮大。

7.5 参考文献

[1] 王来华.舆情研究概论：理论、方法和现实热点[M].天津：天津社会科学院出版社，2003.

[2] 张克生.国家决策：机制与舆情[M].天津：天津社会科学院出版社，2004.

[3] 陈月生.群体性突发事件与舆情[M].天津：天津社会科学院出版社，2005.

[4] 毕竟.试论高技术传播时代的舆情预警[J].新闻记者，2006(4)：29-31.

[5] 刘刚.传媒在舆情汇集和分析机制中的作用[J].中国记者，2005(9)：14-16.

7.6 论文发表简介

JINBAO S，JIANPING C. An analysis system of broadcasting and television public opinions[J]. Proceedings-International Conference on Management and Service Science (MASS2009)，2009：923-927.

8 电影智库专家评价

伴随着电影文化传播,多元的、互动的、充满活力的电影评价研究蓬勃发展。现在大多数电影评价研究主要集中在对已完成的影片作影视评价和分析,对电影创作过程中专家评价指导工作的研究相对欠缺。在电影创作过程中的每一个环节都需要严谨的抉择和专业的评估、指导,其直接影响着创作出的影片的艺术价值和商业价值。

基于电影创作过程中专家评价及电影评价体系的现状,致力于对专家评价理论的研究和评价方法的探讨,我们开发了一个方便快捷的电影智库专家评价系统。利用 WeX5 开发工具进行用户端 APP 的开发和后台管理系统的开发,使用 MySQL 进行数据库的设计,并对各模块进行整合,最后完成电影智库专家评价系统的设计与实现。

本文的研究为电影业提供了一种新的评价工作模式,打破了专家评价工作时间、空间和人员数量的限制,提高了专家评价工作的灵活性和工作效率,为产出高质量电影作品的创作过程提供更多专业人士的视角和指导。通过评价方法的研究,增加专家评价及预测结果的合理性和准确性。

8.1 绪论

8.1.1 课题研究的背景

2015 年 6 月 17 日,上海国际电影节组委会发布全国首个《互联网+电影趋势研究报告》[1]。报告称,借助互联网,制片公司可以深耕戏份需求,找准市场空白点,从而更好地把握电影理论知识、专业影视指导、电影受众的心理情感需求等,提升自身的竞争力。中国电影产业以迅猛的发展势头令世界赞叹时,互联网能够助推中国电影产业更加成熟,趋于国际化。

电影是高成本投入的大众化艺术,如今电影业的发展备受人们的关注。从 2003 年开始,中国电影全面推进产业化进程。在电影从业人员的努力下,中国已经成为世界第二大电影市场,电影票房大幅提升,荧幕数量创造了新的纪录。据《中国电影报》

数据显示,截至2017年6月30日,中国内地影市2017年上半年的总票房达271.75亿元,比上年同期增长10.49%[2]。2017年WTO电影保护期结束之后,互联网继续助力国产电影产业对抗好莱坞。互联网及大数据的应用让电影创作过程告别了闭门造车的时代[1]。

大数据应用于电影创作,量化了立项、艺人、营销、发行等每个电影元素可能产生的价值。通过量化的数据,制片人能够更精准有效地开发项目,实现电影票房、口碑价值的最大化,挖掘出有效数据与电影产业结合,提升电影价值,为艺人、导演寻找适合自身的定位。可为电影利用的大数据类型有:搜索数据、媒体热议数据、社交网站提及数据、视频网站用户数据、在线购票数据、影院观众消费数据等。[3]利用大数据投拍电影,进行项目决策,选择主创团队,指导营销发行,已经成为影视行业探索的新模式。[5]阿里影业集团总裁张强是一位传统的电影人,曾说"在没有互联网的时代,电影的内容制作往往是闭门造车,在这样的情况下,越是大艺术家越是容易犯最低级的错误。中国电影要适应市场,要学习拍什么、怎么拍。我们能不能不用个人的爱好来拍电影,而用客观的专业理论和数据去分析"[1]。目前,一部电影是否投拍主要从电影预测的大数据系统给出的票房预期值是多少和从影视专业人士的角度来预测评估片子的票房会达到多少这两个维度决定,例如《致我们终将逝去的青春》《中国合伙人》《狼图腾》等作品。[4]虽说大数据应用于影视创作中已为影视创作提供了大量可供参考的依据,提升了影视的成功率,但其仍然存在很多不尽如人意之处。若仅仅依靠市场、收视率、票房评价影视作品的质量,则具有很大的局限性,因其反映不了人的心理状态,也反映不了人们对一部作品的喜爱程度。[5]

爱奇艺高级副总裁杨向华表示,"我认为离真正代替人决策或者提供更多的参考还有蛮长的一段路要走。虽然人工智能和大数据是大方向,但这无论是中国还是美国,都还有蛮长一段路要走。"大数据在电影业的应用更在于验证。大数据分析对影视创作来说,有其有利的一面,也有其不利的一面,就是在以商业利益为导向的社会里,投资商为了规避风险,使得很多有价值的作品得不到拍摄的机会。[1]据《中国电影报》数据显示,2017年上半年共上映影片221部,国产片和进口片分别为169部和52部,其占比分别为76.47%和23.53%。虽然国产片数量远高于进口片,但票房数据呈现反比:国产影片票房为104.60亿元,仅占总票房的38.49%,进口影片票房为167.15亿元,占总票房的61.51%,远远超过了国产影片的票房。[2]电影创作与制作环节的核心仍然是创意,大数据只能辅佐指导影视创作,并不能代替影视创作。对于电影的投资方来说,当然希望投资的每部电影都能够取得很好的票房,获得不错的收益。但是,电影创作作为一门艺术就要具有艺术价值而不能为商业利益所绑架,因此一部成功的影视作品应是占有市场的艺术作品。

我国电影产业形势一片大好,在电影创投、电影院线建设、电影特效制作等方面都得到了长足发展,但我国电影产业还未形成产出高质量电影作品的影视产业。面对新媒体、互联网和大数据带来的巨大变革,如何帮助影视创作者抓住机遇、迎接挑战、产出高质量电影作品是电影产业的重要研究方向。

8.1.2 课题研究现状及研究意义

法国是电影的发源地,也是电影理论的早期前沿,在这里也培养出了一批杰出的电影理论家,如克里斯蒂安·麦茨(Christian Matz)。麦茨在《想象的能指:精神分析与电影》中提到电影受众同电影本身有着名副其实的“对象关系”。电影可以说是一种“想象的技术”,而这种技术又是在一种具有“对象关系”的社会运作系统中被运用的。他也把这种运作系统称为“电影机构”。“电影机构”由生产机器、消费机器和促销机器这三部分组成。[6] 从麦茨的书写中,我们可以了解到电影理论及评价无论是对电影创作还是对电影工业来说都有十分重要的意义。特别是电影评价,如今参与了电影从生产、销售到促销的整个过程,是建立受众群体和电影对象关系的关键要素。在生产机器这一部分中,电影评价直接影响着电影的生产及决策,促使电影超越普通消费品的意义,成为可供咀嚼、品味的一种有价值的文化形式。

在影片的传播过程中形成了一个多元的、互动的、充满活力的电影评价系统。目前,我国电影评价主体分为领导部门、新闻媒体、专业影评人士和网上自发的评论四大类[7]。现在大多数电影评价系统主要针对预评价、映期评价、映后评价三个阶段,即对已经成型的影片做影视评价和分析。如许多电影评价网、影评节目、电影评价系统以及社交媒体都留下了很多影评信息。国内外的电影人士从这些庞大的数据中挖掘出有价值的信息为创作提供参考。在北美电影工业的市场体系中,前期的评价主要采取观众调研方法,其调研体系标准、成熟且高效,但专家评价环节相对薄弱。同样,在国内对于电影专家评价系统的研究和关注度也很少,往往是投资者、制作者根据自己的经验或者请几个专家做评价和指导,或把专家集中到一块完成影视评价,效率低且消耗大。在影视创作专家评价理论研究上我国还比较缺乏,大多都是对实例的分析,缺乏系统的具有指导意义的理论。在一些优秀的影片出现的同时也出现了一些不为人知、粗制滥造的影片。我国的影视创作和好莱坞影视创作相比仍然有着很大的差距,中国电影业的创作、营销制度等仍处于初级阶段。因此将电影智库专家的相对专业的调研和评价研究应用于电影创作领域具有实际意义。

在电影的制作过程中,从剧本的创作、投资、宣传、制作、发行到上映过程中的每一个环节都需要严谨的抉择和专业的评估、指导。如图 8.1 所示的电影产业链描述了电影创作过程的各个环节[8]。为创作高质量、高票房的电影,在电影的制作过程中越来越离不开电影专业人士的专业评估与建议,专家评价系统的性能直接影响着电影的艺术价值和商业价值。本课题致力于将专家评价理论应用到电影创作过程中,使电影创作领域由相对封闭化走向互动化、专业化,让更多的影视专家参与到影视创作中去,使电影创作实现又一个创新和突破,给电影创作这一领域带来新想法、新思路和好创意,创作高质量的影片,减少电影企业电影投拍前期项目风险。

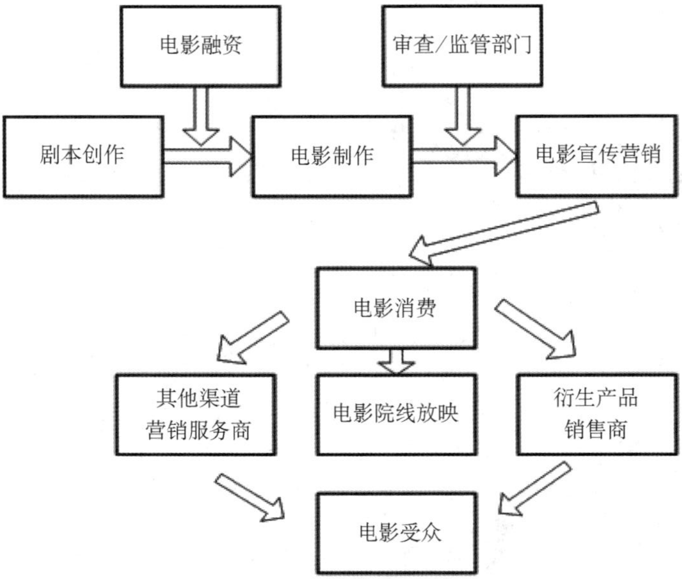

图 8.1　电影产业链组成

随着科学技术的不断发展,移动智能设备的流行,人们渴望着移动办公的实现,即仅仅通过一部智能手机就可以完成大量的工作,电影业人士更是如此。目前电影前期的评价系统相对薄弱且大多是在线下进行的,这种模式已经与人们快节奏的生活方式不匹配。因此,需要一个方便快捷的线上评价系统软件。为了提高产出高质量、高票房影片的概率,提高了评价工作的灵活性和工作效率,改变了评价工作的模式,与人们目前的时间碎片化以及快节奏生活方式相吻合。专家们和电影从业者对一个方便快捷的线上评价系统软件有着迫切的需求。故本文基于对电影智库专家评价的研究开发了一个方便快捷的线上专家评价系统,用以评价电影制作过程中遇到的各种问题,为高质量电影作品的创作过程提供更多专业人员的视角和指导。

8.1.3　研究内容及结构安排

本课题是基于目前专家评价研究的发展现状及电影评价体系,结合受众调研的方法和调研内容,探讨专家评价系统的内容及方法,开发一个方便快捷的智库专家评价系统平台,为高质量电影作品的创作过程提供更多专业人员的视角和指导。

具体研究内容安排如下:

第 1 节,绪论,简单介绍我国电影行业的发展现状及课题的研究背景,阐述电影评价体系现状和课题的研究意义,并简单地介绍本课题的研究内容。

第 2 节,电影智库专家评价体系综述,主要论述电影智库专家评价体系的概念、作用和应用,以及电影智库专家评价系统的方法,为全文打下理论基础。

第 3 节,电影智库专家评价系统的设计,首先从业务、功能需求方面对系统做详细的需求分析,介绍系统的总架构,接着详细介绍系统的功能设计:登录模块、智库专家用户端模块、后台管理系统模块,然后叙述系统开发的流程和具体的实施方案,最后介绍系统的开发环境及方法工具。

第 4 节,电影智库专家评价系统的实现,分别介绍用户登录功能模块、智库专家用户端功能模块、后台管理功能模块开发过程中用到的关键方法以及主要功能界面的效果展示,最后介绍数据库的设计。

第 5 节,系统测试和优化,首先介绍 JS 调试和 APP 调试的过程,接着利用测试用例说明介绍系统的测试过程,最后提出系统的不足以及系统优化的几个方面。

第 6 节,总结与展望,对本课题的工作进行简单的总结并对课题下一步研究内容与方向做出展望。

8.2 电影智库专家评价体系综述

8.2.1 电影智库专家评价体系的概念

评价是决策的前提,所谓的评价是指从一定的被选取评价的对象主体中提取出其本质属性,使其转化成为主观意识上的价值尺度,进而用于度量被评价对象的行为过程。[9]一般而言,评价由评价的目标、被评对象、评价群体及偏好、评价准则(包括结构、指标、方式等)、评价模式等基本要素组成。[10]这些基本的要素按照一定的方式有机统一成为一个评价系统。对于一个待评价问题来说,一旦选定一个评价系统,那么这个评价的问题就完全可以转化成为一个按照特定的步骤、方法进行度量的问题。[10]专家评价工作一般由具有专业知识且训练有素的专业人员来完成。[11]本文中的智库专家评价是指就一些问题对有影视专业背景的人士进行调研取得评价以应用到电影创作和制作中的工作过程。将此应用于电影领域中,在电影的制作过程中对有影视专业背景的人士进行调研取得评价的过程即为电影智库专家评价。

在学术研究和实践应用中曾采用过的评价方法有非数量化评价方法、数量化评价方法。但在 20 世纪 70 年代时,人们对非数量化评价方法结果的有效性和可靠性产生过怀疑,并进行了学术讨论,随着数字化社会的发展,现在的评价系统大都向数量化的方向发展。[11]在一些探索应用中所采用的评价方法有印象比较法、打分法、模糊数学方法、层次分析法、数据包络分析法、TOPSIS 评价法、主次分析法、费用效益法、人工神经网络评价方法、灰色综合评价法混合方法等。印象比较法主要是研究者根据已有的资源和对资源的主观认识进行的，这种评价方法和研究者的经验、综合素质有很大的关联。打分法主要是使用数学运算中的加权方式对特定的评价因子进行打分、加权、求和等，按照总分数的高低顺序来定被评对象的优劣情况，因其具有使用简单、直观性强的特点而应用较早且较广。模糊数学法是使用模糊方程表达式的方式进行矩阵的运算，以得出评价的各结果值，对被评价对象进行分析，该方法中将一些边界不清、不容易定量的因素定量化，很好地解决了判断的模糊性和不确定性问题。[11]层次分析法是一种把定性与定量分析相结合的多准则决策方法，该方法既运用了定性分析的结果，又发挥出了定量分析的优势，把主观的逻辑判断、分析与客观的精确计算、推演相融合，从而使决策的过程更具有条理性和科学性。另外该方法可把问题当作一个系统来对待，在这整个过程中运用分解、判断、综合的系统式思维方式，充分地表现了辩证的系统思维原则，其已成为一种较为成熟的评价方式。数据包络分析法是把“相对效率”概念作为理论基础，根据多指标的投入与产出对统一类型的对象进行相对的有效性或者效益进行评价的一种系统分析评价方法。该方法不需要进行任何权重假设，根据各决策单元的实际数据求得每个输入与输出的权重的最优权重值。因此，这一方法可以排除很多的主观因素，具有较强的客观性，常常被用来处理多目标决策的问题。[12]TOPSIS 评价法和主次分析法都是基于统计和经济的评价方法，其中 TOPSIS 评价法对数据的分布、样本量以及指标个数没有严格的控制，所需的数学计算也比较简单并且能比较充分地利用原始的数据，信息的损失较少，且具有直观的几何意义，常用于有限方案的多目标决策分析问题中的一种科学方法。主次分析法是把给定的一相关变量组经过一定的线性变换后转为另一不相关的变量组，再把得到的新的变量依其方差按依次递减的顺序进行排列的一种数学变换方法。在这种评价方法中使用相关性的特点，可实现用较少的指标替代较多的指标，并且这些少的指标也可反映出原来指标所蕴含的信息，各指标之间存在信息的重叠问题就解决了，也可简化指标体系的指标结构。费用效益法是通过效益与费用之间的权衡来完成评价的一种方法。这种方法通过数据比较分析，能够选取技术上先进、经济上合理、生产上可行的最优的方案，可充分利用资源。人工神经网络评价方法和灰色综合评价法是比较新型的评价方法，其中人工神经网络评价方法是通过模拟人脑神经网络的工作原理，搭建一种可以“学习”的模型，把经验性的知识积累并充分利用起来，使得实际值与所求最佳解之间的误差达到最小化。这种评价方法的优点有自学能力强、容错能力强且运算速度快、求解效率高等，可很好地模拟评价专家完成综合评价的整个过程，应用前景很广阔。[13]灰色综合评价法主要是系统利用已知信息来确定未知信息，系统由“灰”变“白”，其对样本量无严格的要求也不需服从任何的分布，只要具有代表性即可，数据也不用归一化处理，且计算简单，通俗易懂。[14]混合方法是将具有同种性质的评价方法组合使用，实现优势互补达到取长补短的效果，得到更为合理、科学的评价结果。[12]

基于以上评价方法的特性和实际问题需求，电影智库专家评价系统使用印象比较法、打分法、定量分析与定性分析相结合的混合方法来处理问题。

8.2.2 电影智库专家评价的必要性

在电影的传播过程中，涉及文化、政治、经济领域，创作影片、影片审查、宣传发行、影院放映、影片评奖等环节，形成了一个多元的、充满活力的、互动的评价系统，它包括艺术、文化、社会形态等多方面的因素。目前，领导部门、新闻媒体、专业影评人士和网上自发的评论这四大类构成了我国电影评价的主体。[7] 现在大多数的电影评价系统分预评价、映期评价、映后评价三个阶段，即对已经成型的影片做影视评价和分析。但电影前期的制作过程中对有影视专业背景的专家进行调研取得评价的重视相对不足，以至于在一些优秀的影片出现的同时也出现了一些不为人知、粗制滥造的影片，影响文化的传播和电影业的发展。

电影作为文化传播的重要媒介，担负着为广大受众传播文化与提供娱乐的职能。故在电影作品创作过程中需提高影片的质量，以保证传播的影片内容既符合电影的艺术审美也满足广大受众的娱乐需求。在电影的创作过程当中，从剧本的创作、投资、宣传、制作、发行到上映过程中的每一个环节的抉择都影响着影片的质量。即电影智库专家评价的性能直接影响着创造出电影的艺术价值和商业价值。电影从最初的剧本创作到剧本选择、电影的投资、导演演员的选择、明星阵容的确定，然后经历拍摄制作过程、电影宣传、后期制作、发行到上映以及周边产品开发等各个环节，这过程中的每一个环节都需要严谨的抉择和专业的评估、指导。电影智库专家评价调研的过程最直接的目的就是获取专家的专业反馈信息，这是一种资源配置和风险管理的手段，而且这种手段可以以较低的成本来确保后续操作的安全性和准确性。这种手段借助了专家敏锐的艺术感觉和对事物的独特认知以避免创意跑出轨，使创作者站得更高，看得更远。当然，并不是影片创作的所有环节点都要经过电影智库专家评价的过程，在一些有成熟的理论指导的问题上一般就免去了这一步。大多数独立电影在电影展映的时候，会做大量的调研工作为调整影片提供指导。比如群戏剧情片《赌博》曾被报道说：在“西南偏南”电影节首映之后，影片进行了重新剪辑，最终在 2007 年时由 Yari 电影公司发行公映。另一个例子就是韦恩斯坦兄弟，他们在 20 世纪 90 年代掀起了独立电影界的发行革命，一部分原因就是他们尊重专家评估的结果，并且依据评估反馈进行重新剪辑。尽管相关电影导演奋力反抗，并讽刺他们是“剪刀手哈维”，但最终的观影量反映了重剪后的版本可看性更强。[15]

当下中国电影的创作中往往依靠的只是电影工作者的经验和直觉，但个人经验毕竟有很大的局限性。通过电影智库专家做评价和指导并引入社会科学的方法得出的评价结果，能体现一定的专业性，可为影片创作提供指导，帮助工作者制定和开展更为有效的创作方案。随着科学技术的不断发展,移动智能设备的流行,人们开始期待移动办公的实现,即仅仅通过一部智能手机就可以完成大量的工作,电影业人士更是如此。目前电影前期的评价工作大都在线下进行,常常是请几位专家做评价、指导,或者是把专家们集中到一块儿来完成评价和指导工作,这种评价和指导的方式效率低且有人员数量和地域的限制。电影智库专家评价工作还可通过扩大智库专家的范围来解决传统意义上的专家评价具有很强的主观性、评价过程成本较高、代表的社会群体较少、社会化较低的问题,通过互联网移动技术解决参与指导的专家人员数量和地域的问题。随着软件开发技术的发展和移动智能设备的流行,移动用户不断增加,也使得电影智库专家系统有了技术和应用上的支持。

8.2.3 电影智库专家评价系统的方法

电影智库专家评价系统中的评价结果与智库专家的评价方法息息相关,采用不同的评价过程会得出不同的评价结果。在 8.2.1 节中提到了几种评价方法的特性以及它们的优缺点,结合电影智库专家评价系统的智库专家评价内容以及数据特点,电影智库专家评价系统将主要使用印象比较法、打分法、定量分析与定性分析相结合的智库专家评分与评估的专家评价法,后面称其为智库专家评分法,以及以求解满意对象为目标的多目标优选法,下文称其为多目标优选法。系统应用中根据实际不同的评价任务内容选择不同的评价流程、算法,下文针对智库专家评分法和智库专家多目标优选法做详细的介绍。

8.2.3.1 智库专家评分法

智库专家评分法,主要是以定量和定性分析为基础,根据智库专家对待评价对象的认知和理解,以打分、估值等形式做出定量评价,并将结果进行统计使结果具有数理统计的特性。[16]这种方法用在电影智库专家评价系统中的最大优势是,能够在获取的智库专家评价原始数据和统计数据不够充分的情况下,也可以对其做出定量的分析和估计。[17]定量研究是选取一定量的智库专家,通过询问他们相同的问题将他们的评分进行统计制表分析。定量研究用来解决“是什么”的问题,要求智库专家独立完成打分的过程,而不是集体作答完成。[18]定性分析是选取智库专家,通过回答提问等方式获取敏锐的洞察力和观点并对这些观点进行研究。可以说定性研究解决的是“为什么”的问题。[19]

在电影制作过程中的调研过程一般是分以下几个步骤进行的:剧本评估、概念测试、片名测试、定位研究、试映、广告测试、跟踪监测和出口调研等。其中剧本评估、概念测试、片名测试和定位研究四个环节是紧密相连的,工作人员一般采取定性研究和定量研究的方法进行。[15]试映、广告测试、跟踪监测和出口调研这几步一般是在电影获取了制作权后为了筹备更好的营销策略实施的。根据内容属性可将待评价对象划分为：电影剧本、电影拍摄前、电影拍摄、电影上映前四个评价类型。智库专家评分法首先根据调研人员对待评价对象的具体要求确定评价项目，再根据评价项目制定评价标准，由智库专家凭借自己的认知，按照评价要求、标准给出各个项的评价分值，然后对评分结果进行分析处理，评价智库专家评分法的流程图如图 8.2 所示。

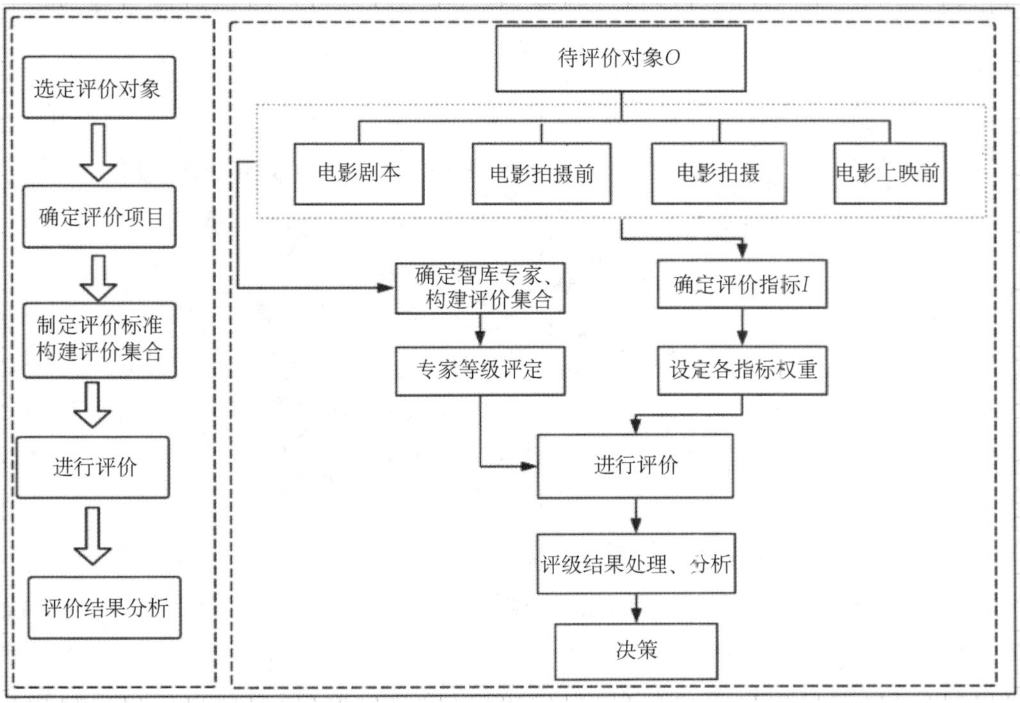

图 8.2 智库专家评分法流程图

比如对电影剧本的评价中，智库专家通过对剧本的场景描写、人物设定、对话和动作描写、人物关系、故事情节、主题思想等内容进行评分，给出修改意见，以提供给编剧、投资者、导演等工作人员多方位的评估意见和更多的视角。现以一剧本为例说明智库专家评分方法的主要过程，首先，根据调研者对待评价剧本的内容情况（待评价对象 O）选定各评价指标要素（评价指标 I），如剧本的故事情节 $I1$、人物关系 $I2$、人物语言 $I3$、主题思想 $I4$、社会价值体现 $I5$ 等，即根据所需调研得之的内容设置问题；接着对每个评价指标定出评价权重等级 a、b、c、d、e。$a,b,c,d,e\in[0,1]$，且 $a+b+c+d+e=1$；然后选择智库专家构成评价集合 E，并对各智库专家划分等级 A、B、C、D 并赋其值在 0 到 1 之间[20]；以此为基础，由评价集合 E 对待评价对象 O 的评价指标 I 进行分析和评价，确定各个评价指标的分值。最后收集各个评价数据结果并对各个结果先单独进行分析、展示，后进行综合统计分析，采用加法评分法、乘法评分法、加乘评分法、加权评分法求出待评价对象的总分值，根据该综合评价结果进而进行决策。其中加法评

价法以公式 $S=\sum_{i=1}^{n}S_i$ 作为基本公式，S 为评价对象的总分，S_i 为第 i 项指标的得分值，n 为指标的项数；乘法评分法若将评价对象的评价指标分成若干组，以公式 $S=\prod_{i=1}^{m}\sum_{j=1}^{n}S_{ij}$ 作为基本公式，S_{ij} 为评价对象中第 i 组第 j 项的指标值，m 为评价对象的组个数；加权评分法以公式 $S=\sum_{i=1}^{n}A_iS_i$，$\sum_{i=1}^{n}A_i=1$ 为基本公式，A_i 为第 i 项的指标值或等级的权值。

智库专家评分法是智库专家评价系统的基础方法，为评价分析提供了数据基础。简便、直观性强、计算方法简单且有比较大的选择余地，能够把定量计算的评价项目与无法计算的评价项目都考虑进去。智库专家评价的准确程度，主要取决于智库专家的知识储备量和影视阅历经验。智库专家评价的结果在一定程度上体现了专业性并具有一定的可靠性和准确性。但专家们进行项目评分和评估必定有一定的主观倾向性，在实际的研究应用中选择智库专家时，做好专家的权威性判断和智库专家权值的设定十分重要，专家等级不同代表他们对电影的认知、判断的权威性不同，赋予的权值的大小直接影响着最终评分的准确性和科学性。本文对参加评价的智库专家学术水平和实践经验水平的处理方式将在 8.2.3.2 中详细介绍。

8.2.3.2　智库专家评价多目标优选法

在数学上，优选法是一种求函数极值较快而精确的计算方法，其一般分为求函数的极值和求泛函的极值两类。在实际工作应用中的优选问题即满意优化问题。若目标函数有确定的表达式，这就相当于一种间接选优过程可以使用微分法、极大值原理等方法求解。若目标函数无明显的表达式，相当于直接选优过程，则可用数值或试验等直接的方法求解。[21] 多目标优选法可用于从许多备选方案中选出最佳方案的问题，这需考虑多种目标彼此之间的关系，使各种目标之间和各要素之间的制约（如通常情况下拍摄投入成本与票房之间的相对关系对影片收益的影响）作出合理的妥协以到达解决问题最优的方案，这就是多目标优选法的思路。多目标优选法在智能制造的数控机床领域、地铁列车运行图评价工作等很多领域都具有较高的工程使用性而被广泛应用。[23] 在解决电影智库专家评价系统中的多目标的评价问题时，可参考上述工程中采用的多目标优选法的思路来求得满意方案。

在研究多目标优选问题之前，先了解一下满意解和满意度函数的概念。在数学上最优具有明确的意义，“满意”却有模糊性。任平曾使用模糊数学法探讨 H.A.Simon 定义的“令人满意准则”概念时，对满意解进行了数学描述。满意解应具有满意解可用满意度函数表示且满意解集是非空集的特点。[22] 在最优化的问题中解的满意度表示解的性能的满意程度，即解的性能不同则满意度不同，这些解集就构成了满意度函数，解的性能越好，表示满意度函数的值越大。在评价目标优劣性时，满意度函数的引入解决了进行多指标评级时评价指标间量纲不一致的问题。

在电影智库专家评价系统中,分析智库专家多目标评价优选情况时,一般情况下电影的拍摄投入成本越高,其票房相对就越高,但其投资者所获取的利益未必是最高的。艺术性、商业性和社会性是评价一部电影的主要元素。智库专家评价优选中,成本型指标、区间型指标与效益型指标被作为评价指标的三大类型。其中评价值越小越好的评价指标称为成本型指标,评价值越大越好的评价指标称为效益型指标,评价值落在某固定的区间内为最好的评价指标称为区间型指标。[7]

电影评价任务按照内容所属的类型可分为电影剧本评价、电影拍摄前评价、电影拍摄评价、电影上映前评价这四大类。相应的智库专家划分为电影剧本评价专家、电影拍摄前评价专家、电影拍摄评价专家、电影上映前评价专家四大类,分别用 A、B、C、D 表示。根据智库专家的学术权威性把每类智库专家分别划分为不同的等级:Ⅰ级,Ⅱ级,Ⅲ级,Ⅳ级,Ⅴ级五个等级,可对他们的影视专业权威性赋予一定的权值,例如可取 0.5,0.4,0.3,0.2,0.1,其权值可按实际情况进行适当调整。[23]另外智库专家在不同的评价任务中所具有的等级也不同。现以电影剧本评价专家为例简单介绍其中的一种情况,如下表 8.1 所示。

表 8.1　智库专家所属等级的一种情形

任务类型＼等级	Ⅰ级	Ⅱ级	Ⅲ级	Ⅳ级	Ⅴ级
电影剧本评价	Ⅰ级	Ⅱ级	Ⅲ级	Ⅳ级	Ⅴ级
电影拍摄前评价	Ⅱ级	Ⅱ级	Ⅱ级	Ⅴ级	Ⅳ级
电影拍摄评价	Ⅱ级	Ⅳ级	Ⅲ级	Ⅱ级	Ⅲ级
电影上映前评价	Ⅴ级	Ⅳ级	Ⅱ级	Ⅱ级	Ⅰ级

电影智库专家评价多目标优选法的思路如图 8.3 所示。

具体过程为:在电影智库专家评价系统的一次评价任务中,设有 m 个智库专家形成评价集合,用 E 表示:$E=\{E_1,E_2,\dots,E_x,\dots,E_m\}$,$E_x$ 表示第 x 个智库专家。那么这 m 个智库专家的评价等级记作 W,$W=\{W_1,W_2,\dots,W_m\}$,$W_x\in[0,1]$,W_x 指智库专家在该项目中具有的权威度。设有 n 个候选评价对象组成评价对象集,用 O 表示:$O=\{O_1,O_2,\dots,O_y,\dots O_n\}$,$O_y$ 表示第 y 个候选评价对象。设评价对象有 k 个评价指标组成的集合,用 I 表示:$I=\{I_1,I_2,\dots,I_z,\dots,I_k\}$,$I_z$ 为第 z 个评价指标。每个评价指标对整个评价对象来说重要程度不尽相同,故需要设定评价指标中每个评价指标的权重 G,$G=\{g_1,g_2,\dots,g_j,\dots,g_k\}$,且要求 $g_j>0$、$\sum_{j=1}^{k}g_j=1$,这里 g_j 的大小反映了评价指标 I_j 在评价对象的评价指标体系中的重要程度。设 $a_{ij}(x)$ 为智库专家 E_x 对候选评价

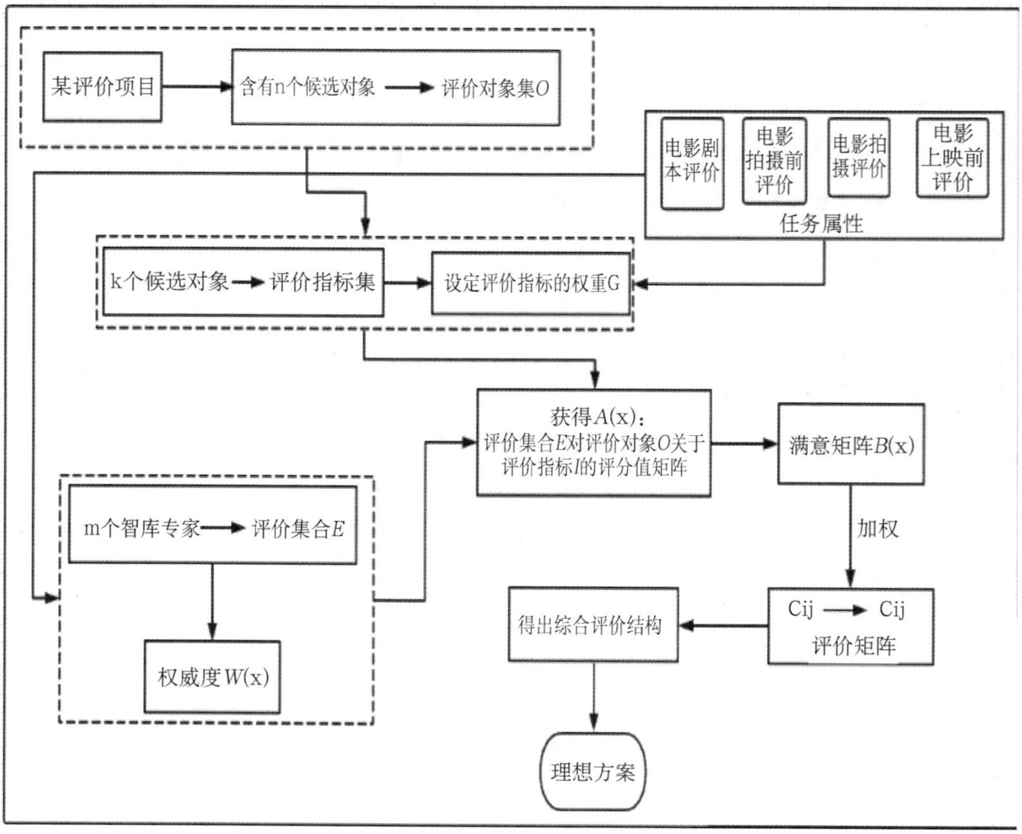

图 8.3 智库专家评价多目标优选法思路图

对象 O_i 关于评价指标 I_j 的评价分数值，即智库专家 E 对于评价对象集 O 关于评价指标的评价分数矩为：$A(x)=(a_{ij}(x))_{n\times k}$，x=1,2,…,m；i=1,2,…,n；j=1,2,…,k。在系统的优化处理过程中，用评价对象的最大特征值作性能函数的上界，评价对象的最小特征值作性能函数的下界。在系统中三个评价指标：成本型指标、效益型指标、区间型指标对应的满意度函数可分别用公式 8.1、8.2、8.3 表示。

$$b_{ij}(x)=\frac{a_j^{\max}(x)-a_{ij}(x)}{a_j^{\max}(x)-a_j^{\min}(x)} \tag{8.1}$$

$$b_{ij}(x)=\frac{a_{ij}(x)-a_j^{\min}(x)}{a_j^{\max}(x)-a_j^{\min}(x)} \tag{8.2}$$

$$b_{ij}(x)=\begin{cases}1-\dfrac{D_1-a_{ij}(x)}{\max\{(D_1-a_j^{\min}(x)),(a_j^{\max}(x)-D_2)\}}, & a_{ij}<D_1\\ 1, & a_{ij}(x)\in[D_1,D_2]\\ 1-\dfrac{a_{ij}(x)-D_2}{\max\{(D_1-a_j^{\min}(x)),(a_j^{\max}(x)-D_2)\}}, & a_{ij}>D_2\end{cases} \tag{8.3}$$

其中，$x=1,2,\dots,m$；$i=1,2,\dots,k$；$j=1,2,\dots,n$；D_1，D_2 是评价指标的固定区间

的上下线，$a_j^{\min}(x)$ 和 $a_j^{\max}(x)$ 分别表示评价对象 a_j 的最小特征值和最大特征值。[22] 因此，评价的满意度矩阵可以得出并用 $B(x)$ 表示：$B(x)=(b_{ij}(x))n\times k$，$x=1,2,\dots,$ m。考虑到在实际的智库专家评价打分时可能会出现专家对某评价指标的评价不明确或放弃评价的情况时用#表示，定义 $V_{ij}(x)$ 如公式 8.4 所示。

$$V_{ij}(x)=\begin{cases} E_x O_i I_j; \\ E_x O_i \text{ 未做出 } I_j; \end{cases} \tag{8.4}$$

对专家给出的值作加权等处理得出智库专家们对评价对象 O_i 关于评价指标 I_j 的评价值，记为公式 8.5。

$$C_{ij}=\sum_{x=1}^{m}\frac{V_{ij}(x)*W_x}{\sum_{y=1}^{m}V_{ij}(y)*W_y},\ i=1,2,\dots,\mathrm{k};\ j=1,2,\dots,\mathrm{n} \tag{8.5}$$

那么，m 个智库专家对各个评价对象的各个评价指标做出的评价矩阵记为 C，$C=(C_{ij})_{n\times k}$。现对上述评价对象 O_i 的各个评价指标的评价值 $C_{i1},C_{i2},\dots,C_{ik}$ 作排序处理，从大到小排序记为 $s_{i1},s_{i2},\dots,s_{ik}$，用此来调节评价指标体系。对各个评价对象的各个评价指标作加权综合处理，最终的综合评价结果用 f 表示，如公式 8.6 所示。

$$f_i=\lambda*\sum_{j=1}^{k}(g_j*s_{ij})+(1-\lambda)\max\{g_j*s_{ij}\},\ i=1,2,\dots,\mathrm{n};0\leqslant\lambda\leqslant 1 \tag{8.6}$$

可根据实际情况调节参数 λ 的大小。[22] 运用智库专家多目标优选法对多评价对象进行评价分析，可以得到较理想的方案，对电影创作过程中的调研过程具有一定的意义。

8.2.4 小结

本节主要介绍了电影智库专家评价体系中的一些概念、定义，简单列举了几个评价的方法以及它们各自的特性和优势，解释了研究电影智库专家评价的必要性及其对电影业发展的影响，讲述了电影智库专家评价系统智库专家评分法和智库专家多目标优选法，为读者更好地理解电影智库专家评价体系和下文的系统设计的详细过程做好理论铺垫。

8.3 电影智库专家评价系统的设计

8.3.1 系统需求分析

系统设计和实现过程中最基础的步骤就是明确系统的需求和系统要实现的目标。对系统的需求做好适当的分析，可以对设计和实现一个系统起到重要的指导作用。本系统主要是为智库专家完成对电影创作问题的评价提供一个便捷的工作方式和平台，能让电影创作者了解更多专业人士的意见和建议，为自己的创作提供指导。[24]下文将从业务需求、功能需求方面进行具体介绍。

8.3.1.1 业务需求分析

随着智能设备的流行，移动智能设备用户越来越多，电影领域的从业者也渴望着移动办公的实现，也就是仅仅通过一部手机就可以完成大量的工作，同时借助移动设备把专家评价工作从线下转移到线上来，把专家的工作时间碎片化，专家人员分散化，可打破智库专家的地域限制和人员数量的限制，提高工作的灵活性和效率，与人们快节奏的生活方式相吻合。基于以上原因，做一款应用于电影领域的智库专家评价系统是十分必要的，从业者在电影创作过程中任何环节的任何问题都可以利用电影智库专家评价系统咨询大量的影视专家，根据专家的评分和评价结果分析为求解者提供答案，使创作出的影片具有更高的艺术价值和商业价值。

根据电影创作的过程，把电影智库专家评价的内容分为电影剧本评价、电影拍摄前评价、电影拍摄评价、电影上映前评价这几个过程。在电影剧本评价部分，一般评价的内容主要集中在主体内容、语言表达、人物刻画、故事情节、整体结构这几大块展开。电影拍摄前评价部分主要在标题测试、定位研究、市场调研、导演的确定、演员的选择、明星阵容确定等模块进行评价调研。[25]电影拍摄评价部分主要在拍摄计划安排拍摄场景的搭设、服装设计、舞蹈指导、灯光设置动作、每个镜头的处理、拍摄方式、特技拍摄的手法等方面的安排。电影上映前评价阶段一般在后期制作、剪辑技巧、音效制作、试映、广告测试、宣传营销、上映等问题上向智库专家调研。[26]根据以上的评价环节，本系统要求为电影的投资人、出品人、制片人、编剧、导演、监制、演员、场务人员、布景师、灯光师、特技师、剪辑师等工作人员的疑惑提供更多专业人士的指导。

8.3.1.2 功能需求分析

电影智库专家评价系统主要是完成智库专家对电影创作问题的评价。本系统主要完成由后台管理者发布评价内容，专家用户对接收到的内容完成评价工作并把结果回传，后台对专家评价结果进行处理并可视化展示在用户界面的工作。[27]

第一，系统应有登录功能，其主要包括后台管理员、电影专家用户的登录功能，这些人分别通过不同的登录页面进入后台管理系统、客户端操作页面。[28]该模块主要允许有权限的管理员登录和已完成注册并认证的电影智库专家用户进入该系统，无权限则无法使用。登录流程图如图 8.4 所示。

第二，系统应该具有评价内容，包括公告信息、评价内容的传输和完成评价内容的功能。公告信息是由后台管理系统发布至客户端的单向传输的通知或提醒类消息，发布的评价内容客户端可查看、编辑、回传。评价内容主要包括电影剧本评价、电影拍摄前预测评价、电影拍摄预测评价、电影上映前预测评价几个阶段，各个阶段的评价内容

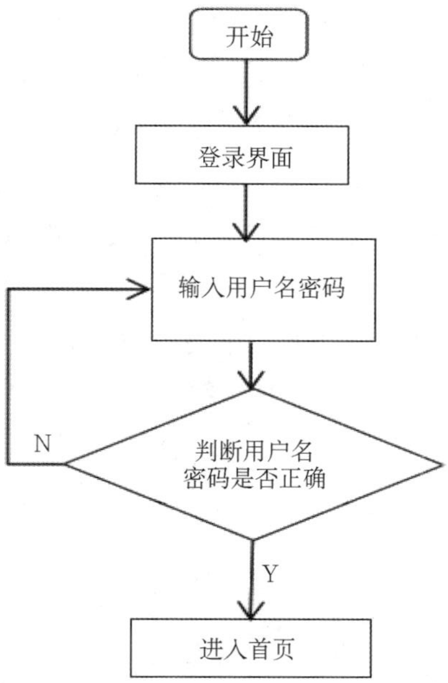

图 8.4　登录流程图

类型有文本类和视频类这两种。根据评价内容所属不同阶段选择相应的专家进行评价调研，将待评价内容发送的同时发布评价调查问卷。

第三，系统对智库专家的评价结果应具有分析处理功能。一是对专家的评价结果进行分析处理。二是对评价的各项结果进行显示以及对历史信息进行显示。根据专家的等级对收到的专家评价结果赋予权值，根据数据属性进行分类处理，对数值型数据和文本型数据进行不同的处理和统计分析。对评价的结果可以显示专家评价的总体情况，也可以显示单个专家的评价情况，可以进行历史记录的查看等。

第四，系统还具有对以上内容的管理功能。可对用户设置权限，可增加专家，也可以查看、修改、删除专家信息，可以发布公告信息，可以发布评价内容、查增删改评价题目，可以查看、删除专家评价结果，可以对评价结果的显示进行管理等。

本系统主要面向电影智库专家和后台管理者这两类用户，电影智库专家用户使用移动端 APP 完成评价，后台管理者与后台管理系统进行交互，可根据以上系统的需求对系统展开设计。其中系统功能结构设计的内容本文将在 8.3.3 节详细介绍。

8.3.2　系统总架构设计

本系统的设计主要包括前端用户和后端服务两部分，根据系统功能又分为：智库专家用户端、后台管理系统、服务器和数据库。前端就是用户和系统操作界面之间的交互处理，应用中用户看得见摸得着的部分，包括页面结构、层面交互实现等。后端服务主要是与数据库交互来处理相应的业务逻辑，完成发送的操作请求以及返回响应数据的解析处理与存储，包括如何实现功能、数据的存取、系统的稳定性和性能等。[29]智库专家用户端主要是智库专家与 APP 之间的交互,后台管理系统是管理员与管理系统直接的交互处理,服务器和数据库是为系统提供服务环境和数据处理的服务端。[30]

整个系统采用的是客户端/服务器(C/S)模式,一般客户端发出请求命令(Request)后服务器端要马上作出应答(Response)。客户端向服务器发送请求时的数据传输量是很小的,发送请求到做出应答的时间要求是很短的。图 8.5 为该系统的 C/S 模式架构图:左侧表示客户端,右侧表示服务器端,客户端和服务器端通过互联网来传输请求和应答指令数据。[31]图 8.6 为系统按照功能模块划分的系统总框架图:左侧表示智库专家用户端,右侧是后台管理系统部分,中间部分表示提供后端服务的服务器端。

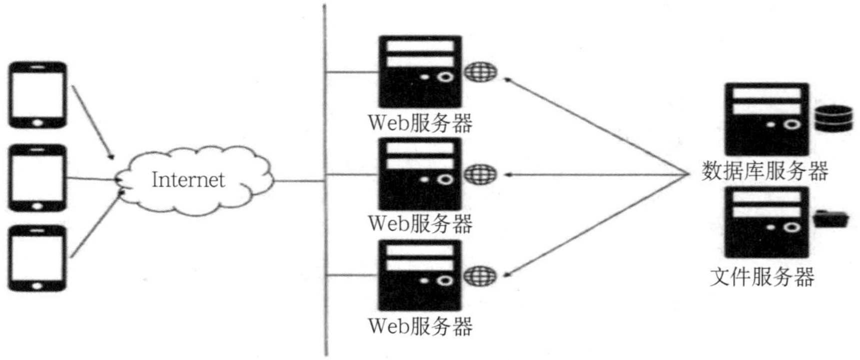

图 8.5　系统的 C/S 模式架构图

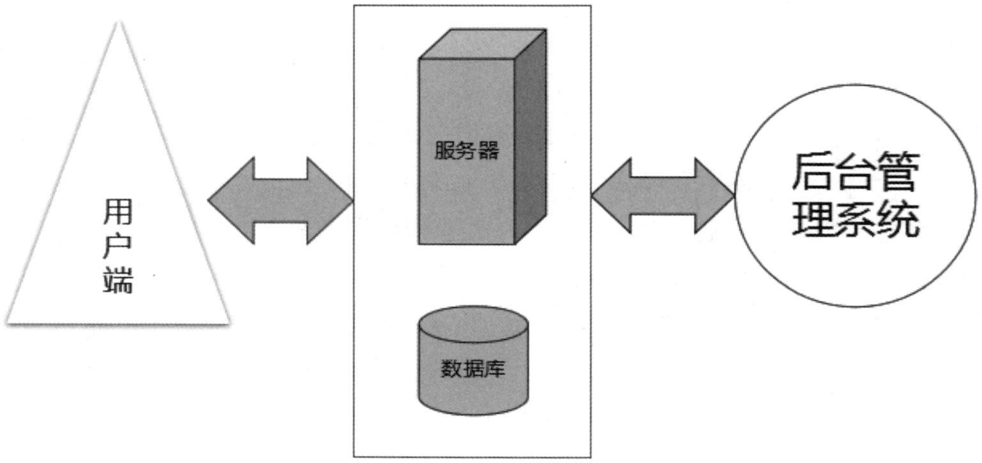

图 8.6　系统功能架构图

8.3.3　系统功能结构设计

经过上文对电影智库专家评价系统的需求分析,现以系统的功能需求和用户类别为基础，将系统功能分为三个模块，如图 8.7 所示：登录模块、专家用户模块、后台管理模块。这三个功能模块是电影智库专家完成整个评价工作过程的主要组成部分，基本可以满足电影智库专家评价系统的用户需求。下文对各模块进行具体的介绍。

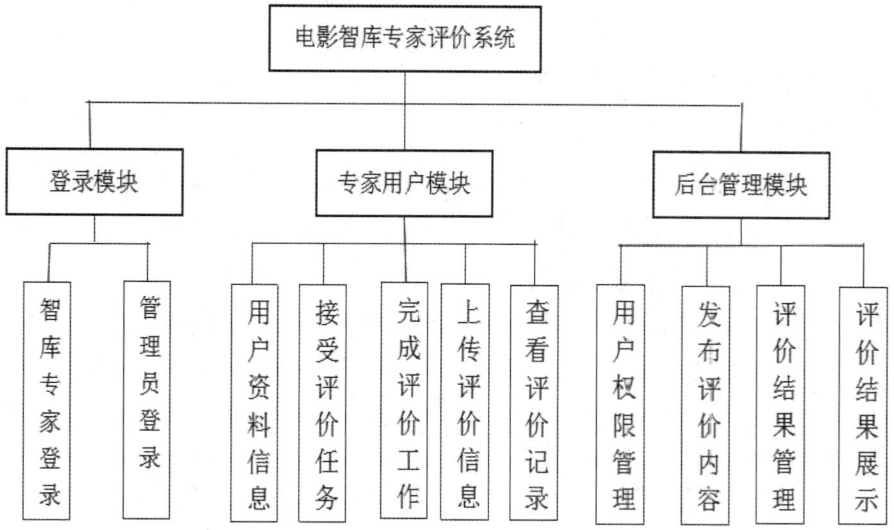

图 8.7　系统功能结构

8.3.3.1　系统登录模块

根据系统的后台管理员和智库专家这两类用户，把系统登录模块分为后台管理员登录、电影智库专家用户登录两部分，如图 8.8 所示。两类用户分别通过不同的登录页面进入后台管理系统和智库专家评价客户端操作页面。

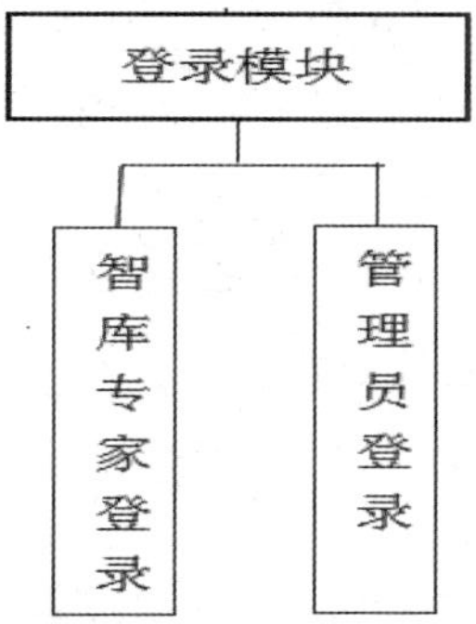

图 8.8　系统登录模块

(1)电影智库专家登录：

a.系统登录：使用用户名和密码登录，进入用户端主页面。

b.智库专家用户注册：用户首次登录前需进行账户注册，可通过手机号码注册用户并设置密码、完善个人身份信息，审核通过后再次登录可使用用户名密码登录。

c.密码找回:用户忘记密码可使用密码找回功能,通过身份信息发送请求,经身份验证后重置密码。

d.个人信息修改:用户可修改用户密码,对自己的注册信息进行修改。

(2)后台管理员登录:

a.系统登录:使用用户名、密码登录,进入后台管理系统主页面。

b.修改密码:管理员可修改登录密码。

8.3.3.2 智库专家用户模块

智库专家用户模块是电影智库专家评价系统中重要的功能组成部分,如图 8.9 智库专家用户模块功能图所示:主要有用户资料信息的显示和修改申请、接收评价任务、完成评价工作、上传评价信息、查看评价结果等功能。在智库专家客户端中,主要在接收评价任务页面、进行评价页面、评价记录页面、我的页面中实现这些功能。

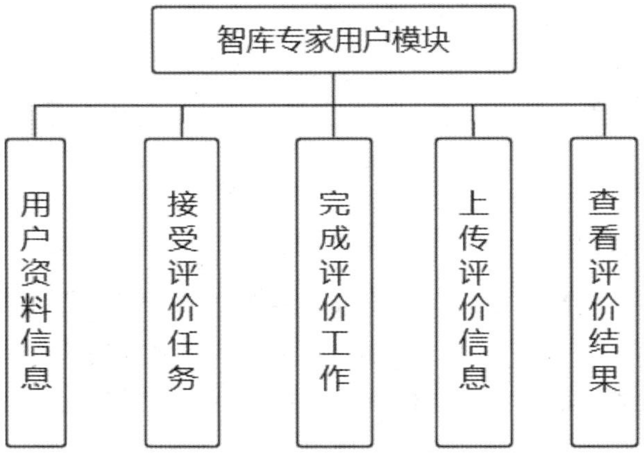

图 8.9 智库专家用户模块功能图

(1)查看公示消息:用户登录系统,便可以查看最新公示信息,包括消息内容、发布时间等。

(2)接收评价任务:用户进入主页面的接收评价任务页面,查看由系统向智库专家用户发送的待评价任务内容,根据电影剧本评价、电影拍摄前评价、电影拍摄评价、电影上映前评价属性,点击每个“接收”按钮接收评价任务,该评价任务将进入完成任务页面中,也可放弃本项评价任务。

(3)完成评价工作:接收的评价任务在进行评价页面显示,评价任务内容的电影剧本评价、电影拍摄前评价、电影拍摄评价、电影上映前评价这几个阶段的评价材料类型分视频类和文本类,根据类型的不同点击评价任务的“阅览”按钮进入相应的材料浏览页查看评价任务的材料。本页面也可选择放弃本项的评价任务。

(4)上传评价信息:在智库专家浏览完评价材料后,点击获取任务对应的评价问题,根据阅览的评价材料进行相应的评价题目打分或建议,完成评价后提交答案完成评价。

(5)查看评价记录:用户可以查看自己的评价结果,也可以查看评价记录,包括评价内容题材、评价时间、评价结果等。

(6)用户资料信息:用户在我的页面可实现查看个人资料和其他信息、修改部分信息的功能等。

8.3.3.3 后台管理模块

后台管理模块是电影智库专家评价系统中另一重要功能组成部分,如图 8.10 后台管理模块功能图所示:主要有用户权限管理、发布评价内容、评价结果管理、评价结果展示等功能。后台管理系统中主要在评价内容管理页面、评价结果管理页面、专家信息管理页面、管理员页面实现这些功能。

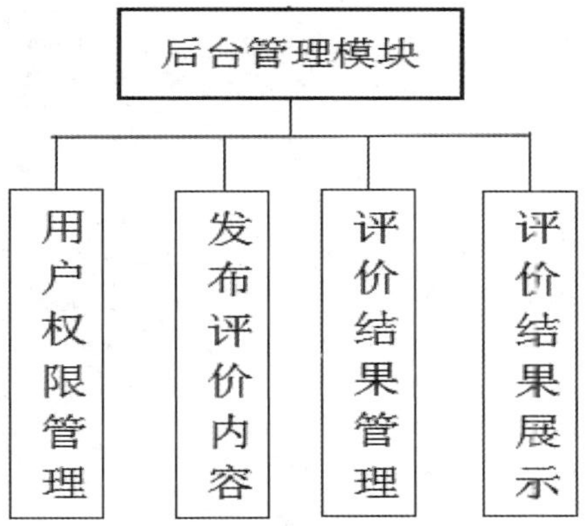

图 8.10 后台管理模块功能图

(1)用户权限管理:管理员进入系统在专家信息管理页面可进行查看智库专家信息、统计智库专家信息、修改智库专家信息、增加智库专家信息、删除智库专家信息等操作,对不合法用户禁止登录系统。

(2)发布评价内容:管理员可在评价内容管理页面编辑公示信息并发布公示信息至专家客户端,也可删除公示信息。可以根据调查者的实际需求上传评价任务内容,可编辑评价题目、设置评价类型等,完成评价问题的设置后,可上传待评价内容和评价题目至特定的专家用户端。管理员还可查看评价内容、删除评价内容等。

(3)评价结果管理:管理员可以查看任务评价结果,可以查看单个专家的评价结果,可以选定专家范围查看评价结果,也可以查看所有评价的整体情况。还可以查看专家的评价记录,删除某个或某些评价记录,还可以修改、增加某些评价结果。

(4)评价结果展示:后台管理端可以展示各评价结果,选择评价结果的显示方式,以图形、表格等方式展示结果,可以选择评价结果参数等。

另外,还有操作记录管理功能:专家操作记录,包括操作时间、内容等;管理员操作记录,包括操作时间、内容、登录和退出系统时间等。

8.3.4 系统软件开发方案

8.3.4.1 系统流程图

系统的设计包括客户端和后台服务端,对获取的智库专家信息进行分类、等级评定、赋予权值,建立智库专家数据库。对评价内容、专家分别加标签处理,为待评价内容选择对应的专家完成评价工作。[32]经需求分析、概念、逻辑、物理结构的设计建立数据库。[33]开发智库专家用户 APP 界面,包括登录和评价内容模块的功能。[34]搭建、开发系统后台管理平台,对数据、信息进行管理以处理数据并可视化展示。保证系统用户发送请求、服务端做出应答反应的交互处理,[35]如图 8.11 系统流程图所示。

图 8.11 系统流程图

8.3.4.2 系统实施方案

(1)服务端:

a.专家信息库构建。对收集的专家信息进行分类、等级评定,再赋予一定的权值,建立专家信息库。[36]

b.加标签处理。对待评价内容、智库专家分别加标签处理以优先选择对应的标签专家来完成该评价工作。

c.专家评价内容模块的构建。电影评价模块主要包括电影剧本评价、电影拍摄前预测评价、电影拍摄预测评价、电影上映前评价四个阶段的评价任务功能的划分和实现。

d.中心数据库设计和实现阶段。根据业务需求、功能需求进行数据库设计的需求分析,然后经过概念结构、逻辑结构设计、物理结构设计以及数据库建立与测试这几个阶段来完成数据库的设计工作。[33] 本文选用体积小、速度快且开源的 MySQL 数据库提供数据服务，将在下节中详细介绍。

e.数据处理。对评价结果运用相应的评价方法，运用智库专家评分法和智库专家多目标优选法等算法进行相应的分析处理。

（2）客户端：

a.APP 界面设计开发。本文选用开源的 WeX5 开发工具进行界面的搭建，其主要包括用户登录界面、用户个人中心界面、评价任务界面、任务进行评价界面、评价记录界面等。该客户端主要是用于智库专家完成电影剧本、电影拍摄前、电影拍摄、电影上映前几个阶段的评价工作等。

b.后台管理系统平台的开发并进行用户权限管理，对专家评价结果进行数据处理，并可视化展现在用户界面。

8.3.5 系统开发环境及方法工具

本文所讲系统主要使用开源的 WeX5 开发工具完成移动端的开发，WeX5 是一款遵循 Apache 开源协议的免费轻架构快速 H5APP 开发工具。

8.3.5.1 WeX5 开发工具的特点

WeX5 工具具有开源免费、跨端、拖拽式、组件化、可视化等特点，其框架结构及特点如图 8.12 所示。WeX5 基于主流的技术和标准，前端标准采用 HTML5、CSS3、JavaScript，并使用 AMD 规范的 jQuery、Require、Bootstrap 等技术，也支持多种后台开发语

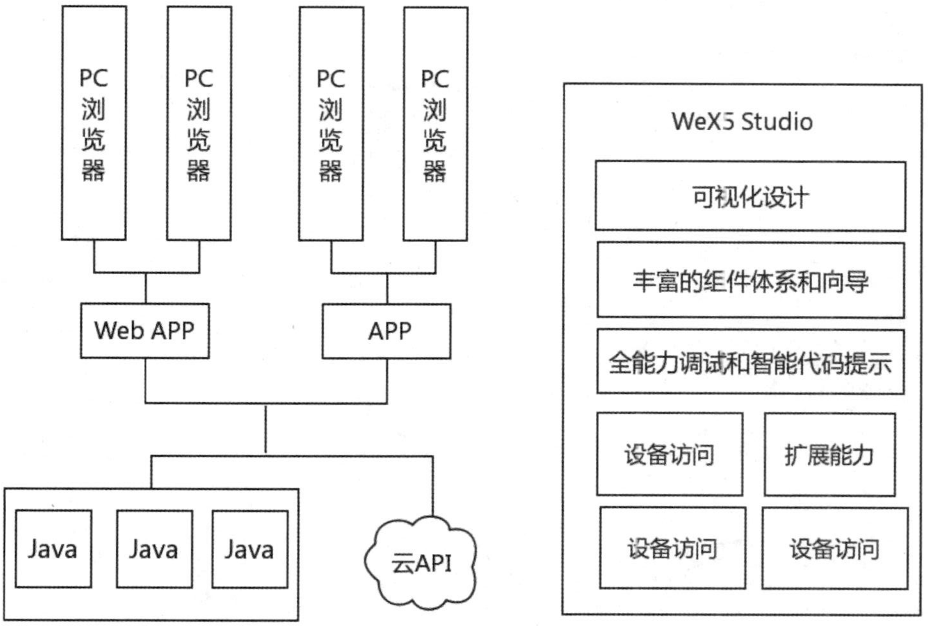

图 8.12 WeX5 框架结构及特点

言,PHP、Java、NET,也支持云 API。WeX5 的 APP 基于 Cordova 插件(前身 PhoneGap)、混合应用的开发模式(hybrid APP)调用硬件设备。WeX5 具有前端跨端和后端跨端的特点,WeX5 支持的前端有:移动 APP(苹果和安卓)和 Web APP 中的微信(包括公众号、企业应用号和服务号)、PC 浏览器、其他应用等;WeX5 后端通过 Web Socket、http 协议和各种后端中间件相连接,另外 WeX5 的部署是开放且自由的,可在任何云服务器上部署。[37]

基于 Eclipse 的 WeX5 IDE 为开发者提供了一个可视化、拖曳式和组件化的环境,其基于 HTML5、CSS 和 JS 语言并用 requireJS、jQuery 和 bootstrap 技术支持大量 UI 组件,如图 8.13 所示,还提供了向导功能。WeX5 利用混合应用开发模式提供了多种 cordova 插件,用以调用手机设备,如语音、相机、地图、通话录、文件、电池等。WeX5 还具有扩展能力、全能力调试和智能代码提示等特点,开发者可以根据自己的实际需要,定义扩展自己的向导、组件以及 cordova 插件等,WeX5 提供的模拟调试可使调试者在调试时跟踪每一行代码,使系统调试做到彻底透明、无死角。[37] WeX5 还具有真机调试、全方位的代码智能提示功能以及无限制打包多种应用、支持多种打包模式、一包一密、强力保护和 APP 更新的特点。其中 WeX5 支持 APP 整包更新,即当 APP 发生改变时,其支持整个 APP 的更新升级;支持资源更新,即当某应用资源发生某些改变时,在服务端将原 WeX5 打包的应用更新,APP 则自动完成资源更新的过程。[38] 除此之外,WeX5 还预留有统计功能的开发接口,以在未来支持 APP 运营统计信息等。

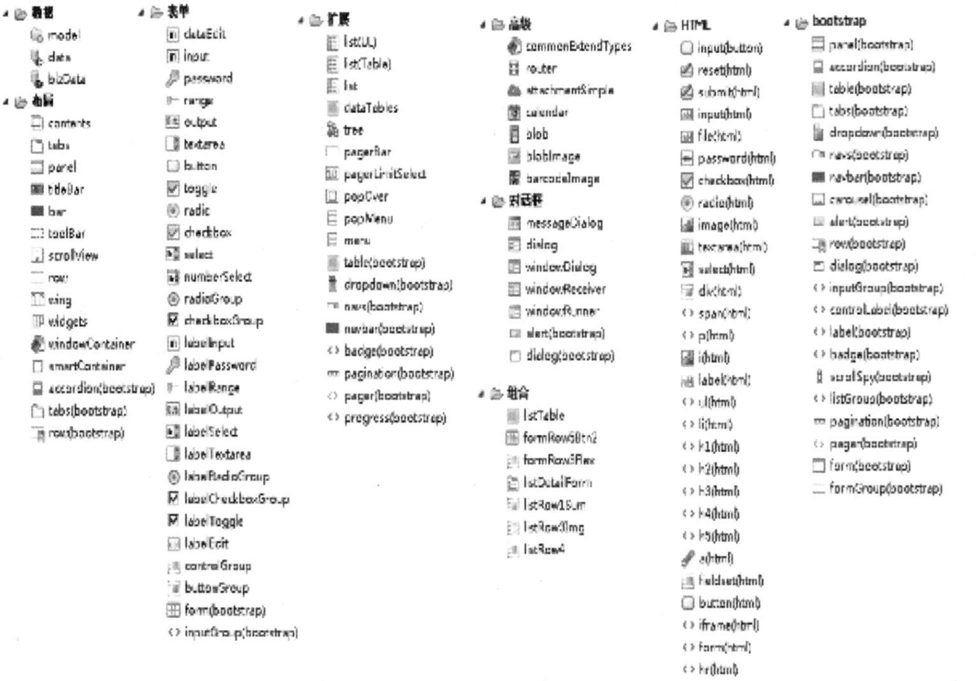

图 8.13　WeX5 提供的 UI 组件

8.3.5.2 开发环境的搭建

WeX5 分为 Windows 版本的和 Mac 版本的,分别安装在 Windows 和 Mac 系统上。本文选用 Windows 版本的 WeX5,生成安卓 APP。本文使用的是 V3.6 正式版本的 WeX5 开发框架(目前 V3.7 正式版是最新的开发框架),使用 Tomcat 服务器并将其部署为系统服务器,使用 MySQL 数据库,并将其部署为数据库服务器。

安装 WeX5 开发框架:因 WeX5 框架是绿色的,无须进行安装,直接解压后即可进行开发工作,解压后的文件目录如图 8.14 所示。需要注意的是,对下载的解压包解压时不能解压到含有空格、中文或含有特殊字符的文件目录的下面,否则将无法启动 WeX5 的各个目录文件。

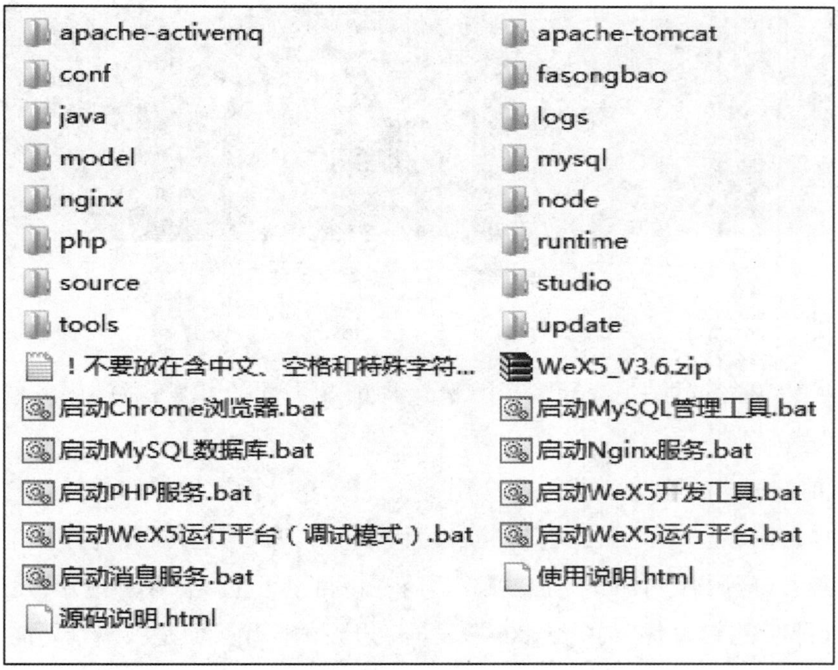

图 8.14 WeX5 文件目录

启动开发工具:双击"启动 WeX5 开发工具.bat"即可打开开发工具。进入 WeX5 开发工具页面后,开发工具包括菜单栏、工具栏、导航栏、透视图、编辑区和控制台几个部分。在"模型资源"中有 Baas、UI2、Native 三个目录文件,其中 Baas 为后端服务模型,UI2 是前端页面模型,Native 是本地 APP,它们下面各自又有相应的文件,双击文件可以在编辑区域打开该文件并进行编辑操作。[39] 双击"启动 MySQL 数据库.bat"即可启动 WeX5 内置的 MySQL 数据库,启动后不要关闭该窗口(如图 8.15 所示),然后双击"启动 MySQL 管理工具.bat"进行数据库的配置,本文设用户名:root,密码:x5,端口:3306,设置完成进入数据库管理界面,数据库的建立将在下文详细介绍。

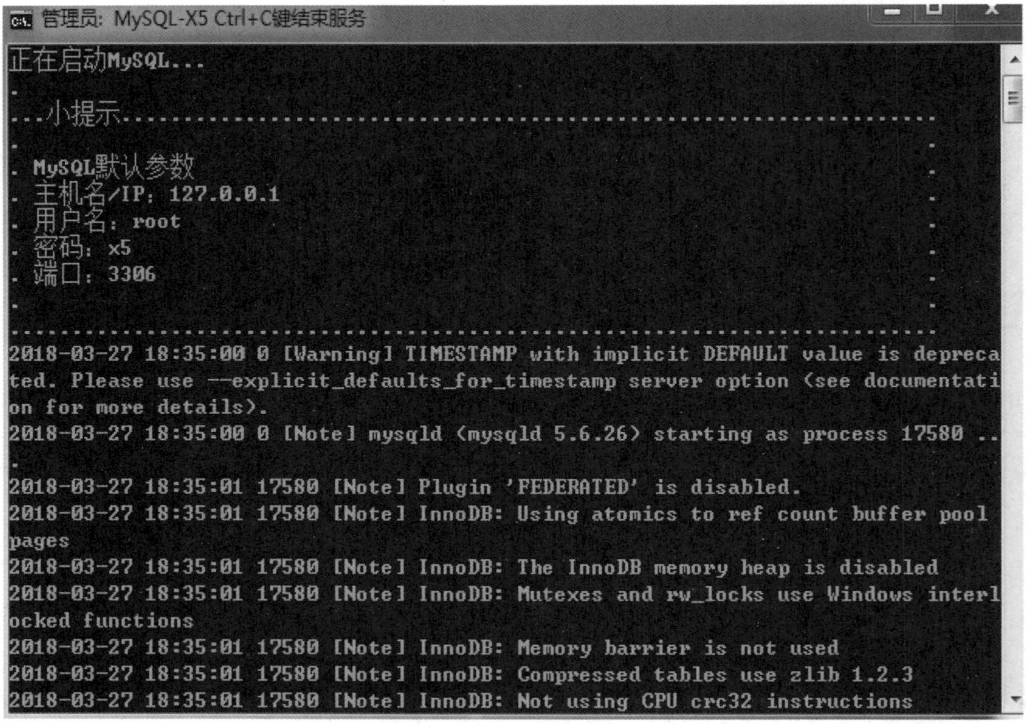

图 8.15　MySQL 数据库启动窗口

8.3.5.3　APP 开发过程

H5 APP 开发过程主要分为三个部分，即前端页面的开发、后端服务的开发和 APP 的开发。

（1）前端页面的开发：开发一个应用首先是新建一个应用，其步骤是：将“模型资源”中的 UI2 目录选中后右击，选择“新建”中“应用”命令，进入“新建应用”对话框，本文中是输入应用名：design。完成操作后将在该目录下生成一个新应用；然后，就是新建页面即新建 W 文件，文中 WeX5 开发框架开发的应用页面是以.w 结尾的文件，页面可以使用 JS 语言、CSS 和 HTML 语言来描述。本文选择 design 应用目录，右击选择“新建 W 文件”命令，进入新建对话框后，选择一个页面并给文件命名，完成新建后，系统将生成 W 文件和 JS 文件，打开可进行编辑页面的工作；W 文件完成后，执行“用浏览器运行”命令可以在浏览器中查看效果，本文中是使用的 Chrome 浏览器。注意，首次使用“用浏览器运行”命令需要启动 Tomcat 服务器和数据库。

（2）后端服务开发：后端服务可以为前端的页面提供数据服务，即当前端页面需要数据时，可向后端服务发送请求命令，后端服务通过访问、查询数据库将结果返回到前端页面完成应答。后端服务也可以执行由用户通过前端页面输入数据并提交，后端服务接收到数据后将数据存入数据库的命令。WeX5 中提供了三种后端服务：Java 后端服务、.net 后端服务、php 后端服务，本文使用的是 Java 后端服务。后端服务可以用

WeX5 中的 Baas 来实现,也可用 API 来完成或自定义服务端。[38] WeX5 的 Baas 后端服务包含任意个服务文件“.service.m”,且每个服务文件还包含任意个动作。这些动作就是后端服务为前端页面提供的接口,前端页面通过调用这些动作实现对后端服务的调用,如图 8.16 所示。

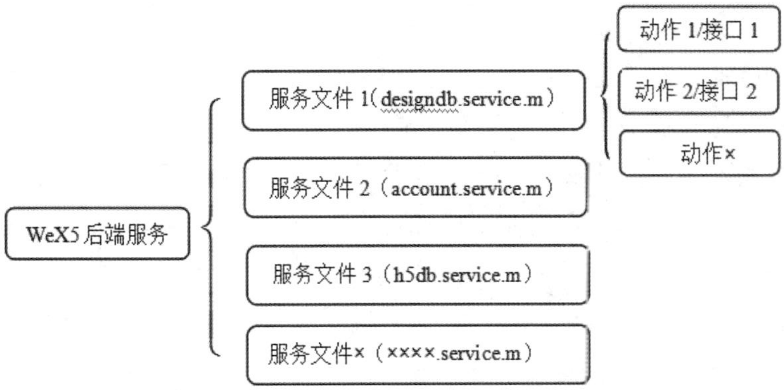

图 8.16　后端服务

建立 Baas 服务的过程为:第一步,建立数据库、数据表。启动“MySQL 数据库.bat”和“MySQL 管理工具.bat”,右击图标“X5”创建新的数据库为“designdb”,双击数据库“designdb”创建新的数据表,各数据表的内容将在 8.4.4 节详细介绍;第二步,创建数据源。在 WeX5 开发工具“窗口”菜单中进入“首选项”,选择“studio 配置”中的数据源,进入数据源窗口点击“增加”按钮进行数据源的设置,各项设置的内容如图 8.17所示。完成设置后需在 Baas 中将数据源“design”项做勾选,重启 tomcat 服务器即完成了使用的数据源配置服务;第三步,创建服务。在模型资源中选择 Baas 目录中的

图 8.17　数据源设置图

“justep”右击,新建服务,名称为“design”,即生成了 design.service.m;第四步,创建单表查询、保存动作。打开 design.service.m,新建数据库,选择数据库“design”和相应的数据表;第五步,模型编译。在模型资源中选择 Baas 目录右击选择“模型编译”进行模型编译(重启 tomcat)。这样一个 Baas 后端服务就创建完成了。

APP 开发:在前端页面和后端服务开发完成后,可进行打包生成 APP。其过程如下:首先新建本地 APP。在模型资源中选择 Native 目录右击“新建”,创建本地 APP。创建本地 APP 时主要完成应用模式(模式 3)、服务器信息、前端页面信息、应用基本信息、开发者信息和证书(本文选择 Android 证书)、屏幕选项、本地插件、更新信息等信息的设置;其次生成本地 APP 包。在本地 APP 新建完成后,本地 APP 可以打包生成 APP 包。生成本地 APP 包时主要完成对选择应用平台(Android)、是否包括 UI 资源、是否重新编辑 UI 资源、是否发布模式等信息的设置。APP 生成后,本地 APP 工程的 disk 目录下将会生成 apk 文件;最后安装调试 APP。在生成 APP 的同时也会生成其对应的二维码,若安卓手机和服务器处于同一个局域网时可通过扫描二维码安装 APP 进行调试。也可以把生成的 apk 文件复制到手机上直接进行安装调试。还可以通过使用安卓模拟器运行 APP 完成调试工作。[39]本文采用夜神模拟器,将 apk 文件放到模拟器中安装完成调试工作。

8.3.6 小结

本节首先从业务需求和功能需求两个方面对系统做了需求分析,对系统的设计和实现指明了方向。其次介绍了系统的总体架构设计,包括系统 C/S 模式架构、系统功能总架构。再次介绍了系统的功能结构设计,对系统登录模块、智库专家用户模块、后台管理模块三个功能模块做了详细的描述,并阐述了系统软件开发和实施方案。最后是系统开发环境及方法工具,详细介绍了开发框架 WeX5 的特点和开发环境的启动,以及开发过程的三个部分的操作流程。

8.4 电影智库专家评价系统的实现

8.4.1 系统登录模块的实现

系统登录模块分为后台管理员登录、电影智库专家用户登录两部分,这两类人分别通过不同的登录页面进入后台管理系统和智库专家评价客户端操作页面。下面分别介绍系统登录模块开发的关键步骤和页面的效果展示。

8.4.1.1 智库专家登录的开发和展示

智库专家登录部分包括注册账户、登录、找回密码等功能。开发页面首先需启动开发工具进入 Studio 开发环境,在新建的应用"design"下新建登录主页面"main.w"文件,进入该开发页面后进行编辑页面。WeX5 的界面是由组件构成的,其组件分为数据组件和展示组件,展示组件与数据组件是双向数据交换的。利用 panel、content、button、input、checkbox 等展示组件的可拖拽性布置要实现的界面,在 model 中引入数据组件 baasData 以便数据和数据库进行交流。该页面的 model 中包括的数据组件如图 8.18所示。页面包括手机号码和密码的输入、身份选择、记住密码、登录以及提供注册账号和密码找回的功能接口。

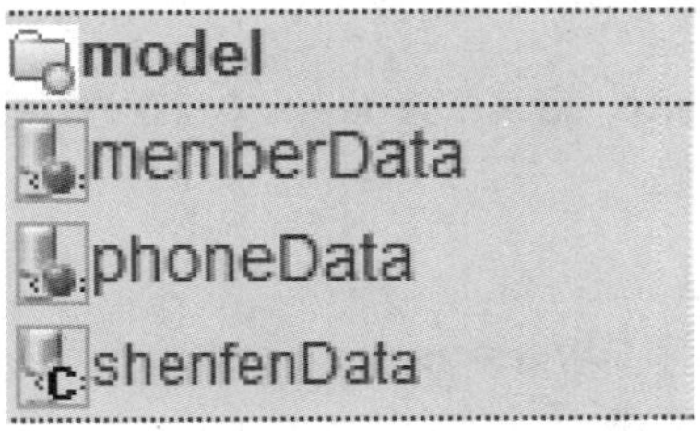

图 8.18 model 中的数据组件

页面布局完以后需要建立数据库,在数据库 design 中新建数据表 userinfo 并建立用户相关字段,设用户编号 ID 为主键,其数据类型有字符型、整型、longtext、datetime 等,如图 8.19 所示。

#	名称	数据类型	长度/设置	无符号的	允许NULL	填零	默认	注释	排序
1	ID	VARCHAR	50	☐	☐	☐	无默认值	用户编号	utf8mb4_vietnamese...
2	phone	VARCHAR	50	☐	☑	☐	NULL	手机号码	utf8mb4_vietnamese_ci
3	password	VARCHAR	50	☐	☑	☐	NULL	登录密码	utf8mb4_vietnamese_ci
4	realname	VARCHAR	50	☐	☑	☐	NULL	真实姓名	utf8mb4_vietnamese_ci
5	email	VARCHAR	50	☐	☑	☐	NULL	邮箱	utf8mb4_vietnamese_ci
6	sex	VARCHAR	50	☐	☑	☐	NULL	性别	utf8mb4_vietnamese_ci
7	age	INT	11	☐	☑	☐	NULL	年龄	
8	nation	VARCHAR	50	☐	☑	☐	NULL	国家/民族	utf8mb4_vietnamese_ci
9	idcard	VARCHAR	50	☐	☑	☐	NULL	身份证号码	utf8mb4_vietnamese_ci
10	profession	VARCHAR	50	☐	☑	☐	NULL	当前职业	utf8mb4_vietnamese_ci
11	background	LONGTEXT		☐	☑	☐	无默认值	教育背景	utf8mb4_vietnamese_ci
12	experience	LONGTEXT		☐	☑	☐	无默认值	影视从业经历	utf8mb4_vietnamese_ci
13	honor	LONGTEXT		☐	☑	☐	无默认值	影视业所获荣誉	utf8mb4_vietnamese_ci
14	type	VARCHAR	50	☐	☑	☐	NULL	专家类型	utf8mb4_vietnamese_ci
15	logintime	DATETIME		☐	☑	☐	NULL	登录时间	
16	loginstate	VARCHAR	50	☐	☑	☐	NULL	登录状态	utf8mb4_vietnamese_ci
17	other	LONGTEXT		☐	☑	☐	无默认值	其它需说明的情况	utf8mb4_vietnamese_ci
18	registertime	DATETIME		☐	☑	☐	NULL	注册时间	
19	class	VARCHAR	50	☐	☑	☐	NULL	专家等级	utf8mb4_vietnamese_ci

图 8.19 用户信息数据表相关字段

然后,就是在创建好的 baas 服务中增添数据库中的数据表,如图 8.20 所示,并绑定到相应的 baasData 组件上,如图 8.21 所示。

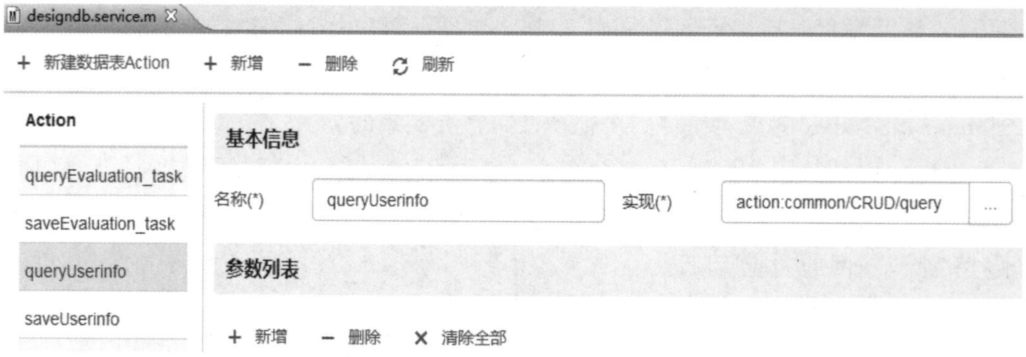

图 8.20　后端服务 design 中新建的数据表

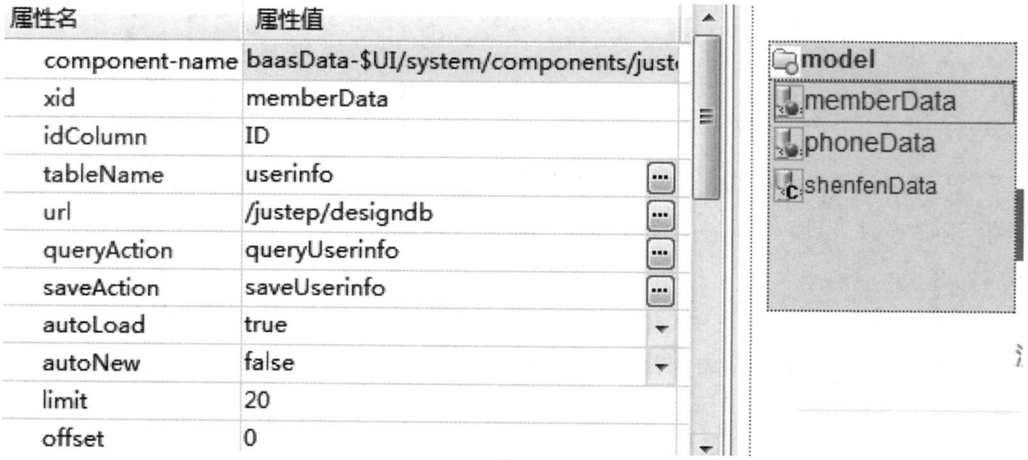

图 8.21　绑定 baasData 组件

在进行登录页面逻辑设计之前先创建一个门户页，并用 windowContainer 装载登录页面，门户页的文件名为"index.w"。这里需引入 shellimpl, var ShellImpl = require('$UI/system/lib/portal/shellImpl'),另外引入 contentsXid,"pages"页面中创建的 contents 页面集合容器需与此 xid 对应。门户页 Index.w 文件中 JS 关键代码如图 8.22 所示。

登录页面逻辑设计中，使用手机号码作为用户名和登录密码进行登录。手机号码作为用户名登录需进行手机号码格式校验，手机号码使用正则表达式"var reg = /^0?1[3|4|5|7|8][0-9]\d{8}$/"进行判断。登录功能使用 data.setFilter 方法来过滤数据，以判断用户名是否存在数据库中以及判断账号与密码是否同时在数据库验证系统登录，并把相应的登录时间、状态等写入数据库。[33] 登录主页面的"记住密码"，若选中用 localStorage.setItem 方法，实现本地存储，否则用 removeItem 方法清除本地记忆。

通过进入注册账号进入智库专家用户注册页面"register.w"，使用 shell.showPage

```
var ShellImpl = require('$UI/system/lib/portal/shellImpl');//定义短路径
var Model = function() {
    this.callParent();
     var shellImpl = new ShellImpl(this, {
        "contentsXid" : "pages",//Xid要对应
        "pageMappings" : {
            "main" : {
                url : require.toUrl('$UI/system/design/main.w')//作映射
            }
        }
    });

};

Model.prototype.modelLoad = function(event){
    justep.Shell.showPage("main");
};
```

图 8.22 门户页关键代码

跳转。用同样的方法布局页面,页面中的手机号码和登录密码作为输入框,手机号码要符合正则表达式“var reg = /^0? 1[3|4|5|7|8][0-9]\d{8} $/”,同样,设置的登录密码不能过于简单,需由数字和字母组成,用“var password=/((? =. * \d)(? =. * \D)|(? =. * [a-zA-z])(? =. * [^a-zA-z]))^.{8,16} $/ ”来判断。通过注册需手机号码和密码确认的逻辑之后跳转到智库专家完善信息页,并把手机号码和密码作为参数带入页面。在完善信息页面中通过事件 onParamsReceive 接收参数,代码如下:

```
Model.prototype.modelParamsReceive = function(event){
    if(this.params! ==undefined){
if(this.phoneInput! =this.params.phoneInput && this.passwordInput! =this.params.
passwordInput &&
this.ID! =this.params.ID){
this.ID=this.params.ID;
this.phoneInput=this.params.phoneInput;
this.comp("phoneInput").val(this.phoneInput);
this.passwordInput=this.params.passwordInput;
this.comp("passwordInput").val(this.passwordInput);
    }}};
```

把页面的各输入框如电话、密码、邮箱、身份证号码、年龄等输入信息与数据库中相应的字段绑定,以实现用户信息存入数据库。其中邮箱验证表达式使用“var emailReg=/^([\.a-zA-Z0-9_-])+@([a-zA-Z0-9_-])+(\.[a-zA-Z0-9_-])+/”验证,身份证号码使用正则表达式“var idcardReg=/(^(\d{15}|\d{18}|(\d{17})(X

|x))？ $)/”来验证其正确性。所有的信息完成后提交后台审核，使用 newData()方法新建一条专家数据，并用 savaData()将数据保存到数据库中。登录页面中通过“忘记密码”功能，使用手机号码、身份证号码、邮箱进行身份验证并进行密码重置。

接下来对智库专家用户登录界面的基本功能及运行效果进行简单介绍。

(1)首先启动系统的服务端，进入系统后将进入智库专家用户登录界面，如图8.23所示。

(2)在智库专家用户登录界面可以点击“注册账户”按钮进入智库专家注册界面，智库专家注册界面如图 8.24 所示。

图 8.23　智库专家用户登录界面

图 8.24　智库专家注册界面

(3)进入智库专家用户注册界面后，按照要求填写信息(密码由 8~16 位的数字和密码组成)，填写完毕后点击“注册”按钮，若符合注册条件，提示“手机号码＊＊＊核验成功！请完善本人信息”并进入专家完善个人信息界面，如图 8.25 所示。若想放弃本次注册，则点击“返回”按钮返回到智库专家用户登录界面。

(4)进入专家完善个人信息界面后，按照要求填写个人的真实信息。如需修改个人信息可点击“重置”按钮重新填写个人真实信息。下滑屏幕填写完成后点击“提交”按钮，若提交成功，提示“＊＊＊用户信息完善成功”并返回到智库专家用户注册界面。

(5)在智库专家登录界面点击“忘记密码”按钮进入找回密码界面，找回密码界面如图 8.26 所示。

图 8.25　完善个人信息界面

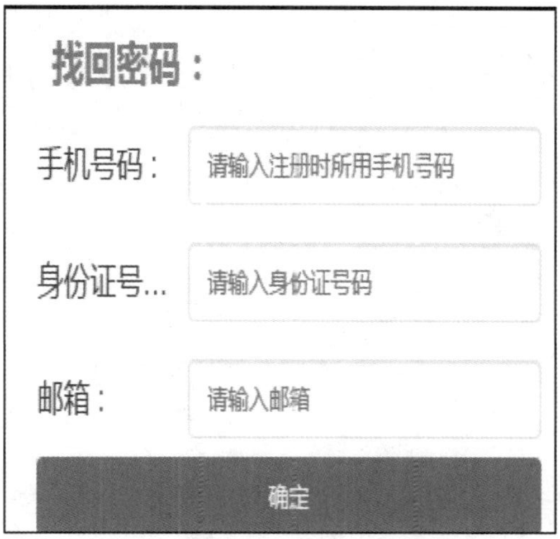

图 8.26　找回密码界面

(6)进入找回密码界面后,按提示要求填写注册账号时所填写的个人信息,完成后点击“确认”按钮,经信息核实后,传递参数“telephone”并进入设置新密码界面,如图 8.27 所示。

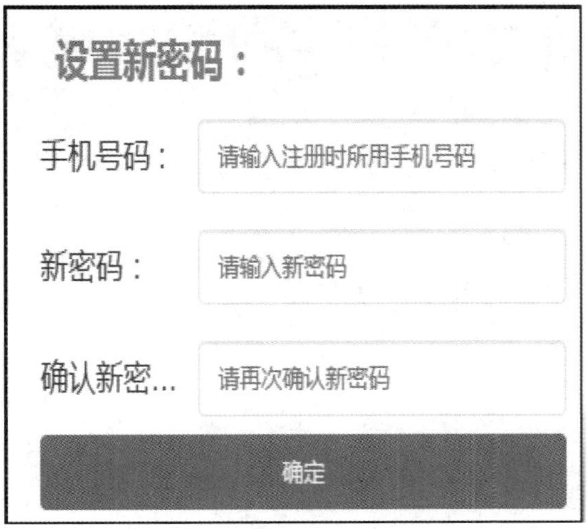

图 8.27　设置新密码界面

(7)进入设置新密码界面后,按提示要求填写新密码信息,完成后点击“确认”按钮完成密码的重置并让页面跳转至专家用户登录界面。用户在登录界面填写正确的账号和密码后点击“登录”按钮进入电影智库专家评价系统,另外还可以使用“记住密码”功能。

8.4.1.2　后台管理系统登录的开发和展示

启动开发工具进入开发环境，新建应用“designBack”后在其目录下新建登录主页面“main.w”文件和门户页，根据需求编辑登录页面。根据管理员登录需求建管理员信息数据表 manageinfo，添加用户相关字段并设管理员编号 mid 为主键，如图 8.28 所示。在实现登录逻辑设计时，使用 data.setFilter( )方法只需要过滤数据用户名和登录密码即可实现登录功能，登录成功后把登录状态、登录时间一并写入数据库。

名称：manageinfo

注释：管理员信息

字段：添加 删除 向上 向下

#	名称	数据类型	长度/设置	无符号的	允许NULL	填零	默认	注释	排序
1	mid	VARCHAR	50	☐	☐	☐	无默认值	管理员编号	utf8mb4_vietnamese...
2	loginname	VARCHAR	50	☐	☑	☐	NULL	管理员登录名	utf8mb4_vietnamese_ci
3	password	VARCHAR	50	☐	☑	☐	NULL	管理员登录密码	utf8mb4_vietnamese_ci
4	loginstate	VARCHAR	50	☐	☑	☐	NULL	登录状态	utf8mb4_vietnamese_ci
5	logintime	DATETIME		☐	☑	☐	NULL	登录时间	
6	uptime	DATETIME		☐	☑	☐	NULL	离线时间	

图 8.28　管理员信息数据表相关字段

后台管理登录界面的登录功能及运行效果如图 8.29 所示，输入正确的用户名和密码，通过登录功能进入后台管理系统。

图 8.29　后台管理登录界面

8.4.2 智库专家用户端模块的实现

8.4.2.1 智库专家用户端模块的开发

在智库专家客户端中主要有接收评价任务页面、进行评价页面、评价记录页面、我的页面，以实现接收评价任务、完成评价工作、上传评价信息、查看评价结果、用户资料信息的显示和修改申请等功能。下面介绍开发各个界面的关键步骤和方法。

在智库专家评价系统的主页中包含接收评价任务页面、进行评价页面、评价记录页面、我的页面的底部导航。在该页面中使用 WindowContainer 方法显示内嵌页面：接收评价任务页面、进行评价页面、评价记录页面、我的页面，登录该系统后默认进入接收评价任务页面。该主页面使用 panel 布局，内含 top、content、bottom 部分：top 部分作为页面布局的顶端含有 titleBar 组件；content 部分是页面展示内容的主要区域，内置 contents 多内容组件，这里放多个 content 组件并在其内引入 WindowContainer，每个 WindowContainer 的 src 属性都设置对应的内嵌 w 文件路径，也可以在该部分任意添加 span、html、button、input 等展示组件；bottom 部分是底部导航，其含有的布局组件 buttonGroup 中的组件与 contents 部分包含的 content 配合使用，以控制 contents 部分内容的显示页面。其实现方法是 buttonGroup 中的 button 组件属性"target"与 contents 的目标组件绑定，buttonGroup 的属性"selected"设为"taskBtn"，即系统默认首次进入"task.w"页面。主页面完成后，下面介绍子页面的开发设计环节中的关键技术。

在各子页面的编辑中，根据功能需求建立数据表、页面布局、页面逻辑设计、创建服务等环节和上文的开发过程有很多相似的地方，这里只介绍不同的技术方法。在子页面的开发中使用手势上下刷新组件 scrollView 实现数据的下拉刷新或松开刷新功能。添加 list 组件用于展示数据列表数据信息，其属性"filter"用于设置 JS 过滤表达式，如在接收任务页面"task.w"显示的待接收任务数据列表 JS 过滤表达式：$ row.val("receivestate") = = 0&& $ row.val("abandstate") = =0。属性"limit"用于设置数据列表中显示的数据条数，如"limit"设为"-1"即显示所有满足过滤条件的数据。另外，在 list 组件点击中获取当前行对象的代码是：event.bindingContext. $ object;。注意在数据添加 span 组件并绑定 bind-text 属性时，应写入代码：$ model.val(" ");。若文本框相应的代码写为：$ model.baasData.val(" ");，则数据列表中只会循环显示数据库中的第一条数据。

在页面的数据输出框逻辑的设计中需调用后端服务，调用后端服务主要有后端服务模型 Baas 的建立和前端页面的调用两部分。现以 evaluatecountOutput 组件为例介绍后端服务的调用过程：第一步，后端服务模型 Baas 的建立：①把开发界面切换到 Java 视图功能区，导入 runtime 下的 BaasSever；②在首选项中，设置成以调试模式启动 tomcat 服务器，并设置 BaasSeve 作为源文件的路径；③新建 java 文件，新建 java 方法，这里文件名首字母需大写且与服务名一致，定义的 java 文件目录如图 8.30 所示，java 文件代码如图 8.31 所示；④新建 action，关联 java 方法，在服务(designdb.service.m)中，新建一个 action，点击“新建”按钮，起名为 getEvaluation_taskCount；⑤重启 tomcat，运行 Baas 下的模型编译（调试模式）。第二步，前端页面的调用。在 evaluatecountOutput 的 onRender 事件中使用“justep.Baas.sendRequest”调用 action。

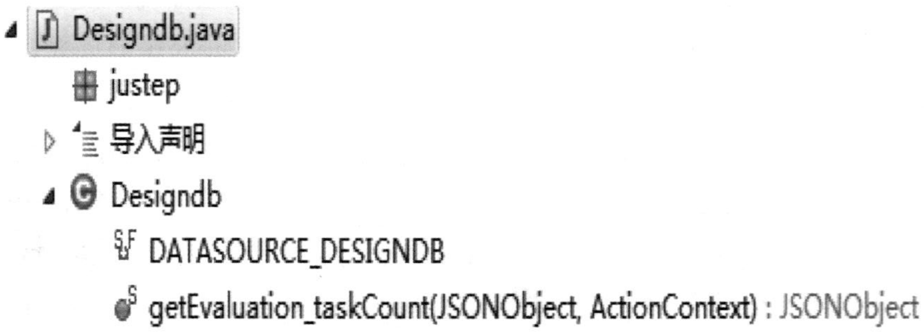

图 8.30　java 文件目录

```
package justep;
import java.sql.Connection;
public class Designdb {

        private static final String DATASOURCE_DESIGNDB= "justep";
        public static JSONObject getEvaluation_taskCount(JSONObject params, ActionContext context)
                throws SQLException, NamingException,java.sql.SQLException{
            Connection conn = context.getConnection(DATASOURCE_DESIGNDB);
        try{
            String sql = "select count(tid) from evaluation_task ";
            JSONObject ret = new JSONObject();
            int evaluation_taskCount = Integer.parseInt(DataUtils.getValueBySQL(conn, sql, null).toString());
            ret.put("evaluation_taskCount", evaluation_taskCount);
            return ret;
            } finally {
                conn.close();
            }
    };
}
```

图 8.31　java 文件代码

智库专家评价系统中四个阶段评价任务的素材种类主要有文本类和视频类两种。WeX5 在开发页面中需引用 cordova 插件，来调用手机的硬件设备显示文本的内容和播放视频，其主要分引用插件和调用插件两部分。其中引用插件的目的是，在生成 APP 时不需要手动选择所需插件，系统将根据引用的信息将插件自动插入，并且引用插件后在 JS 文件中会有代码提示的功能。在 JS 文件中，使用 require 方法来引用 cordova 插件。播放视频的功能通过调用插件 videoplayer 来实现，在手机中打开显示 doc

或 pdf 等文本内容功能通过插件 fileApi 来实现。videoplayer 插件开发过程步骤为:第一,环境搭建;第二,编写 videoPlayer.js;第三,编写 videoPlayer 的具体实现代码为:

VideoPlayer/src/com/phonegap/plugins/video/VideoPlayer.java;

第四,配置插件,res/xml/plugins.xml 中添加代码:

```
<plugin.name="VideoPlayer" value="com.phonegap.plugins.video.videoplayer"/>;
```

第五,编写 js 代码进行调用插件,W 文件的开头需先应用 js 代码框架后使用 VideoPlayer 类的 play 函数进行调用。在 JS 文件页面中引入的关键代码为:

```
require("$UI/system/lib/cordova/cordova");
require("cordova! com.phonegap.plugins.videoplayer");
```

调用 VideoPlayer 的 play 方法的关键代码为:cordova. plugins. videoPlayer. play("file:///path/to/my/video.mp4");

同样的过程来实现在手机中读取 doc 或 pdf 文件的功能,在 JS 文件页面中引入的关键代码为:

```
varfileApi=require("$UI/system/components/justep/docCommon/fileApi");
```

调用 fileApi 的 browse 方法的关键代码为:

```
var url = require.toUrl("./file/text/text01.docx");
var name = "text01";
fileApi.browse(url, name).done(function(){
alert("已成功打开");
}).fail(function(){
  alert("打开失败");
});
```

开发中的另一关键是使用 Ajax(Asynchronize JavaScript And Xml)技术,Ajax 是 javascrip 为开发者提供的一种异步与服务器进行数据交换,并能够实现对界面进行实时更新的支持异步请求的技术。在系统开发中,前端利用 jQuery 的 Ajax 获取 json 数据,后端实现服务器 json 数据的生成。利用 ajax 代码加载自定义的 json 文件保存的静态数据,列名与 json 文件中对象的主键 key 保持一致,利用 Onrefresh 事件刷新数据,其 ajax 代码为:

```
varurl=require.toUrl('./json/messageinfo.json');
$.ajaxSettings.asyn=false;
$.getJSON(url,function(data){
Event.source.loadData(data);
});
```

WeX5 中三种常用的交互方式是 Shell 方法、WindowContainer 方法和

WindowDialog 方法。WeX5 中 Shell 用于页面调度,可实现加载页面、切换页面和关闭页面。用 Shell 方法切换页面,其打开另一个页面的过程不需要等待页面的返回,格式为 justep.Shell.的形式,一般有三种使用方式:一是使用页面标识打开页面,但必须有 index.w 页面定义的 newShell;二是使用 url 打开页面,如 var url=require.toUrl(‘ ./task.w’); justep .ShellPage(url),用 ShellPage( )方法打开 task.w 页面;三是打开页面并传递参数,如 var url = require.toUrl(‘ ./message.w’);justep.ShellPage(url,{‘mid’:1,‘mname’:“我的消息”}),使用 ShellPage 打开 message.w 页面,并且传递参数。同时,在 message.w 页面的 model 事件中接收参数,双击事件“onParamsReceive”接收参数代码为:var mid = this.params.mid; var mname = this.params.mname;alert(mid+“:”+mname);。使用 WindowContainer 方法显示内嵌页面,是一个页面的某个区域嵌入另一个页面,即使用 WindowContainer 复用 W 文件以简化 W 文件。如智库专家评价系统的主页面中使用 WindowContainer 内嵌了“task.w”“evaluate.w”“record.w”“my.w”页面。其在父页面调用 WindowContainer 组件的 load 方法时,在内嵌页的 model 组件的 onParamsReceive 事件中接收参数,在内嵌页面中调用 this.owner.send( )触发 WindowContainer 组件的 onParamsReceive 事件返回参数,在内嵌页调用父页时使用:this.getParentModel( )的方式进行。使用 WindowDialog 组件打开对话框,其打开子页面时需等待页面,常用于打开需要返回数据的页面。在添加使用 WindowDialog 组件时需要定义 src 的属性值即要跳转的页面,本文中在使用 WindowDialog 组件时都是在 list 组件下的 onClick 事件中使用并传递数据的。WindowDialog 组件进行页面间的数据传递时一个重要的过程就是“添加映射”:选择 window 中添加的 WindowDialog 组件,点击 mAPPing 属性,选择弹出窗口和目标窗口中的相应的 data 组件一一对应添加映射,选择根据鉴别列增加或修改,如图 8.32 所示。另外,需选择 WindowDialog 组件的 onReceived 事件进行编写以将数据保存到数据库中,保存数据代码为:this.comp(“expertData”).saveData( );。

8.4.2.2 智库专家用户端页面展示

本小节主要对智库专家用户端界面的基本功能及运行效果进行简单介绍,步骤大致如下:

(1)用户登录电影智库专家评价系统的用户端,在用户端界面的底部导航栏中可选择不同的按钮,进入不同的界面,首次默认进入主界面内嵌的评价任务界面,评价任务界面如图 8.33 所示。

进入评价任务界面后,可以浏览评价任务信息,对其中的任务可以选择接收或拒绝,点击“接收”按钮把该项任务移至进行评价界面,点击“放弃”按钮则删除该项任务。

图 8.32　WindowDialog 组件添加映射图

图 8.33　评价任务界面

（2）在用户端界面的底部导航栏点击“进行评价”按钮进入进行评价界面，如图8.34所示。

图 8.34 进行评价界面

进入进行评价界面后，点击待评价项中的“放弃”按钮删除该评价项。点击“阅览”按钮进入相应的阅览评价项目素材功能界面。若项目的类型为文本类，则界面为文本类阅览界面；项目的类型为视频类，则界面为视频类播放界面。文本类阅览界面如图 8.35 所示，视频类播放界面如图 8.36 所示。

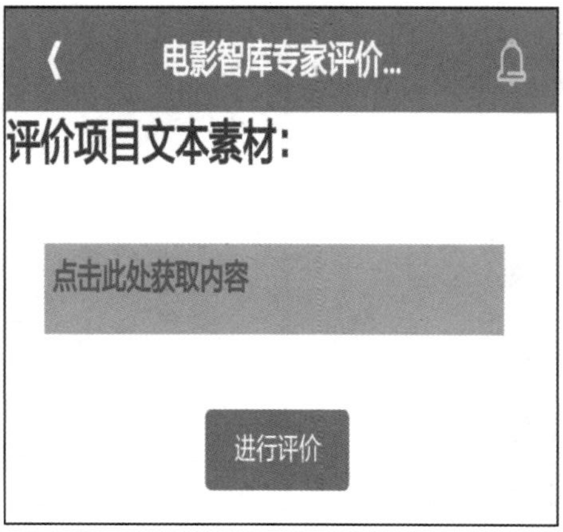

图 8.35 文本类阅览界面

图 8.36 视频类播放界面

(3)进入文本类阅览界面后,点击灰色部分获取评价文本素材文件,显示文件打开方式后选择 office 相对应的打开方式打开文件,阅览评价文本素材,如图 8.37 所示。进入视频类播放界面后,点击视频播放区,选择弹出的本地视频播放器,观看视频内容,如图 8.38 所示。

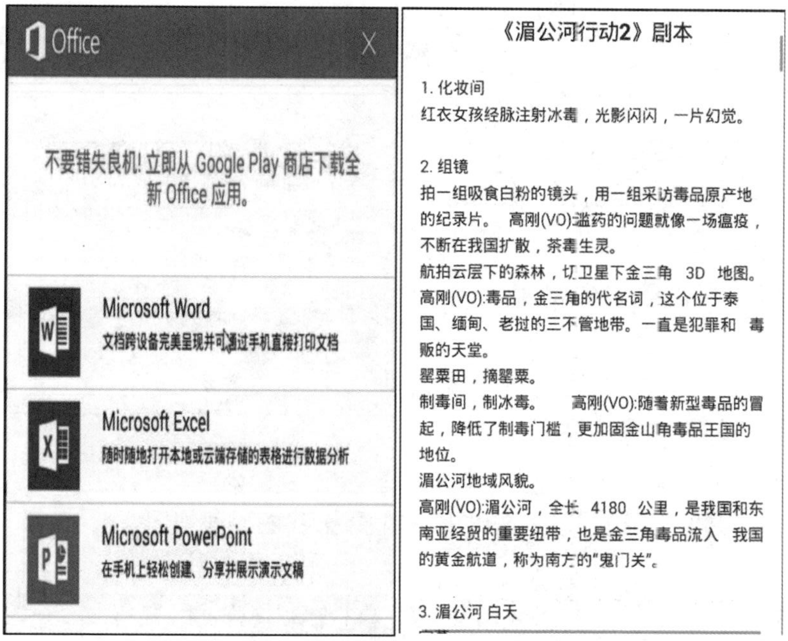

图 8.37 打开文本素材内容界面

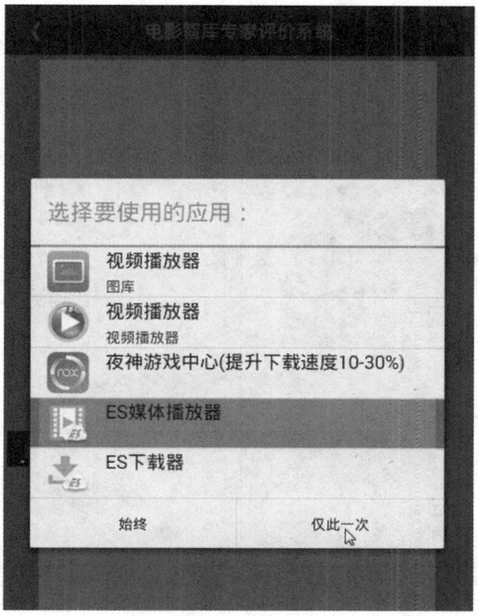

图 8.38 选择视频播放器界面

（4）完成评价项目素材的阅览后点击“进行评价”按钮进入填写评价题目界面，按照要求完成题目并提交答案，提交成功后页面跳转至进行评价界面，图 8.39 所示为其中的一个评价题目界面。

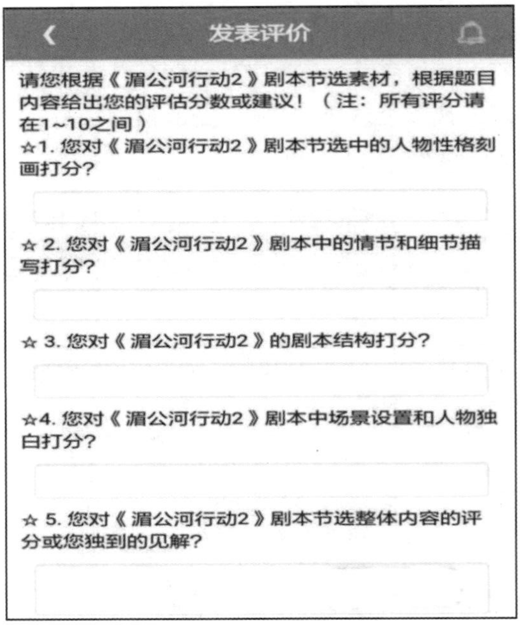

图 8.39　评价题目界面

（5）在用户端界面的底部导航栏点击“评价记录”按钮进入评价记录界面，点击“评价情况汇总”弹出评价统计信息，在该界面中可查看评价结果记录、素材内容和删除该评价记录等，如图 8.40所示。

（6）在用户端界面的底部导航栏中点击“我的”按钮进入我的界面，在我的界面中选择不同的功能项，进入相应的功能区，点击“退出登录”按钮将退出用户端系统，我的界面如图 8.41 所示。

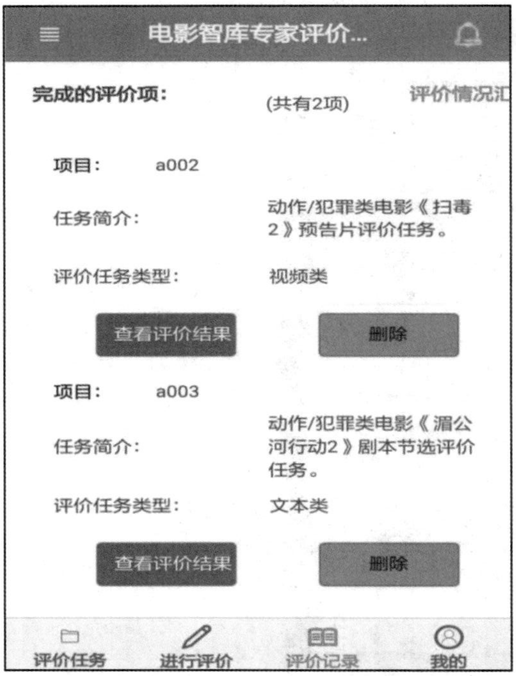

图 8.40　评价记录界面

图 8.41　我的界面

8.4.3 后台管理系统模块的实现

8.4.3.1 后台管理系统实现的方法

后台管理系统模块包括评价内容管理页面、评价结果管理页面、专家信息管理页面、管理员页面等,以实现用户权限管理、发布评价内容、评价结果管理、评价结果展示等功能。下面介绍这些界面和功能的实现过程中关键的步骤和方法:

在应用"designBack"目录下新建后台管理系统各界面文件,在后台管理系统的主页中内嵌有评价内容管理、评价结果管理、专家信息管理、管理员四个页面,通过底部导航栏中的按钮链接内嵌的子页面。本模块的界面设计开发、数据表构建、页面逻辑功能的开发和服务端的交互等详细过程不再作叙述,下面只介绍后台管理系统模块开发过程中实现文件上传和可视化展示功能的两个方法:attachmentSimple 组件和 Echarts(Enterprise Charts)控件。

组件 attachmentSimple 是 WeX5 文件上传与下载重要的处理工具,可实现选择图片或文件的上传,以及查看已上传的文件,在后台管理系统中利用 attachmentSimple 组件实现评价内容文件的上传。在 WeX5 中 attachmentSimple 组件的标识为:UI2/system/components/justep/attachment/attachmentSimple,利用 getFileUrl 方法获取文件路径,其格式为:String getFileUrl(string realFileName, string storeFileName, string ownerID,string operateType),其中参数 realFileName:[String]为真实文件名,storeFileName:[String]为存储文件名,ownerID:[String] 为所属 ID,operateType:[String]为操作的类型,W 文件中 getFileUrl( )方法的 js 代码片段为:

```
var row=this.comp("data").getCurrentRow( );
varjsonList=eval("("+row.val("fFile")+")") ;
varownerID=row.getID( );
varrealFileName=jsonList[0]["realFileName"];
varstoreFileName=jsonList[0]["storeFileName"];
varoperateType="browse";
varurl=this.comp("attachmenSimple1").getFileUrl(realFileName,
storeFileName,ownerID,operateType);
```

其应用过程首先是在开发页面中放入 attachmentSimple 组件并设置相应的参数,绑定数据库字段,执行 action,其中绑定的 data 中至少有一条数据,如果没有数据,则需要在加载页面的时候调用 data.newData( ),组件中的文件信息以 json 数组格式存入该列,然后进行编写 js 代码实现其逻辑功能。

Echarts,即商业性数据图表,是一个可以在 PC 和移动设备上运行纯 javascript 的图表库,提供了直观、生动、可个性化定制的数据可视化图表。Echarts 底层基于

canvas 类库，可支持折线图、柱状图、散点图、饼图、雷达图、地图、仪表盘等 12 类图表，同时还提供了标题、可交互组件以及支持多组件、图表的联动与混搭展现等，[40] 如图 8.42 所示。WeX5 中使用 Echarts 控件的步骤为：①查找并下载 Echarts 资源；②将下载的 Echarts 资源导入到/UI2/designBack/echarts 目录；③在创建 W 页面文件对应的 js 文件中使用 require（“./dist/echarts-all”）方法引用 Echarts，然后调用 Echarts 方法；④启动 tomacat 服务器，查看运行效果。ECharts 常用的组件有：title、timeline、xAxis、y-Axis、legend、toolbox、tooltip、dataZoom 等，图 8.43 为几个组件在智库专家统计展示中的一个 js 代码实例。

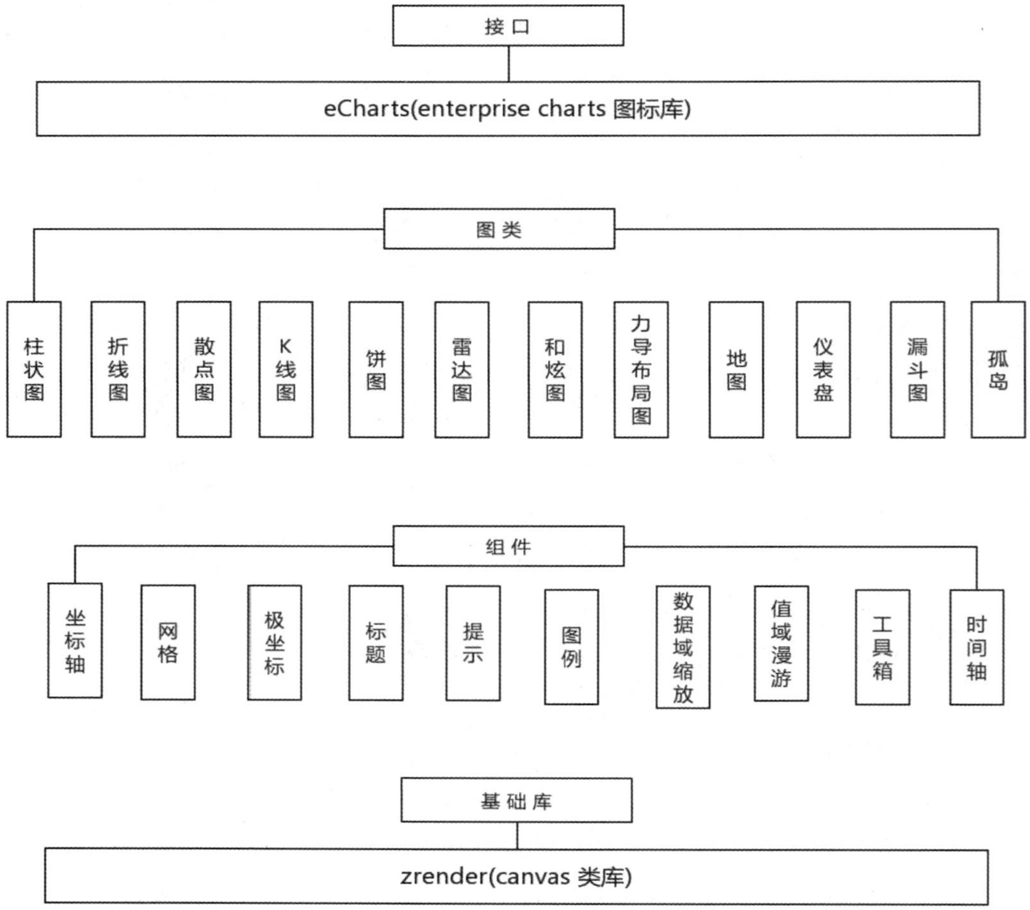

图 8.42 Echarts 控件结构图

```
var option = {
    tooltip : {
        trigger: 'axis'
    },
    legend: {
        data:['former','latter']
    },
    toolbox: {
        show : true,
        feature : {
            mark : {show: true},
            dataView : {show: true, readOnly: false},
            magicType : {show: true, type: ['line', 'bar']},
            restore : {show: true},
            saveAsImage : {show: true}
        }
    },
    calculable : true,
   xAxis : [
       {
           type : 'category',
           data : ['总人数','在&离线情况','专家类型A&B','专家类型C&D','等级1&2','等级3&4']
       }
   ],
   yAxis : [
       {
           type : 'value',
           splitArea : {show : true}
       }
   ],
   series : [
       {
           name:'former',
           type:'bar',
           data:[7.0,1.0, 2.0, 3.0, 2.0, 2.0]
       },
       {
           name:'latter',
           type:'bar',
           data:[0,6.0, 1.0, 1.0, 2.0, 1.0]
       }
   ]
};
var myChart = echarts.init(this.getElementByXid('main'));
myChart.setOption(option);
```

图 8.43　组件 js 代码实例

8.4.3.2　后台管理系统的界面展示

本小节主要对智库专家后台管理系统的基本功能及运行效果进行简单介绍，步骤大致如下：

(1)智库专家后台管理系统有评价内容管理界面、评价结果管理界面、专家信息管理界面、管理员信息界面四个主要功能界面，内嵌于系统的主页面中，通过界面的底部导航栏控制各功能界面。管理员首次登录后台管理系统将默认进入评价内容管理界面，图 8.44 为评价内容管理界面效果图。在该界面中，根据客户的需求编辑、上传评价任务。通过界面的“+”“编辑”“删除”功能按钮进入相应的操作界面，实现对评价内容项的增删改查的管理功能。

图 8.44　评价内容管理界面

其中在评价任务编辑、发布之前，需通过评价素材上传界面进行评价素材上传系统的操作，评价素材上传界面如图 8.45 所示。在评价素材上传界面中选择素材对应属性按钮，然后点击“点击上传”按钮选择所需上传文件，文件上传完毕后获取文件地址实现素材的上传系统的功能。

图 8.45　评价素材上传界面

(2)在系统界面的底部导航栏中点击“评价结果管理”进入评价结果管理界面，评价结果管理界面如图 8.46 所示。在该界面中展示了各个评价项目的评价情况、参评的专家评级结果以及评价项目的结果分析功能的接口。通过点击操作界面中的按钮“+”可增加一条信息，点击操作界面中的按钮“编辑”可实现对该条信息的编辑功能，点击操作界面中的按钮“删除”即可删除该条数据信息。即在页面中点击各功能按钮进入相应的功能界面，实现对评价结果项的增删改查的管理功能。点击项目列可进入评价结果决策界面，评价结果决策界面如图 8.47 所示。该决策界面中呈现的数据信息是令评价对象的总分值以 $S = \frac{1}{m}\sum_{i=1}^{m} w_i \sum_{j=1}^{n} A_j S_{ij}$ 为基础进行的，其中 m 为专家个数，n

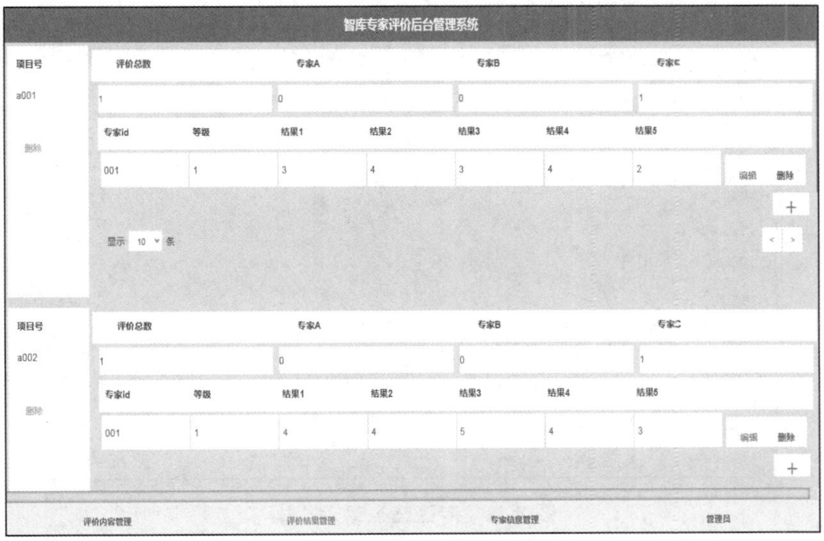

图 8.46　评价结果管理界面

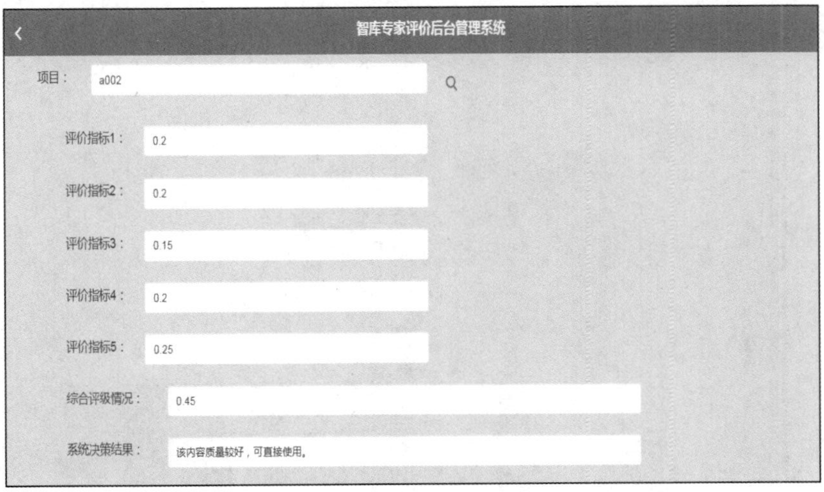

图 8.47　评价结果决策界面

为评价指标数目，A_j 为第 j 项的指标值的权值，S_{ij} 为评价对象中第 i 个智库专家对第 j 项的评价指标的评价得分值，w_i 表示第 i 个智库专家的权威度，若总分值大于 0.4 级，判断为内容较好，可直接使用。

（3）在系统界面的底部导航栏点击“专家信息管理”进入专家信息管理界面，在该界面中显示系统中智库专家的统计信息，如图 8.48 所示。点击可视化图形按钮将统计信息以不同的图表呈现，如图 8.49 所示。通过专家信息链接，进入专家信息详情界面，实现对智库专家信息项的增删改查的管理功能，如图 8.50 所示。

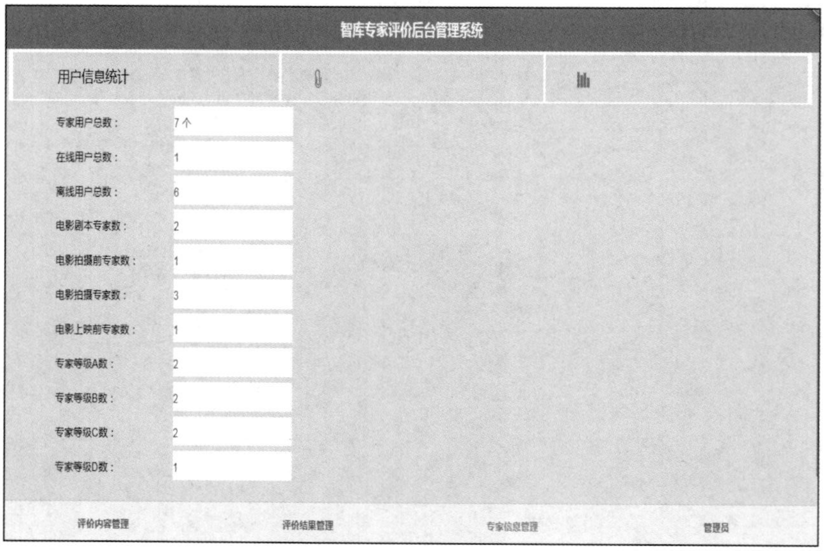

图 8.48　专家信息管理界面

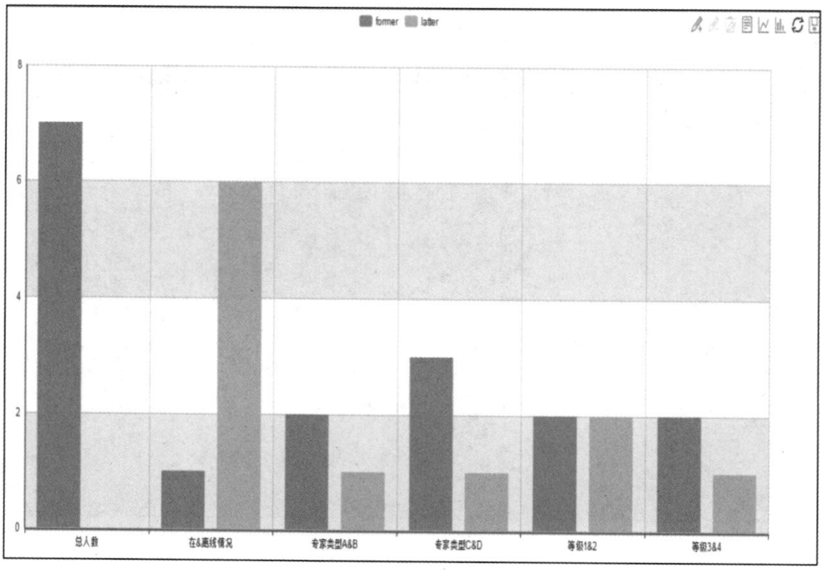

图 8.49　专家的统计信息图表效果图

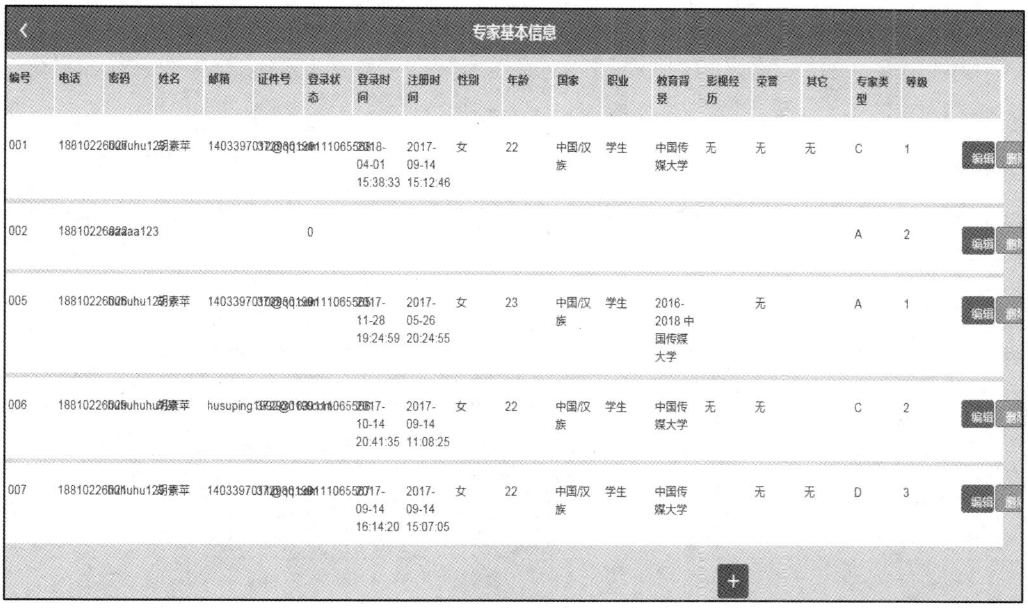

图 8.50　专家信息详情界面

（4）在系统界面的底部导航栏点击“管理员”进入进行管理员信息界面，在该界面显示管理员登录信息、密码修改、退出系统等功能，如图 8.51 所示。

图 8.51　管理员信息界面

8.4.4　数据库的设计

数据库的设计是系统设计的核心环节之一，数据库设计水平直接影响着系统的性能。[41]根据系统功能需求，对需求进行整合形成数据库模型，再把其转换为 MySQL 数据库支持的数据模型并选取合适的存储结构和方法，进行数据库表的建立、数据的导入与存储。[42]在本文的 8.3.5.3 节中已详细介绍数据库的创建步骤，本节将主要介绍数据表的设计内容。

根据系统的功能需求，这里要创建七个数据表：管理员信息表、智库专家信息表、评价任务表、文本类项目表、视频类项目表、评价结果表、专家类型。

（1）管理员信息表 manageinfo

管理员信息表主要用来存储管理员的基本信息，包括管理员编号、登录名、登录密码、登录状态等信息，该表的字段结构信息如表 8.2 所示。

表 8.2　管理员信息表 manageinfo

字段名称	数据类型	字段含义	允许空	约束
mid	varchar	管理员编号	否	主键
loginname	varchar	用户名	否	
m_password	varchar	管理员登录密码	否	
m_loginstate	int	登录状态	是	
m_logintime	datetime	登录时间	是	
m_uptime	datetime	离线状态	是	

（2）智库专家信息表 userinfo

智库专家信息表主要用来存储专家用户的基本信息，包括用户编号、电话号码、登录密码、邮箱、性别、年龄等信息，该表的字段结构信息如表 8.3 所示。

表 8.3　智库专家信息表 userinfo

字段名称	数据类型	字段含义	允许空	约束
id	varchar	专家用户编号	否	主键
phone	varchar	手机号码	否	
password	varchar	登录密码	否	
realname	varchar	真实姓名	否	
email	varchar	邮箱	否	
sex	varchar	性别	否	
age	int	年龄	否	
idcard	varchar	身份证号码	否	
profession	varchar	职业	是	
background	longtext	教育背景	是	
experience	longtext	影视从业经历	是	
honor	longtext	影视业所获荣誉	是	
type	varchar	专家类型	是	
class	varchar	专家等级	是	
registertime	datetime	注册时间	是	
loginstate	int	登录状态	是	
tid	varchar	评价任务编号	是	

(3)评价任务表 task

评价任务表主要用来存储评价任务数据信息,包括任务编号、任务文件类型、任务属性、发送时间、截止时间等信息,该表的字段结构信息如表 8.4 所示。

表 8.4　评价任务表 task

字段名称	数据类型	字段含义	允许空	约束
tid	varchar	任务项目编号	否	主键
t_attribute	varchar	任务内容属性	是	
t_brief	longtext	任务简介	是	
t_tasktype	varchar	文件类型	是	
t_demand	longtext	评价要求	是	
t_sendtime	datetime	发送时间	是	
t_deadline	datetime	截止时间	是	
t_receivestate	int	接收状态	是	
t_finishstate	int	完成状态	是	
t_abandstata	int	放弃状态	是	
t_taskUrl	varchar	素材路径	是	
t_questionUrl	varchar	问题路径	是	
t_index1	varchar	评价指标 1	是	
t_index2	varchar	评价指标 2	是	
t_index3	varchar	评价指标 3	是	
t_index4	varchar	评价指标 4	是	
t_index5	varchar	评价指标 5	是	

(4)文本类项目表 textfile

文本类项目表主要用来存储评价任务中文本类素材数据信息,包括项目素材编号、素材路径、素材文件大小、阅读状态等信息,该表的字段结构信息如表 8.5 所示。

表 8.5　文本类项目表 textfile

字段名称	数据类型	字段含义	允许空	约束
ttid	varchar	文本项目编号	否	主键
t_taskUrl	varchar	素材路径	是	
textname	varchar	文件名	是	
t_questionUrl	varchar	问题路径	是	
textreadstate	int	阅读状态	是	
textsucaisize	varchar	素材文件大小	是	

(5)视频类项目表 videofile

视频类项目表主要用来存储评价任务中视频类素材数据信息,包括视频项目编号、素材路径、文件名、播放状态等信息,该表的字段结构信息如表 8.6 所示。

表 8.6　视频类项目表 videofile

字段名称	数据类型	字段含义	允许空	约束
vtid	varchar	视频项目编号	否	主键
t_taskUrl	varchar	素材路径	是	
videoname	varchar	文件名	是	
t_questionUrl	varchar	问题路径	是	
videoreadstate	int	播放状态	是	
vduration	time	视频时长	是	
coverImgUrl	varchar	视频显示图片	是	

(6)评价结果表 result

评价结果表主要用来存储项目评价结果数据信息,包括评价结果编号、项目编号、评价来源专家编号、问题路径、评价结果等信息,该表的字段结构信息如表 8.7 所示。

表 8.7　评价结果表 result

字段名称	数据类型	字段含义	允许空	约束
sid	varchar	评价结果编号	否	主键
tid	varchar	项目编号	是	
id	varchar	来源专家编号	是	
t_questionUrl	varchar	问题路径	是	
submittime	datetime	提交时间	是	
quetion1	varchar	评价结果 1	是	
quetion2	varchar	评价结果 2	是	
quetion3	varchar	评价结果 3	是	
quetion4	varchar	评价结果 4	是	
Quetion5	varchar	评价结果 5	是	

(7)专家类型表 typeclass

专家类型表主要用来存储专家类型属性及对应等级信息,包括项目编号、评价来源专家编号、问题路径、评价结果等信息,该表的字段结构信息如表 8.8 所示。

表 8.8 专家类型表 typeclass

字段名称	数据类型	字段含义	允许空	约束
aid	varchar	专家类型编号	否	主键
typeA	varchar	电影剧本专家等级	是	
typeB	varchar	拍摄前评价专家等级	是	
typeC	varchar	拍摄评价专家等级	是	
typeD	varchar	上映前评价专家等级	是	
id	varchar	专家编号	是	

8.4.5 小结

通过对后台管理员端登录、电影智库专家用户端登录进行开发,实现了系统用户的登录功能。按照开发方案的流程,智库专家用户端模块可实现接受评价任务、进行评价工作、上传评价结果、查看评价结果、用户信息显示及修改申请等系统功能需求,后端管理系统可实现各信息模块的管理功能。各个页面显示效果也达到了预期的效果,这也表明了数据库的设计满足了系统功能需求。系统登录模块、智库专家用户端模块、后台管理系统模块和数据库模块相互协作,共同组成智库专家评价系统。在完成评价任务工作过程中,系统各模块的功能及评价工作流程如图 8.52 所示,其中左侧为后台管理系统模块,中间部分为数据服务模块,右侧为智库专家用户模块。

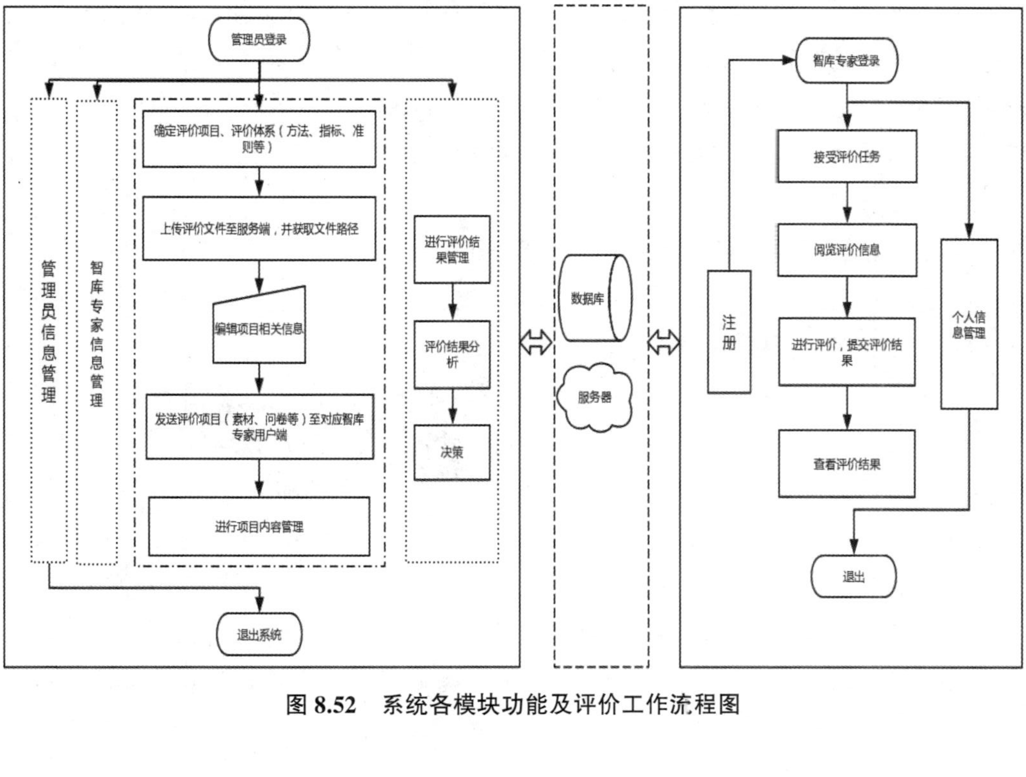

图 8.52 系统各模块功能及评价工作流程图

8.5 总结

本文致力于对电影智库专家评价理论的研究和评价方法的探索，开发一款方便快捷的线上电影智库专家评价系统。

在开发初期，先对系统做了需求分析，然后在系统实现过程中以遇到的实际问题为修改基础，通过多次修改与讨论来不断完善系统需求，直至实现目前的系统功能。[43]系统的开发环境是开源轻架构的 WeX5，主要编程语言是 javascript、css、html，数据库是 MySQL，利用 MySQL 的良好性能完成了数据库的设计和应用。在专家评价方法研究时，选择了专家评分法和多目标决策优选法。[50]系统主要分为三个功能模块来开发：登录模块、智库专家用户端模块、后台管理系统模块，系统利用 C/S 架构进行前端页面和后端服务的开发。

系统按照实施方案进行用户端和服务端的设计和开发，文中讲述了系统开发过程用到的主要技术、方法，并对各模块进行了调试工作，对整个系统也做了全面的测试，测试结果表明系统达到了设计的基本需求。系统页面中还留有其他功能模块接口，为以后系统功能扩展打好了基础。

另外，本研究为电影创作过程提供了一种新的评价工作模式，通过构建电影智库专家评价系统把电影专家评价从线下转移到线上来。这种模式能打破专家评价时间和空间的限制，即把专家完成评价工作的时间碎片化，把专家人员分散化，使专家免受地域的限制和人员数量的限制。使用定性分析和定量分析相结合的方法来处理问题，通过相关算法研究以及加标签处理，发挥专家的特长，增加专家评价及预测结果的合理性和准确性。[51]智库专家评价系统能让更多的影视专家参与到影视创作中去，给电影创作增添活力，为产出高质量电影作品的创作过程提供更多专业人员的视角和指导。

本文中电影智库专家评价系统的研究和开发基本功能已实现，但由于研究时间有限，系统仍处于基础阶段，部分系统功能还不够完善。因此，今后将继续本系统的研究和开发工作，具体将从以下几个方面展开：

第一，扩大智库专家信息库。影视专家完成系统的注册，成为智库专家信息库中的用户。智库专家评价结果的科学性和准确性受智库专家用户数据量的影响，智库专家参加评价的数据量越多，专家评价及预测结果越具合理性和准确性，对决策越具指导意义。

第二，增加电影从业者用户端。电影从业者是智库专家评价结果的需求者，开发电影从业者用户端，使电影从业者用户随时可参与到评价系统中，更方便地了解评价任务动态，获取评价结果，从而形成从评价问题需求至完成评价再到获取评价分析结果的完备体系。

第三,完善评价算法。本文主要研究了专家评分法和多目标决策优选法的评价方法,并没有对评价的效果进行验证。在以后的研究中将完善评价算法,在评价结果中直接使用算法分析评价结果并用于决策。

第四,提高系统兼容性。本文系统中的用户移动端仅支持 Android 用户使用,目前也有大量的移动用户使用的是 iso 版本。让智库专家评价系统能够支持 iso 用户使用是接下来研究开发的一项工作。

8.6 参考文献

[1]王晓易.大数据让电影不再“闭门造车”?[EB/OL].(2015-06-23)[2016-08-28].http://news.163.com/15/0623/10/ASPPQU2Q00014JB6_all.html.

[2]陈育柱.2017 上半年中国内地十大票房最高电影国产电影仅有三部[EB/OL].(2017-07-04)[2018-09-22].http://sz.people.com.cn/n2/2017/0704/c202846-30417816.html.

[3]易观智库.“互联网+”电影——中国电影市场互联网化专题研究报告(2014)[EB/OL].(2014-02-11)[2015-06-15].http://doc.mbalib.com/view/f24fb9519636ac38ba1b9a67bcee74cb.html.

[4]于倩.美国电影评价系统及效果研究[D].上海:上海交通大学,2013.

[5]吴彤.大数据对影视创作的影响研究[D].哈尔滨:哈尔滨师范大学,2016.

[6]麦茨.想象的能指[M].王志敏,译.北京:中国广播电视出版社,2006.

[7]李亦中. 中国电影评价系统研究[M].上海:上海交通大学出版社,2015.

[8]张振龙. 基于大数据的电影经营管理能力评价研究[D].北京:中国传媒大学,2016.

[9]陈珍. 影评评价语言的真实倾向研究[J].怀化学院学报,2014(6):93-94.

[10]吴敬业,史本山. 评价模式对评价可靠性的影响分析[J].系统工程理论与实践,1993(3):11-15.

[11]李斌成,李睿煊. 风景视觉资源及专家评价系统[J].西北农林科技大学学报,2001,1(1):84-89.

[12]胡永宏. 综合评价方法[M].北京:科学出版社,2000.

[13]周丽晖. 一种新的评价方法——人工神经网络方法[J].北京统计,2004,11(175):51-52.

[14]陆雯. 基于灰色理论构建评标专家评价系统的实现方法[J].计算机工程应用技术,2016(8):45-48.

[15]凡影. 听听那些真话——好莱坞的观众调研[EB/OL].(2014-10-23)[2015-06-22].https://107cine.com/stream/55711/? order=desc.

[16]尚洁. 定性与定量分析相结合的金融方法研究[J].金融教学与研究,2014(3):75-76.

[17]王恩海. “以定性分析为基础,结合定量分析”量刑方法的理解与适用[J].法治研究,2016(2):74-80.

[18]黄晓红,张维和.教育评价定量分析方法的研究[J].中国轻工教育,2004(2):20-22.

[19]曹均伟,李凌. 经济学的定性分析与定量分析:争论与融合[J].上海立信会计学院学报,2007,21(3):57-64.

[20]张广敏. 应用层次分析法构建以就业为导向的学生评价体系[J].中国教育学刊,2014(5):89-91.

[21]常建娥,田勇兵. 结合专家评价系统的多目标优化车间布置研究[J].机器制造,2009,47(537):10-13.

[22]董超,刘康. 地铁列车运行图的专家评价系统[J].交通科技与经济,2012(5):116-120.

[23]FRANKLIN A, JAMIESON P. Evaluating metrics for automatic mind map assessment in various classes[J].Frontiers in education conference, 2015,12(7):223-228.

[24]LICHEN C, HUAAN W. A novel fuzzy recommendation system integrated the experts' opinion[J].2011 IEEE international conference on fuzzy systems,2011(7):2060-2065.

[25]何煜. 电视导论[M].杭州:浙江大学出版社,2005.

[26]李海江. 浅谈课堂教学录像的拍摄方法与技巧[J].山西广播电视大学学报,2009(3):43-44.

[27]陈明. 大数据可视化分析[J].计算机教育,2015(5):94-97.

[28]谢莹. 基于 Web 架构的视频监控系统设计与实现[D].武汉:华中科技大学,2011.

[29]张玉清,蔡安妮,孙景鳌.视频服务器设计关键技术分析[J].计算机工程与应用,2002(6):45-47.

[30]钟元生.APP 开发案例教程[M].北京:清华大学出版社,2015.

[31]赵署诚. 一个 iOS 直播 APP 的设计与实现[D].苏州:苏州大学,2016.

[32]王北斗,窦志. 支持评价类问题与电影智能搜索的问答系统构建[J].浙江大学学报,2011(4):93-97.

[33]雷佩莹. 基于 Web 的新闻信息抽取系统设计与实现[D]. 西安:西北大

学, 2008.

[34]ORRÙ C, CUCCU R, RIVOLTA G. Multi temporal data visualization in EO mobile APPs[J].Analysis of multitemporal remote sensing images, 2017(9):1-4.

[35]杨利荣. 基于 Android 平台的室内环境检测系统的设计研究[J].环境科学与管理,2017(5):26-29.

[36]荫蒙. 数据仓库[M].4 版.王志海,译.北京:机械工业出版社,2006.

[37]百度百科.WeX5 特点[EB/OL].[2016-04-12].https:// baike.baidu.com/item/WeX5/.

[38]起步科技[EB/OL].[2015-11-23].http://docs.wex5.com/wex5-introduction/.

[39]山少男. 基于 WeX5 的 Android 系统记账本 HTML5APP 开发与设计[J].电脑编程技巧与维护,2017(12):47-48.

[40]李兴勇. 基于 ECharts 组件的外汇形势动态监测方案设计[J].电脑知识与技术,2017(3):62-63.

[41]陈志超. 校医院管理系统设计与实现[D].哈尔滨:黑龙江大学,2016.

[42]陈驿. 广电媒资管理系统的设计与实现[D].厦门:厦门大学,2013.

[43]朱荣. 基于 MVC 模式的物流信息系统的研究与实现[D].武汉:武汉理工大学,2008.

[44]金露玲. 学龄前儿童发展评价专家系统设计与实现[D].成都:电子科技大学,2012.

[45]阚绍庭. 基于 iOS 平台兔兔钱包 APP 设计与实现[J].电脑编程技巧与维护,2018(8):6-10.

[46]Lina Yu,Hongfeng Yu. An application-aware data replacement policy for interactive large-scale scientific visualization[J].2017 IEEE international parallel and distributed processing symposium workshops, 2017(5):1216-1225.

[47] BOATWRIGHT P, BASUROY S. Reviewing the reviewers: the impact of individual film critics on box office performance[J]. Quant market econ, 2007(5):401-425.

[48]刘世豪,杜彦斌. 面向智能制造的数控机床多目标优选法研究[J].农业机械学报,2017,48(3):396-404.

[49]苗棣,任阳梅.我国电视节目类型的发展与创新[J].电视研究,2008(10):96-100.

[50]徐亚萍. 识别和评估电影市场风险的电影舆情分析路径[J].浙江传媒学院学报,2016(4):113-119.

[51]颜陈. 舆情智库建设的途径和方法[J].学术百家,2015(9):35-37.

8.7 论文发表简介

SUPING H, JINBAO S. Overview of data visualization and film expert evaluation system[C].2017 International Conference on Computer Systems, Electronics and Control, 2017:1857-1860.

9 影视信息管理与综合服务研究

近年来,中国电影业蓬勃发展。然而在电影的制作环节,相关筹备工作依然以线下工作为主,亟须实用的信息系统来促进信息交流,服务于影视工作者。本文首先提出了一种影视信息管理与综合服务系统的设计方案,其次介绍了结合主客观评价方法的剧本版权线上交易方法,最后介绍了本系统的创新之处。本系统满足了电影筹备工作中多种工种的需求,且设计了基于主客观评价的剧本评价方法,对影视行业的发展提供了新的契机。

9.1 绪论

近年来,中国电影业蓬勃发展。在观众方面,中国已是全球第二大票房市场,拥有大量的观众资源;[1]截至 2016 年,中国银幕总数已达到 41.179 块,成为世界上电影银幕最多的国家。[2]观影人次和银幕数量不断增长,为电影业的发展提供了契机。

然而,在电影的制作环节,相关筹备工作依然以线下工作为主,存在着复杂、费力、低效的问题。随着各个行业与信息技术的不断融合,信息系统相较于传统工作方式的便捷性已经充分地体现出来。如何利用信息技术改良电影行业的工作方法,提高工作效率,成了一个亟待解决的问题。

近年来,国内将影视与信息技术相结合的研究,较为普遍的是在影视大数据的应用方面,如电影推荐系统、票房预测等。2013 年,孙海峰对 Jinni、IMDB、Criticker 等 6 大主流电影推荐网站的内部结构、信息量和推荐方式进行了研究;[4]2017 年,尚雪峰基于分类驱动推荐算法进行了电影推荐系统的研究;[5]同年,Ningning Yi 等人设计并实现了基于图数据库的电影推荐系统。[6]在电影票房研究方面,2017 年,Guangchao Charles Feng 对影响中国观众看电影意图的因素进行了研究;[7]2018 年,吴珏基于用户内容消费数据进行了电影票房预测模型的研究。[8]

在国外,在电影票房研究方面,1999 年,Bagella,M 和 L. Becchetti 分析了意大利电影票房成绩的决定因素,肯定了明星力量(包括导演、作家和演员等创造性人才的名声)对电影票房的作用;[9]2005 年,Chang, B. H.和 E. J. Ki 对预测戏剧电影取得成功的实践模式进行研究,认为“专家判断”和“大众吸引力”都是票房预测的重要因素;[10]2010 年,Moon、Bergey 和 Iacobucci 研究了电影评级、电影收入和观众满意度之间的动态效应。[11]在其他领域,2015 年 P. G. Shambharkar 等人对电影预告片自动分类方法进行了研究。[12]2017 年,Shreya Agrawal 和 Pooja Jain 研究了将内容过滤和协同过滤相结合的电影推荐系统。[13]

在电影信息管理系统方面,被较多研究的是影院管理信息系统,服务于电影的上映环节。2014 年,张涛设计并实现了基于 Web 的影院信息管理系统;[14]2015 年,王琳实现了基于 Android 平台的影院票务系统。[15]然而在现有的研究中,针对影片制作环节的影视信息管理与综合服务系统的研究则较为罕见。在实际应用方面,目前与影视信息管理相关的网页、APP 或公众号包括 IMDB、豆瓣、猫眼专业版 APP、红演圈 APP 等。

从以上研究现状中可以看出,目前影视与信息技术相结合的领域热点在于影视数据分析(如票房分析、收视率分析);虽然有专门针对选角和影院管理的 APP,筹备过程中的场地租赁、剧本版权交易等功能却未被涉及;在影视信息管理与综合服务方面,目前仍缺少功能较为全面的信息系统来服务于影视制作过程的各个环节。影视信息管理与综合服务系统的研发使电影筹备工作免受时间和空间的制约,且用主客观评价相结合的方法提高了评价的科学性,为影视行业的发展提供了新的机遇。

9.2 影视信息管理与综合服务系统的设计

9.2.1 影视信息管理与综合服务系统功能结构设计

通过对实际需求和相关技术的调研,本系统功能结构设计如图 9.1 所示。

(1)Android 客户端。包括 7 类用户的不同操作功能和业务功能。其中操作功能包括个人信息维护、证件照片提交,业务功能包括影人选拔、专家评价、观众调研、版权转让、场地预约、宣传物料分发。

(2)服务器。连接到数据库,包括影视信息数据库、影人信息数据库、版权信息数据库、拍摄场地数据库、专家评价数据库、观众调研数据库。

(3)Web 端后台管理系统。功能包括用户管理和资格审核,用于对系统进行管理。

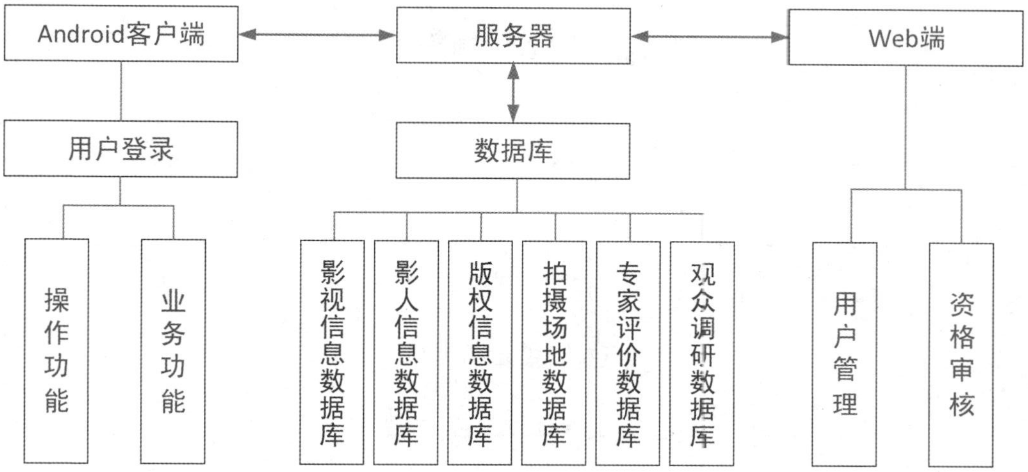

图 9.1 系统功能结构图

9.2.2 影视信息管理与综合服务系统各类型用户主要功能及关系

为了尽量全面地服务于电影制作、发行及上映过程中所涉及的群体，本系统包括 7 种用户：片方及宣发、影人（包括导演、演员、编剧、其他工种）、专家、观众、版权转让方、场地出租方、影院。各种类的业务功能如下：

（1）版权转让方可以编辑剧本信息（大纲字数、作者），下载版权转让合同。

（2）场地出租方可以编辑场地信息（如不可预约的时间）、查看并确认预约情况。

（3）影人可以编辑影人简历、投递简历、查看片方选拔结果。

（4）片方及宣发可以浏览剧本信息，上传并私信发送转让合同；浏览场地信息，预约场地（系统会提示该场地不可预约的时间区间）、查看预约需求是否已被对方确认；浏览、搜索、筛选影人简历（在线播放试镜视频）；发布影人需求、审核影人简历；提交专家评审需求，查看专家返回意见；上传宣传物料电子版（海报、预告片等）。

（5）专家为有需求的片方提供剧本选取及修改、选角、映前修改建议。

（6）影院可以浏览影片信息。

（7）观众浏览电影、影人信息，为电影、影人点选“关注”选项；填写片方发布的观众调研问卷。

（8）管理员管理用户账号，审核组织或影人的认证材料（如营业执照、身份证照片等），向不符合认证要求的用户反馈修改建议。系统各类型用户主要功能关系如图9.2所示。

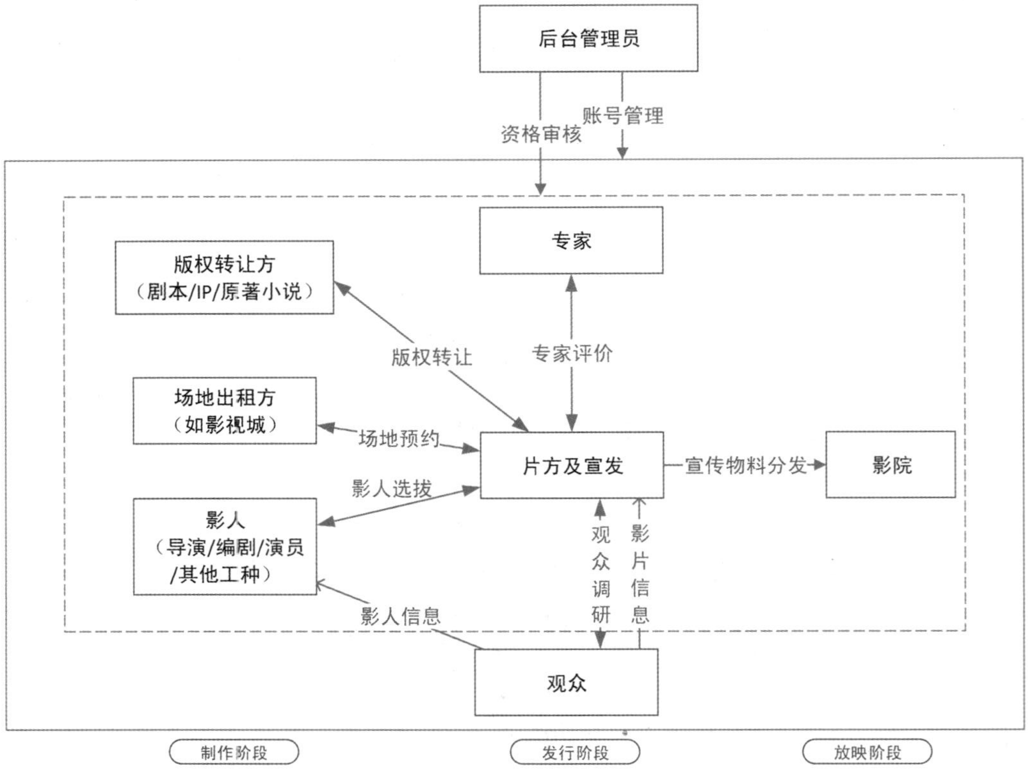

图 9.2　系统各类型用户主要功能关系图

9.3　结合主客观评价方法的剧本版权线上交易方法

9.3.1　结合主客观评价方法的剧本版权线上交易流程

为了便于剧本版权的交易，本系统设计了结合主客观评价的线上剧本版权交易方法。

（1）转让方上传剧本信息。版权转让方（如编剧）在系统中上传剧本的题目、题材、大纲、字数、预期最低转让价格。

（2）受让方输入剧本筛选条件。版权受让方（如影视公司）在系统中输入搜索或筛选条件：题目、题材、大纲中的关键字、字数上限和下限、电影时代背景、电影类型等。

（3）系统初次推荐。系统依条件对剧本库中的剧本进行筛选，根据客观评价算法对搜索结果给出“编剧专业度客观评价得分”（由过往作品专业度计算值、过往作品获奖情况计算值加权得出）、“过往作品相似度计算值”，二者加权求得“剧本客观评价综合得分”，默认按综合得分排序显示。

（4）受让方精选剧本。受让方可选择结果显示排序方式“按编剧专业度客观评价得分排序”“按过往作品相似度排序”“按综合得分排序”，浏览剧本信息，选择希望购买版权的剧本，加入“意向剧本库”以及某个“意向剧本对比小组”。

(5)受让方对比剧本。受让方可在“意向剧本对比小组”中对多个剧本进行比较，可在系统中申请“观众调研”或“专家评价”，系统自动给出默认的评价量表，受让方可依实际需求编辑评价量表并对观众及专家发起调研。

(6)受让方编辑“专家组”(或“观众组”)。受让方可以新建、编辑、删除某个专家组或观众组，在系统中通过搜索 ID 或查看系统推荐的活跃用户，添加或删除组员，便于向用户批量发起调研。

(7)受让方发起专家调研、观众调研。

(8)观众评价。收到片方调研邀请的观众对待调研剧本进行评价(1.是否“感兴趣”;2.若感兴趣，给出打分、修改意见，填写评价量表)。

(9)专家评价。收到片方评价邀请的专家对待调研剧本进行评价(1.是否“建议购买”;2.若“建议购买”，给出打分、修改意见，填写评价量表)。

(10)系统二次推荐。对于片方选择的此次参与对比的所有剧本，依据指标体系计算“最终推荐指数”分值，得出推荐排名；对评价结果进行可视化输出，给出各评价维度的分值。

(11)受让方确定待购买剧本。受让方查看系统推荐结果，查看专家和观众的意见，按需求选择排序条件，最终决定购买哪些剧本、需要做何修改并在系统中向相关转让方发送转让邀请，包括版权转让报价、版权转让合同、剧本修改要求、回应截止日期。

(12)系统报价审核。若报价低于转让方预期最低价位，系统会提示是否要提高价格，若受让方选择“拒绝提高报价”则自动放弃购买该剧本，若选择“协商转让价格”则系统会将受让方报价作为参考发送给转让方。

(13)系统向转让方发出提示消息。

(14)转让方处理转让邀请。在受让方设置的回应截止日期前，转让方对收到的转让邀请选择接受、拒绝或继续协商。若选择“接受”则转让方在系统中签名，若选择“拒绝”则交易关闭，若选择“继续协商”则可与受让方在系统中就价格和合同条款继续协商直到达成一致继续交易，或协商不成交易关闭。

(15)受让方更新合同。受让方将报价和合同修改为与转让方协商一致的版本。

(16)转让方签名。

(17)受让方签名。受让方在系统的电子合同中签名。

(18)转让方修改剧本。若受让方有由转让方修改剧本的需求，则转让方修改剧本并在系统中上传。

(19)受让方确认编剧修改后的剧本。受让方阅读修改后的剧本，若满意则在系统中选择“确认剧本定稿”，交易结束，若需要转让方再修改，则选择“请继续修改”并填写修改意见。

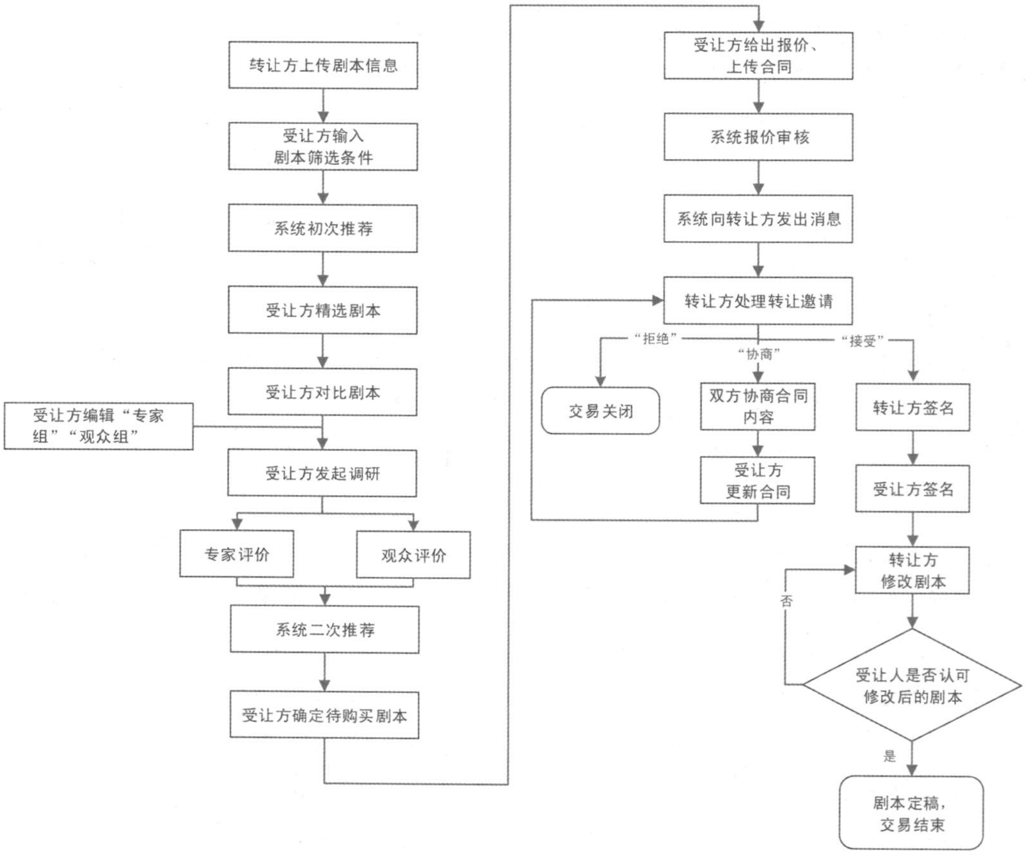

图 9.3　结合主客观评价方法的线上剧本版权交易方法流程图

9.3.2　主客观评价相结合的待拍摄剧本推荐算法

以一部待拍摄剧本在多大程度上值得被拍摄成电影为标准，我们提出了一种主客观评价相结合的待拍摄剧本推荐算法。算法包括客观评价指标和主观评价指标两部分。其中主观评价包括专家评价和观众评价。

9.3.2.1　客观评价指标

（1）过往作品专业度计算值 I_{s11} 。由以往作品得分与编剧署名排名、作品距今年数加权得出。

（2）过往作品获奖情况计算值 I_{s12} 。由以往作品获奖及提名情况、奖项级别加权得出。

（3）过往作品相似度计算值 I_{s21} 。计算相似度的指标包括电影时代背景：古代/近代/现代/其他，电影类型：动作/喜剧/爱情/科幻/悬疑/恐怖/其他；对于相似度高于设定阈值的过往作品，对相似度值进行求和（防止参加过较多低相似度电影编剧的编剧该指标得分超过参加过少量高相似度影片编剧的编剧）。

根据以上客观评价计算值，计算以下指标：

（1）编剧专业度客观评价得分I_{s1_obj}

由过往作品专业度计算值I_{s11}、过往作品获奖情况计算值I_{s12}加权得出。

$$I_{s1\_obj} = w_{s11} * I_{s11} + w_{s12} * I_{s12} \quad (9-1)$$

其中w为该项对应的权重，下同。

（2）剧本客观评价综合得分I_{s_obj}

由编剧专业度客观评价得分I_{s1_obj}、过往作品类似度计算值I_{s21}加权得出。

$$I_{s\_obj} = w_{s1\_obj} * I_{s1\_obj} + w_{s21} * I_{s21} \quad (9-2)$$

在“剧本版权交易方法”的“系统初次推荐”步骤中，系统计算以上指标。片方在查看系统初次推荐结果时可选择不同的排序方式，“按编剧专业度客观评价得分排序”基于I_{s1_obj}、“按过往作品相似度排序”基于I_{s21}、“按剧本客观评价综合得分排序”基于I_{s_obj}。

9.3.2.2 主观评价指标

专家评价部分：（1）编剧专业度专家评价得分I_{s13}。（2）编剧与该剧本题材契合度专家评价得分I_{s22}。（3）剧本艺术水准I_{s3}。（4）票房乐观程度专家打分I_{s42}。

观众评价部分：观众吸引力得分I_{s41}。

在“剧本版权交易方法”的“系统二次推荐”步骤中，系统将以上指标按下表中的方式进行整合，得到对于剧本的最终推荐指数I_s。

表 9.1 主客观评价相结合的待拍摄剧本评价指标体系

一级指标	二级指标	二级指标类型（主观/客观）	客观指标计算方法	主观指标评价目的
编剧专业度I_{s1}	过往作品专业度计算值I_{s11}	客观评价	由以往作品得分与编剧署名排名、作品距今年数加权得出	/
	过往作品获奖情况计算值I_{s12}	客观评价	由以往作品获奖及提名情况、奖项级别加权得出	/
	编剧专业度专家评价得分I_{s13}	主观评价（专家打分）	/	影人专业水准

续表

一级指标	二级指标	二级指标类型（主观/客观）	客观指标计算方法	主观指标评价目的
编剧与该剧本题材的契合度 I_{s2}	过往作品相似度计算值 I_{s21}	客观评价	计算相似度的指标包括电影时代背景：古代/近代/现代/其他，电影类型：动作/喜剧/爱情/科幻/悬疑/恐怖/其他；对于相似度高于设定阈值的过往作品，对相似度值进行求和（防止参加过较多低相似度电影编剧的编剧该指标得分超过参加过少量高相似度影片编剧的编剧）。	/
	编剧与该剧本题材契合度专家评价得分 I_{s22}	主观评价（专家打分）	/	受调研的专家认为该编剧能熟练驾驭本题材类型剧本写作的程度
剧本艺术水准 I_{s3}	主题 I_{s31}	主观评价（专家打分）	/	受调研的专家对该剧本在不同方面的艺术水准进行评价
	人物 I_{s32}			
	情节 I_{s33}			
	其他 I_{s34}			
基于剧本评价的票房乐观度 I_{s4}	观众吸引力得分 I_{s41}	主观评价（观众打分）	/	受调研的观众对该剧本的吸引力进行评价
	票房乐观程度专家评价得分 I_{s42}	主观评价（专家打分）	/	受调研的专家对该剧本能收获理想票房的乐观程度进行评价

本模块为编剧尤其是尚不知名的编剧提供了销售剧作的平台，为有购买剧本版权需求的影视公司提供了更丰富便捷的剧本挑选方式；兼顾艺术水准和票房两个评价维度，使电影剧本的评价更为全面；引入了专家、观众用户的意见，可以为片方选择、修改待拍摄剧本提供参考。

9.4 影视信息管理与综合服务系统的创新点

9.4.1 综合统筹电影筹备工作中多种用户的实际需求

本系统设计了多种用户类型,尽可能满足电影制作环节中不同工种人员的需求。在不同种类的用户需求中,本系统重点考虑的是片方和影人的工作需求。就片方角度而言,本系统将电影筹备过程中的选影人、选剧本(包括改编原著小说或 IP)、选场地、专家评价、观众调研,集成在同一个系统中,便于片方统筹电影的制作工作;就影人角度而言,本系统设计了浏览片方信息、在线投递简历功能,便于影人寻找工作机会,具有一定的实用创新性。

9.4.2 使电影筹备工作免受时间和空间的制约

本系统提供了一种新的信息交流与业务办理渠道,将传统的线下筹备工作转移到手机客户端上,使电影的制作更加快捷方便。例如,传统的选角过程需要筛选演员简历、组织演员面试等,耗费大量的时间和精力,而在线筛选则使选角导演可以利用碎片时间浏览演员的简历、试镜视频,不受时间和空间的制约。

9.4.3 主观评价与客观评价相结合

在剧本评价方面,本系统一方面设计了主观评价的指标,包括专家评价和观众评价,片方可以邀请专家来对编剧专业度、影人专业度等打分,邀请观众对剧本吸引力、影人好感度等进行打分,用于定量分析;也可以分析他们在调研问卷中的留言意见,作为待拍摄剧本挑选和修改的参考。另一方面设计了如获奖情况等客观评价指标,增加了评价的客观性,使评价方法更科学、合理。

9.5 总结

本文介绍了一种具有实用价值的影视信息管理与综合服务系统。首先介绍了系统整体的结构设计及各类型用户的功能,接着介绍了线上剧本版权交易模块的流程和算法,最后介绍了系统的创新点。本系统综合统筹了多种用户的实际需求,打破了时间和空间对电影筹备工作的制约,且采用了主客观评价相结合的评价方法,将弥补现有影视信息管理 APP 的空白,助力电影行业的发展。

9.6 参考文献

[1]吴彤. 大数据对影视创作的影响研究[D].哈尔滨:哈尔滨师范大学,2016.

[2]郭燕,丁友东.大数据技术在影视行业中的作用[J].现代电影技术,2018(6):33-36.

[3]孙海峰,甘明鑫,刘鑫,等.国外电影推荐系统网站研究与评述[J].计算机应用,2013,33(S2):119-124.

[4]尚雪峰. 基于分类驱动推荐算法的电影推荐系统的研究与应用[D].成都:电子科技大学,2017.

[5]YI N,LI C,FENG X,et al. Design and implementation of movie recommender system based on graph database[C]. 2017 14th Web Information Systems and Applications Conference (WISA), 2017:132-135.

[6]Guangchao Charles Feng. The dynamics of the Chinese film industry:factors affecting Chinese audiences' intentions to see movies[J]. Asia pacific business review, 2017,23(5):658-676.

[7]吴珏,潘徐.基于用户内容消费数据的电影票房预测模型探索[J].全球传媒学刊,2018,5(3):96-107.

[8]BAGELLA M, BECCHETTI L.The determinants of motion picture box office performance:evidence from movies produced in Italy[J].Journal of cultural economics,1999,23(4):237-256.

[9]CHANG B H, KI E J. Devising a practical model for predicting theatrical movie success:focusing on the experience good property[J].Journal of media economics,2005,18(4):247-269.

[10]MOON S, BERGEY P K, IACOBUCCI D. Dynamic effects among movie ratings, movie revenues, and viewer satisfaction[J].Journal of marketing,2010,74(1):108-121.

[11]SHAMBHARKAR P G, DOJA M N. Automatic classification of movie trailers using data mining techniques:a review[C]. International Conference on Computing, Communication & Automation,2015:88-94.

[12]AGRAWAL S,JAIN P. An improved approach for movie recommendation system[C]. 2017 International Conference on I-SMAC,2017:336-342.

[13]张涛. 基于 Web 的影院信息管理系统设计与实现[D].成都:电子科技大学,2014.

[14]王琳. 基于 Android 平台的影院票务系统的设计与实现[D].哈尔滨:哈尔滨

工业大学,2015.

9.7 论文发表简介

JINBAO S, YIMING M, XIAOYA Z. The research about film and television information management and integrated service[C]. 2019 International Joint Conference on Information, Media and Engineering (IJCIME),2019:203-208.